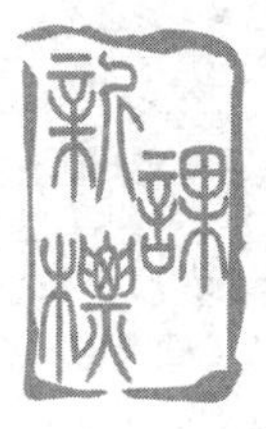

高中历史教学设计丛书

总主编　何成刚

高中历史教学设计
世界古代近代史

主　编　赵文龙　刘汝明

复旦大学出版社

内容提要

本书是“高中历史教学设计丛书”中的一册。“高中历史教学设计丛书”（共7册）是依据《普通高中历史课程标准》（2017年版），基于教育部统编历史教材而编写的高中历史教学设计参考用书。

本丛书以培养学生的历史学科核心素养为目标，遵循从“单元教学设计”到“课时教学设计”的基本思路，兼顾各单元间的逻辑联系；大多采用同课异构的方式，编写了适应合格性考试和选择性考试要求的两套教学设计；以史学阅读为前提，注重将史学研究成果转化为教师“教”与学生“学”的有效资源。

本丛书可与“历史课标解析与史料研习丛书”（共7册）配套使用，初中或中职的历史教学均可参考。

总 序

编写高中历史新教材，不容易；用好高中历史新教材，更不容易。

用好高中历史新教材，导向在于培养学生历史学科核心素养，关键在于历史教师要以深度史学阅读为前提。当然，历史教学不等于历史研究，但不可否认的事实是，历史学科核心素养的提出，进一步推动历史教学越来越依赖历史研究，这已成为越来越多的历史教师的"基本共识"。可以说，如果没有深度的史学阅读，深入理解高中历史新教材，创造性地使用高中历史新教材，培养学生历史学科核心素养很有可能流于形式、陷入空谈。可喜的是，重视史学阅读，重视将史学成果和史料资源转化为有价值的教学资源，使之更好地服务于情境创设和问题设计，已成为越来越多的历史教师进行教学设计和教学实践的"基本常识"。"无阅读，不教学""无史料，不教学"的教学理念越来越深入人心。实践证明，在开展史学阅读和史料教学方面进行积极探索的历史教师，专业发展往往会更显著一些。

考虑到高中历史教师日常工作繁忙、无暇进行深度史学阅读的实际情况，我们在复旦大学出版社的支持下，编写出版了"历史课标解析与史料研习丛书"(7 册)，分别是：《历史课标解析与史料研习·中国古代史》《历史课标解析与史料研习·中国近现代史》《历史课标解析与史料研习·世界古代近代史》《历史课标解析与史料研习·世界现代史》《历史课标解析与史料研习·国家制度与社会治理》《历史课标解析与史料研习·经济与社会生活》《历史课标解析与史料研习·文化交流与传播》。编写这套丛书的目的就在于为广大高中历史教师深入理解课程标准，深入理解高中历史新教材、创造性地使用高中历史新教材，培养学生历史学科核心素养，提供史学支撑。

为进一步提高高中历史教师创造性使用高中历史新教材的能力，我们基于《普通高中历史课程标准》(2017 年版)，依托史学阅读，遵循史料研习理念，坚持培养学生历史学科核心素养的初心，又编写了"高中历史教学设计丛书"(7 册)，分别是：《新课标高中历史教学设计·中国古代史》《新课标高中历史教学设计·中国近现代史》《高中历史教学设计·世界古代近代史》《新课标高中历史教学设计·世界现代史》《高中历史教学设计·国家制度与社会治理》《高中历史教学设计·经济与社会生活》《高中历史教学设计·文化交流与传播》(后出版的几册因有关情况，书名中未出现"新课标"字样)。在进行教学设计过程中，我们遵循从"单元教学设计"到"课时教学设计"的基本思路，同时兼顾各单元内容之间的逻辑联系。考虑到历史学业水平的不同要求，我们针对高中历史新教材中的每一课，基于同课异构设计思路，分别编写了适应合格性考试和选择性考试要求的教学设计①，希望能为高中历史教师进行教学设计和教学实践提供参考和借鉴，以节约备课时间，提高备课质量，达成教学效果。

大家普遍反映，既要在一个课时内完成高中历史新教材一课的教学任务，又要培养学生的历史学科核心素养，对很多高中历史教师而言，是一个难以解决的矛盾。我们编写的每一个教学设计，出发点和落脚点都在于培养学生的历史学科核心素养。但实事求是地说，对一些高中历史教师而言，并不是所有的教学设计都能在一个课时内有效实施。在此，我们想强调的是，我们编写本套教学设计丛书，希望在教材分析、教学目标制定、教学过程设计，特别是史料选取和问题设计等方面，给高中历史教师提供备课和教学的有益参考和借鉴，不希望高中历史教师不考虑学情地运用“拿来主义”，反对“全盘照搬”和“复制粘贴”，因为我们都知道，并不存在可以“放之四海而皆准”的教学设计。

本教学设计丛书亦可供初中历史教师借鉴和参考。

何成刚
教育部课程教材研究所研究员

① 世界古代近代史、经济与社会生活，采用的是“单元设计＋课时设计”的编写思路。

前　言

本书依据《普通高中历史课程标准(2017年版2020年修订)》和普通高中教科书《中外历史纲要》下册世界古代近代史相关内容而作。

在教学设计理念上,本书根据课标的要求,精心选择适合教师教学和学生学习的历史资料,设计发展学生思维能力的问题,致力在历史问题的解决中提升和发展学生的历史学科能力和学科素养。在具体的教学设计体例上,本书注重单元教学整体设计。为方便读者理解本书编写主旨,现对本书的教学体例加以简要说明。

《普通高中历史课程标准(2017年版2020年修订)》明确指出,历史课程要将培养和提高学生的历史学科核心素养作为目标。普通高中新课程标准的相关规定,明确了学科目标应为培育学生的历史学科核心素养。而从正在逐步推行的《中外历史纲要》教学实际情况看,每课教学内容所涉及知识点之繁多,每单元教学内容所涉及课时关系之庞杂,都给广大历史教师的教学提出了严峻挑战。如何克服教学中知识教学碎片化,减轻学生的学习负担,提升学生的历史思维能力和学科素养,如何在"乱花渐欲迷人眼"的知识丛林中执简驭繁、统摄整合学科体系,如何围绕历史学科核心素养这一发展目标设计教学,这要求教师在教学设计中不能只见一课时一课时的单一"树木",而要既见一课时一课时的各具特色的"树木",又要见"树木"与"树木"所构成的"森林"整体,在把握"森林"整体面貌的基础上进行课时教学设计。换言之,教师必须提升教学设计的站位,即从关注单一的知识点、课时教学设计转变到大单元、大概念统摄下的课时教学设计。

本书以单元教学设计为核心,在体例结构上分为"单元教学设计""课时教学设计"和"学习资源拓展"三大部分。

第一大部分为"单元教学设计",由"单元学习主题和单元学习目标""单元学习重点与难点""单元教与学设计""单元导入"等具体问题构成。单元教学设计的总体要求是:在梳理每一单元具体教学内容的基础上,提炼出单元学习主题;依据课标要求和学生的学习需求制定单元学习目标;在分析课时教学内容及课时教学内容联系的基础上明确单元学习重点与难点;单元教与学设计则在前面分析的基础上打通课时之间的内在联系形成单元知识结构,依托主干知识和教材预设问题,按照教学目标的要求设计问题链,然后依据问题链的解决路径形成具体可操作的教与学活动设计。单元教学设计尊重学生的学习特点,依据历史发展的逻辑和单元学习的价值,打破课时之间的人为壁垒,注重课时之间的内在联系,从更宏观的角度确定教学设计,以期在教学活动中能更好地提升学生的历史学科核心素养。

第二大部分"课时教学设计"是单元教学设计主要部分的具体展开，是单元设计的重点，也是单元教学设计中的最重要组成部分。课时教学设计按课程标准的要求和《中外历史纲要》下册相关各课的内容进行整合设计，具体由"学习目标""学习重点""学习难点""教与学活动"等环节构成。其中主体是"教与学活动"。在每课教与学的活动设计中，我们既强调主干知识的梳理和把握，更注重在"情境—问题—任务—活动"的驱动下开展教学活动，发展学生的历史学科能力，提升学生的历史学科核心素养。因此，每一教学问题的设计，既关注依托教材的基础知识的梳理以及学科素养水平低层次目标的落实以满足合格性考试的要求，又关注提供丰富多元的、典型的研习史料和高阶思维问题的设计，以达成学科素养水平的高层次目标，进而提升学生的学科素养水平。在每单元的最后一课时教与学活动结束时，教学设计增加了单元总结，其目的是帮助学生建构知识结构，理顺单元之间的联系，方便学生从整体上建构知识体系。

第三大部分"学习资源拓展"是在完整的单元教学设计基础上为师生提供了深化理解本单元的学习资源。我们知道，教科书的历史叙述仅仅为历史叙述的一种方式，对许多历史问题的理解借助教科书本身的同时，还可以借助其他学习资源。在学习资源拓展中，每课提供了10则拓展阅读资料。这些资料既可以让学有余力的学生进行拓展阅读，也可以为教师创新教学设计提供更多的学术支持。

需要说明的是，教学设计是一种创造性的劳动，本书的教学设计无论是单元教学设计还是课时教学设计都是作者对教学活动的一种教学实践，其目的是为教师的教与学生的学提供一种借鉴，一种参考，一种启发，一种帮助。鉴于不同地区的学情差异和教师的学术素养和学术理解力的不同，建议读者对教学设计中的资料运用及问题设计不要采取完全照搬的"拿来主义"，而要创造性地加以利用。与其他教学设计相比，本书每一节课的教学设计资料更为丰富，思路更为开阔，教学方法更为多样。本书进行单元教学整体设计的同时，倡导教学设计的多元性、开放性和发展性，也希望广大教师在进行"材料研习"的教学设计时，根据本校学生实际选择使用或进行教学创新设计，以更好地为学生的历史学习服务。

统编高中历史教材已开始进入学校，新一轮课程改革正在路上。我们认为，扎实的专业阅读是开展"材料研习"式教学的基础，单元整体教与学的设计是提升学科育人质量的一种有效途径，以学生为中心和以学习为中心是课堂变革中需要探究的重点。本书在单元教学设计方面做了初步尝试，希望我们的付出能为广大历史教师提高历史学科教育教学质量，提供绵薄的帮助。不足之处，还望读者批评指正。

编者
2021年1月于北京

目 录

第一单元　古代文明的产生与发展 / 秦冬梅

第二单元　中古时期的世界 / 赵文龙

第三单元　走向整体的世界 / 梁月婵

第四单元　资本主义制度的确立 / 张　威

第五单元　工业革命与马克思主义的诞生 / 李　静　刘汝明

第六单元　世界殖民体系与亚非拉民族独立运动 / 孔祥吉

第一单元

古代文明的产生与发展

第一部分

单元教学设计

单元学习主题与单元学习目标

1. 课程标准要求与分析

课标要求： 知道早期人类文明的产生；了解各文明古国发展的不同特点，并分析、认识这些特点形成的不同时空条件；认识古代各大帝国的区域性影响和不同文明之间的早期联系。

课标分析： 依据课程标准，本单元教学主要突出人类早期文明的产生和发展。首先，要明确人类文明产生的前提与标志，了解人类文明产生的过程。其次，需要了解不同历史时空各古代文明产生的标志与特点，认识不同的地理环境条件对于古代文明的产生及其特点的影响，认识各古代文明既具有文明产生的共同特征，又具有不同的特点，特别是古代文明起源的多样性和各古代文明对于世界历史发展作出的贡献。最后，了解随着农耕文明的扩展，在欧洲、亚洲、非洲都出现了跨区域的大帝国，这些帝国的征服和扩张，使农耕文明区连成一片，形成了区域性的统一，促进了文化传播，促进了各古代文明之间的交流与发展。

2. 单元学习主题

本单元教学设计以“古代文明的产生与发展”作为学习主题，重点培养学生的唯物史观、历史时空观念、历史解释等历史学科核心素养。例如，运用马克思主义的唯物史观，分析古代文明起源的背景和条件，将每一个古代文明放到特定的历史时空当中，分析其起源的条件，概括其文明特点，并将其放到世界历史发展的过程中；认识到东西方古代文明独立起源、各具特点，分析造成东西方文明不同特点的历史原因。再如，了解各古代帝国形成和扩张的历史，认识到世界历史的进程具有从区域性的统一走向统一的大帝国这一趋势，对希腊地区形成小国寡民的城邦国家这一政治现象进行分析，正确认识地理环境对历史发展的作用。还可以通过研究历史材料认识中国古代文明起源的独特性和发展的延续性，从东西方文明的发展历程看各文明之间的互动，认识到世界历史正是在不断交流中得到发展的。

3. 单元学习目标

(1) 知道文明起源的基本特征，了解各个古代文明的起源及其文明成就，知道各文明的发展，知道各古代文明间的往来及其交流情况。

（2）运用大事年表、历史地图、考古实物等资料，了解古代各文明起源的时间、地理位置，分析文明起源的原因，概括其特点，比较并分析各文明起源的时空条件。通过对各古代文明的产生和文明成就的比较，认识古代文明起源的多元性特点。

（3）在了解文明的发展、扩张的基础上，分析文明间的相互影响，认识古代各大帝国的建立及影响，认识古代文明在交流中不断向前发展。

单元学习重点与难点

1. 学习重点分析

本单元的学习重点是：古代文明的特点及古代帝国的形成。

本单元主要讲述了世界古代文明产生的特点、成就以及古代帝国的扩张和古代世界的文化交流。从知识层面来讲，在产生阶段，重点讲述古代文明产生的标志及其特征，突出多元性的特点；在发展阶段，重点讲述各古代帝国的形成，认识到帝国的形成是通过军事的征服与扩张完成的，在这个过程中，促进了文化的传播与交流。

2. 学习难点分析

本单元的学习难点是：古代文明不同特点形成的时空条件，古代帝国的军事征服与扩张是文明传播的方式，军事征服与扩张是文明传播与交流的手段。

从学生认知特点来看，梳理文明起源的特征、各文明的特点、文明的扩展以及各帝国兴亡等相关史实并非认知的难点，但是，以唯物史观分析文明产生的原因与过程，分析东西方文明起源的共性与个性特征、古代文明不同特点形成的时空条件以及军事扩张征服对文明传播与交流所造成的影响等，则是很大的挑战。通过学习，使学生能够认识文明的交流是历史发展的趋势，这对学生的能力和素养有更高的要求。

单元教与学设计

1. 单元知识结构

- 古代文明的产生与发展
  - 古代文明出现的原因和标志
    - 农业和畜牧业的产生
    - 社会分工和农业生产率提高
    - 剩余产品的出现
    - 私有制出现
    - 国家和文字出现
  - 文明的多元特点
    - 两河流域的文明起源与成就
    - 古代埃及的文明起源与成就
    - 古代印度的文明起源与成就
    - 古代希腊的文明起源与成就

- 古代世界的帝国与文明的交流
  - 古代文明的扩展
    - 古代文明扩展的条件
    - 古代西亚与北非文明的扩展
    - 古希腊的殖民运动
  - 古代世界的帝国
    - 波斯帝国
    - 马其顿帝国
    - 罗马帝国
  - 古代文明的交流
    - 文明早期的交流
    - 字母文字的源流
    - 中西之间的交流

2. 主干知识与问题链

课时	主干知识	教科书预设问题	问题链
1	文明的产生与早期发展 （1）人类文明的产生 （2）古代文明的多元特点	〔学思之窗〕概括材料所表现出的法老的地位。 〔思考点〕古代西亚两河流域和埃及的尼罗河流域的自然环境如何影响了它们各自文化的特点？ 〔学思之窗〕印度神话中用人体不同部位比喻不同种姓，有什么寓意？ 〔问题探究〕了解孔子和苏格拉底的思想，并探讨对其所处时代的影响。 〔学习拓展〕以一个古代文明为例，查找资料，看看考古发现如何改变了人们对古代文明的认识。	（1）文明的涵义是什么？文明产生的具体标志是什么？ （2）说明农业为什么是文明产生的前提。 （3）古代文明的总体特点有哪些？ （4）指出两河流域进入文明时代的特征。 （5）汉谟拉比制定《法典》的主要目的是什么？ （6）古代两河流域文明与古代埃及文明在政治制度上的共同特点是什么？ （7）印度神话中用人体不同部位比喻不同种姓，有什么寓意？ （8）佛教众生平等的主张在当时所起的作用是什么？ （9）希腊文明为什么与苏美尔文明、埃及文明及古印度文明表现出不一样的特点？
1	古代世界的帝国与文明的交流 （1）古代文明的扩展 （2）古代世界的帝国 （3）文明的交流	〔思考点〕哪些因素促使古代世界农耕文明的范围和影响不断扩大？ 〔学思之窗〕古希腊人的殖民扩张有什么特点？ 〔思考点〕为什么字母文字会广泛流行？ 〔问题探究〕阅读材料，概括罗马与汉朝、安息交往的情况。 〔学习拓展〕为什么古代世界的大国都要修建大通道？	（1）为什么在今天的阿富汗，古代的中亚会出现希腊人的城市？ （2）在地图上标出各主要文明及其扩展的区域。 （3）古代东方国家进行军事征服的主要目的是什么？根据所学知识，说明其进行军事征服的条件有哪些。 （4）如何评价希腊城邦的殖民活动？ （5）概括波斯帝国统治的特点，思考波斯帝国的制度有何作用。 （6）如何评价波斯帝国与马其顿帝国的扩张与统治？ （7）罗马经济的主要特征是什么？罗马社会隐含的危机是什么？ （8）促进古代世界各地区的思想、文化和技术交流的因素有哪些？ （9）推动字母文字流行的因素有哪些？

续表

课时	主干知识	教科书预设问题	问题链
			(10) 根据材料说明,汉王朝与罗马帝国交流的特点有哪些? (11) 如何评价古代帝国的区域性扩张? (12) 根据材料,结合所学知识,说明罗马帝国对被征服地区的统治方式及其影响。

3. 教与学活动设计

活动流程	主要内容	教与学的活动设计
单元导入	单元内容简介	教师引导学生阅读单元导言,明确单元学习的主干知识结构。提示在学习过程中注意到人类文明产生的过程;了解不同文明古国发展的特点,分析其形成的时空条件;认识到不同地区的文明是随着历史发展不断加强交流并相互影响的。
第1课时“文明的产生与早期发展”	(1) 人类文明的产生	教师指导阅读方法,示范有效信息的提取,引导学生了解文明产生的原因、过程和标志。学生阅读课文和文本材料,归纳、概括材料信息,分析文明产生的条件,概括文明产生的过程,认识阶级、国家、文字等是文明产生的标志。
	(2) 古代文明的多元特点	教师指导学生阅读教材、地图及图片等资料,引导学生了解不同地区古代文明的产生及其特点。学生阅读课文和文本材料,归纳、概括材料信息,比较各地区文明产生的时空条件,分析文明的特点与自然环境的关系,认识到各古代文明的特点。
第2课时“古代世界的帝国与文明的交流”	(1) 古代文明的扩展	教师引导学生识读历史地图,引导学生思考文明扩张的条件和特点。 了解各主要古代文明区域扩大的基本情况;阅读教材,概括文明扩张的条件及其特点。
	(2) 古代世界的帝国	教师指导学生阅读教材,提取和概括信息,用比较的方法对不同的文明进行分析,概括各个帝国的特征。 学生识读历史地图,了解各个帝国的兴起和扩张过程,阅读课文内容,概括古代帝国的政治、经济及社会的基本情况、发展兴盛及灭亡的过程。
	(3) 文明的交流	教师引导学生概括文明交流的表现及其作用。 阅读课文,梳理文明交流的表现,认识到古代世界的经贸往来、思想、文化和技术的传播是文明交流的重要表现,文明的交流促进了文化的发展。
单元总结	认识提升	阅读文本材料,谈谈对文化交流的途径与方式的认识。

单元导入

材料一 从古代世界政治制度的发展史来看,由少数城、邑为中心的寡民小国的早期王权过渡到区域性领土国家的专制王权,再过渡到“大一统”专制皇权,这几乎是普遍规律;不仅以中国为典型的东方各国大体上是如此，希腊各邦最终仍统一于马其顿王国，地中海世界最终仍统一于罗马帝国，连古代希腊罗马世界同样也没有逃脱这一规律。以雅典为代表的民主政治的出现，只是古代希腊罗马历史的一段辉煌的变奏，一支奇妙的插曲。

——胡钟达：《古典时代中国希腊政治制度演变的比较研究》，载《胡钟达史学论文集》，呼和浩特：内蒙古大学出版社，1997 年，第 321 页。

教师设问：作者认为古代世界政治制度发展的一般规律是什么？你同意这一观点吗？如果同意，理由是什么？如果不同意，提出你的观点，并说说你的理由。

参考答案：由小国寡民的早期王权到区域性国家的专制王权，再到“大一统”专制皇权。

解析：对于学生是否同意这一观点，提出的理由言之成理即可。虽然学生还没有接触到这方面的知识，但可以激发学生回忆初中学过的相关知识，将零碎的知识在问题的指引下形成抽象的历史认识。从中国和世界历史发展的相关知识来看，作者的观点是正确的。

【设计意图】 教师设计开放性问题引导学生通过阅读材料，提取观点，回答问题，形成思维冲突，激发思考，从而导入本单元的学习，培养学生历史解释的核心素养。

第二部分

课时教学设计

第1课　文明的产生与早期发展

一、学习目标

1. 了解文明起源的主要标志，知道早期人类文明产生的时间、地点及特点。
2. 学会利用唯物史观分析、解释历史问题的方法，通过对影响各主要文明起源的因素及文明多元特点的概括分析，培养分析、解释历史问题的能力。

二、学习重点

文明诞生的标志、各主要文明的产生及其特征。

三、学习难点

古代不同地区文明各具特点的成因及影响。

四、教与学活动

【导入新课】

教师设问：文明的涵义是什么？文明产生的具体标志是什么？

学生在阅读材料的基础上，展开讨论，回答问题。

材料一　当今学术界，一般把文明一词，用来指一个氏族制度已然解体而进入有了国家组织的阶级社会，代表着社会发展的一个阶段。……目前在考古学、历史学、人类学和民族学等一系列著作中，大抵以城市、文字、金属器和礼仪性建筑等要素的出现，作为文明的具体标志。尽管在世界各地之间，由于历史、地理、经济和文化上的种种原因进入文明时代的标志并不整齐划一，但是文明的诞生，就是国家和阶级社会的出现，象征着社会进化史上的一个突破性的质变，这在学术界几乎是没有任何异议的。

——安志敏：《试论文明的起源》，载《考古》，1987年第5期。

参考答案:文明指的是氏族制度解体,有了国家组织的阶级社会,是社会发展的一个阶段。文明产生的具体标志是:国家、阶级社会、城市、文字、金属器和礼仪性建筑等要素的出现。

【教师讲述】 从二三百万年前,人猿揖别之后,人类漫长的进化历程几乎是弹指一挥间,人类制作的工具日益精良,从打制石器到磨制石器,再到金属器;文明日益发展,从被动采集食物到主动生产食物;社会形态也从史前社会向奴隶社会、封建社会、资本主义社会、社会主义社会发展。本课探讨的正是人类历史的童年时期,即人类迈入文明时代的第一步。

【设计意图】 本课是《中外历史纲要》下册的第一课。以上设计可以使学生厘清概念,有助于学生时空观念和历史解释等学科核心素养的形成,特别是使学生能够学会在唯物史观指导下分析历史问题的方法。

【学习新课】

(一)人类文明的产生

1. 农业革命的产生

教师讲述:考古学家认为农业是文明产生的前提。农业产生于距今约 1 万年前的新石器时代,农牧业的产生,被称为新石器时代革命或农业革命。

在农业产生之前,人们通过采集和狩猎获取食物。人们在长期的采集活动中,逐渐熟悉了某些植物的生长习性,慢慢学会了通过栽培植物以获得更多的收成,开始了原始的农业生产,并形成了世界上最早的三大农业中心区,即西亚、东亚与中南美洲。与此同时,随着弓箭的发明与广泛应用,人类通过狩猎获取的野兽数量增多,将一时食用不了的兽类圈养起来,原始畜牧业应运而生。在农业革命中,新诞生的农牧业互相影响。农业的产生为饲养更多的牲畜提供了可能,而畜牧业的成长则为农业的发展提供了充足的肥源与畜力。

2. 文明产生的条件及其标志

材料二　农业的诞生为人类社会文明的确立奠定了坚实的物质基础。农业诞生后,人类在稳定的农业与畜牧业生产中获得了稳定的、较充裕的生活资料来源,人类开始定居下来,逐渐形成村落和城镇;人口数量也由此而急剧增长,分布的区域空前扩展,社会分工与产品交换也相继出现。人类剩余产品的积累和集中产生了前所未有的物质文明,使得一批人能够脱离物质生产领域而从事脑力劳动,进行精神文明的创造。随着农业生产剩余产品的不断积累,社会成员之间产生了贫富分化,从而导致阶级压迫的出现,不同的社会等级与阶级也就产生了,进而导致了具有管理社会生产生活与调节社会成员之间冲突职能的国家政治制度的问世。

——摘编自李世安、孟广林等著:《世界文明史》,北京:中国人民大学出版社,2002 年,第 6 页。

教师设问:阅读材料说明,农业为什么是文明产生的前提?

参考答案:农业是文明产生的物质基础,剩余产品的出现促进了精神文明的发展,促进了阶级的分化与国家的产生。

教师讲述:国内学术界的传统观点认为,夏王朝是中国历史上最早的国家,夏、商、西周时期是中国的早期国家阶段,而夏代之前的红山文化和良渚文化等处于原始社会末期,尚未进入文明社会。在国外,至今仍有不少学者怀疑夏王朝的存在,认为中国最早的王朝是商王朝,商代是古代中国最早的文明社会。近年来,随着以二里头文化为代表的夏代考古学研究的进展,越来越多的熟悉中国考古学的国外学者逐渐认同中国学者关于二里头文化为代表的遗存是夏王朝的文化遗存、夏代已经进入了文明社会的观点。这些国外学者普遍认为,夏代是中国历史上最早的国家。夏代考古虽然没有发现文字,但夏代已经进入文明社会的观点为大多数学者所承认。

随着"中华文明探源工程"的实施和良渚、陶寺的考古挖掘,中国学者提出了中华文明诞生的很多新观点,有兴趣的同学可以查阅相关资料。

(二) 古代文明的多元特点

古代东方文明的地理范围大致在北非、西亚、南亚、东亚,包括小亚细亚的部分地区。最早的古代文明就产生在这一区域。

1. 古代文明的出现

阅读课本地图《古代主要文明示意图》(明确世界主要的古代文明产生的时间和地理分布,强化学生的历史时空观念)。

教师设问:阅读教材有关古代文明出现的相关内容,回答问题:古代文明的总体特点有哪些?

参考答案:多产生于大河流域,农耕定居,奴隶主阶级把持国家政权,各文明独立发展,具有明显的多元特征。

【设计意图】 通过阅读教材,对古代文明的特点有一个全面、总体的了解,培养学生的概括能力。

2. 世界上最早的文明——苏美尔文明

(1) 文明的兴起

教师讲述:西亚的两河流域是人类文明最早的发祥地之一,苏美尔文明发源于美索不达米亚地区,意为"两河之间的土地"。两河流域干旱少雨,但平原辽阔,没有周期性的河流泛滥,先民们引水灌溉,开发出渠道纵横的灌溉农业。这里缺少天然的屏障,易被外族征服,因此历史上不断更换不同民族建立的王朝。

教师设问:阅读教材"历史纵横",概括两河流域进入文明时代的特征。

参考答案:农业和畜牧业产生,使用金属工具,产生了以城市为中心的聚落,产生了拥有宗教和军事权力的统治者。

【设计意图】 通过阅读材料,学生一方面提取信息,另一方面可与前一个条目的人类社会进入文明时代的特征进行比较,从而加深对两河流域的文明成就的理解。

(2) 苏美尔文明的兴衰

教师讲述:在公元前3500年左右,两河流域产生了最初的文明;约公元前2900年左右,这里出现了一系列城市国家。

教师运用时间表说明两河流域文明的发展过程。

(3) 古巴比伦王国与《汉谟拉比法典》

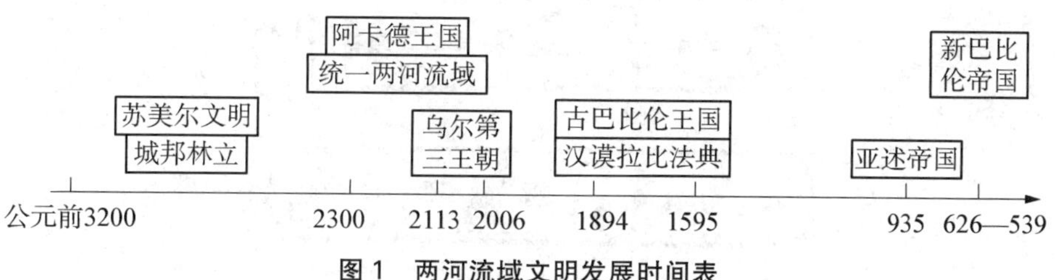

图1　两河流域文明发展时间表

教师讲述：汉谟拉比是古巴比伦的国王，他费时35年，统一了小国林立的两河流域地区，古巴比伦成为西亚最强大的国家。汉谟拉比颁布的《汉谟拉比法典》是世界上现存最早、较完整的民法典。

以下是《汉谟拉比法典》的条文，阅读材料，回答问题。

材料三　第196条：如果一个人弄瞎了一个人之子的眼睛，那么也应弄瞎他的眼睛。

第282条：如果一个奴隶对他的主人说：你不是我的主人。那么他应证实他是他的奴隶，其后他的主人可割掉他的耳朵。

——杨炽译：《汉谟拉比法典》，北京：高等教育出版社，1992年，第112、144页。

教师设问：汉谟拉比制定法典的主要目的是什么？

参考答案：保护弱者，规范社会成员各安其位，维护奴隶制与私有制。

【设计意图】　教师引导学生阅读史料原文，对史料原文进行解释，认识到《汉谟拉比法典》的本质。

（4）两河流域的文化成就

阅读教材相关文字，概括古代两河流域的文化成就。

3. 古埃及文明

（1）古埃及文明的兴起及政治制度

教师讲述：与苏美尔文明对应的是埃及文明，古希腊史学家希罗多德曾经感慨地说："埃及——这是尼罗河的赠礼。"埃及文明产生于尼罗河流域，尼罗河定期的泛滥为农业发展提供了肥沃的土壤，古埃及人种植大麦、小麦，饲养绵羊、山羊。

一般认为，大约在公元前3500年，埃及逐渐进入文明社会。在这个时候，脱离社会的公共权力的代表——国王开始出现于考古材料中，如在上埃及的希拉康波里出现的蝎王权标头和战场调色板显示了此时埃及社会的阶级分化与王权的形成。古埃及的象形文字，是人类最早的体系化的文字符号，形成于约公元前3100年。

埃及的国王被称为法老，拥有个人支配国家经济、政治、军事、文化的无限权力。

例如，在古王国时期，国王自称"拉神之子"，拉神是古埃及的主神太阳神，拉神之子意味着君权神授。古王国以来的铭文中，凡国王的名字都被框在一个椭圆里，椭圆的右侧有一道象征土地的竖线，意味着法老是神佑护之下的大地之主。

材料四　法老被视为神，是法律的来源。古埃及人赞扬他说："威令在你的口中，认知在你的心中，而你的舌头可以产生正义。"

——《中外历史纲要》下册，北京：人民教育出版社，2019年，第5页。

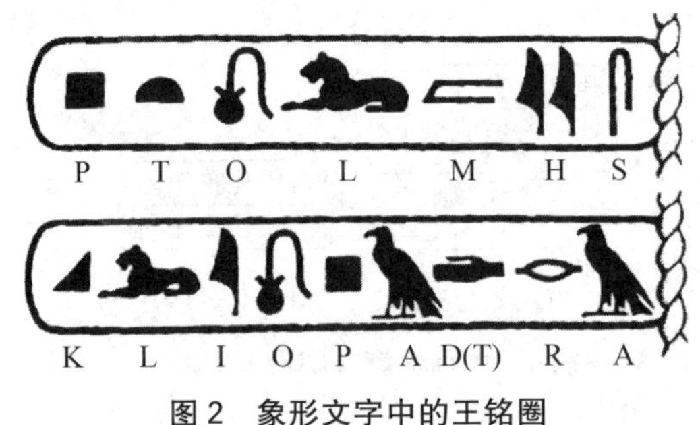

图 2 象形文字中的王铭圈

罗塞达石碑上镌刻的有椭圆形和螺纹修饰的托勒密与克莱奥帕特拉字样。

——引自[英]保罗·G. 巴恩主编，郭小凌等译：《剑桥插图考古史》，济南：山东画报出版社，2000 年，第 71 页。

【设计意图】 通过图片和文字材料，学生比较直观地认识到法老至高无上的地位。学会用考古材料和文字材料进行互证，分析和解释史料，进一步理解古代埃及政治制度的特点。

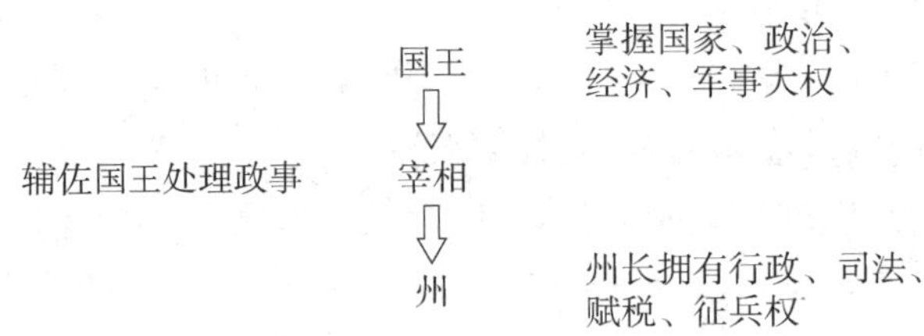

图 3 古代埃及的政治架构①

教师设问：依据图 3 并结合所学知识，归纳古代两河流域文明与古代埃及文明在政治制度上的共同特点。

参考答案：都曾形成统一的专制王朝，君主拥有至高无上的王权。

【设计意图】 教师引导学生通过比较西亚和埃及的古代文明，归纳出二者共同的特征，提高学生比较、分析、归纳的能力。

(2) 古埃及文明的文化成就

阅读教材相关内容，概括古埃及的文化成就。

4. 印度河流域的文明

(1) 印度河流域文明的兴起及特点

教师讲述：印度河流域的哈拉巴文明的存在时间大约是公元前 3300—前 1300 年，是印度早期文明的中心。其主要经济部门是栽培农业与家畜饲养业，基本粮食作物是大麦和小麦。哈拉巴与摩亨佐·达罗是印度文明的两大城市，人口在 3 万人以上。

教师设问：有人认为，哈拉巴文明具备了阶级社会和国家形成的一切要素，根据所学知识，请合理设想哈拉巴文明中有可能已经出现了哪些现象。

教师讲述：根据考古发现，在考古遗址上有粮仓，证明是周边农村剩余产品的集中地；有

① 武寅主编：《简明世界历史读本》，北京：高等教育出版社，2014 年，第 30 页。

政府设施——会议厅；有战争现象，因为有防御墙；有适于公务需要的文字与印章；有社会的明显分化。但公元前 18 世纪，哈拉巴文明消失。

【设计意图】 通过设问，引导学生将观点与论据结合起来，激发学生思考，形成“论从史出”的意识。

教师讲述：公元前 1750 年左右，一支来自北方的游牧部落雅利安人入侵印度河流域，进而成为南亚次大陆的主人，其部落组织逐渐解体，社会分工产生，逐渐产生种姓制度。种姓是指特定的社会等级，在当时称为瓦尔拉。

材料五　当他们分割普鲁沙时……其口为婆罗门，由其双臂造成罗惹尼椰(刹地利)，其双腿变成吠舍，从其双脚生出首陀罗。

——转引自《中外历史纲要》下册，北京：人民教育出版社，2019 年，第 5 页。

教师设问：印度神话中用人体不同部位比喻不同种姓，有什么寓意？

参考答案：寓意：种姓是与生俱来的，贵贱分明的。

【设计意图】 通过阅读史料原文，分析寓意，培养学生历史解释的素养。

教师讲述：印度的种姓制度规定不同种姓职业世袭，不可通婚，法律地位也不平等。种姓制度促进了雅利安国家的形成，也成为雅利安国家统治的支柱。

(2) 佛教的兴起与发展

材料六　佛教创始人释迦牟尼是释迦族的王子，他认为人生的现世苦难是人的欲望、渴求的结果，要人克服欲望，到彼岸世界去寻找人生的慰藉与超脱。不管高级种姓还是低级种姓，都可以根据自身的业报参加轮回。修了善业的低级种姓之人可以在来世生于富贵之家，修了恶业的高级种姓之人则会在来世生于贫贱之家。主张凡是出家者，无论种姓高低，都是“沙门释迦弟子”，无贵贱之分。

——摘编自崔连仲著：《世界通史》古代卷，北京：人民出版社，1997 年，第 165—166 页。

教师设问：佛教的这一主张在当时产生了什么作用？

参考答案：淡化了当时的阶级压迫与剥削，削弱了下层民众的反抗精神，主张众生平等，一定程度上冲击了种姓制度。

5. 古代希腊文明

(1) 古希腊文明的发生

教师讲述：古希腊文明的发源与古代东方文明相比，相对较晚。约公元前 2100 年至前 1200 年间，在克里特岛和伯罗奔尼撒半岛出现了属于“爱琴文明”的青铜文化，后来爱琴文明消亡，在公元前 8—前 6 世纪，希腊半岛又发展出众多的小国，称为“城邦”。

(2) 古希腊文明的特点

教师设问：阅读教材相关资料，概括古希腊文明的主要特点。

参考答案：

经济上：发生于海岛，以农业为主，商业为辅。

政治上：小国寡民的城邦政治，以雅典和斯巴达最为著名。

文化上：建立在奴隶制基础上的灿烂辉煌的文化成就。

【设计意图】 与前面相比，教师对本目内容没有展开，而是进行略讲，在对前面几个文明全面了解的基础上，指导学生阅读教材，学生会感受到希腊文明所具有的完全不一样的风貌。而与前面的几个文明进行比较的同时对希腊文明的主要特点进行概括，学生立刻就会产生疑问：希腊文明为什么会有这样的特点，从而对文明的多元特点有进一步的认识。

教师设问：希腊文明为什么与苏美尔文明、埃及文明及古印度文明表现出不一样的特点？

参考答案：地理条件不同，苏美尔文明、古埃及文明和古印度文明产生于大河流域，农业发达，而古希腊文明起源于海岛，发展农业生产的条件不好，商业贸易与航海业较为发达；苏美尔文明、古埃及文明起源时间相对较早，而古希腊文明起源相对较晚，社会复杂程度更高。

【设计意图】 通过比较，学生认识到各个古代文明具有不同的特点。通过提问，引导学生思考出现不同特点的因素，培养学生多角度思考、解释历史问题的能力。

【课时小结】

1. 整理早期文明产生与发展的知识结构图。
2. 阅读材料，回答问题。

材料七 我们无法判定一个社会究竟应具备几项这样的“标志物”（即在所谓文明诸“要素”中究竟应具备几项“要素”），才算进入文明时代。之所以会是这种情况，这里面显然有文明起源的统一性与多样性的问题。我们在考察古代世界各大文明时，每每能看到一些共同性的趋势和现象，这应该是由于它们都要面对一些共同性的问题所致。然而又由于各地生态系统、自然环境、社会环境毕竟不同，使得人们的生产形式、生活方式，以及解决问题的方法，形成种种差异，从而在进入文明时代的过程中，那些被学界称之为文明的“要素”或物化的标志物也必然会呈现出差别。我们也正是通过这些差异，才可以对各区域不同类型的文明作出进一步的比较。可以说，古代不同类型的文明在其演进过程中所呈现的物化形式有同有异是必然的，而我们却非要整齐划一地规定出几项“标志物”，这显然是个难以解决的矛盾。

——王震中：《中国文明起源的现状与思考》，载陕西省考古研究所：《中国史前考古学研究——祝贺石兴邦先生考古半世纪暨八秩华诞文集》，西安：三秦出版社，2004 年，第 448 页。

教师设问：阅读材料，概括作者的主要观点。

参考答案：文明的起源具有统一性和多样性，所以不能用统一的标志物来进行判断。文明起源的统一性是由于各古代文明需要面对一些共同性的问题所导致；而由于各地的生态系统、自然环境、社会环境不同，使得人们的生产形式、生产方式以及解决问题的方法产生种种差异，所以文明的标志物又会各不相同。在研究早期文明产生的问题的时候，要注意到在文明产生阶段各主要文明既具有共性，同时又呈现出多元性的特点。

第 2 课 古代世界的帝国与文明的交流

一、教学目标

1. 了解古代世界的奴隶制帝国的政治、经济、文化发展的情况及各文明之间的关系。

2. 通过阅读史料提取古代帝国扩张、征服的相关信息，认识古代帝国扩张和征服的目的和影响。

3. 理解古代文明发展的差异性和统一性，通过对古代帝国征服扩张史的学习，认识到军事征服与经济、文化交流之间的关系，认识各文明之间的交流互鉴对于文明发展的促进作用。

二、学习重点

世界古代主要奴隶制帝国的扩张及其影响。

三、学习难点

古代文明交流的途径、方式与影响。

四、教与学活动

【导入新课】

材料一　考古学家在阿富汗东北边境的阿伊·哈努姆遗址，挖掘发现这是一座公元前4世纪末的希腊人的城市，城中不仅有希腊风格的神庙、广场、宫殿与体育馆，而且还存在希腊文的戏剧与哲学方面的手稿。

——杨巨平：《阿伊·哈努姆遗址与"希腊化"时期东西方诸文明的互动》，载《西域研究》，2007年第1期。

教师设问：为什么在今天的阿富汗、古代的中亚会出现希腊人的城市？

参考答案：亚历山大的东征带来了希腊人的迁徙与希腊文化的传播。

【设计意图】　本课的重点在于讲述古代文明的扩展带来的文明的碰撞与交流，古希腊文明的发生、发展都在南欧的巴尔干半岛及其附近的地区，在中亚腹地发现完全的希腊风格的城市以及希腊文是希腊文化扩展的一种表现。通过这一情境设计引起学生兴趣，引发学生思考，同时进入本课的学习。

【学习新课】

(一) 古代文明的扩展

1. 西亚、北非的文明扩展

教师引导学生阅读《古代主要文明示意图》，认识古代帝国的位置及其扩张的范围。

教师讲述：在人类文明的早期阶段，各个文明之间联系较少，但是农耕文明所具有的天然优势使几个主要农耕文明不断扩张，文明区域不断扩大。

我们通过以上学习了解古代帝国的位置及其扩张范围后，再来了解一下它们扩张的主要目的是什么,这些古代帝国扩张的条件有哪些。

埃及通过对外征服,发展成为一个地跨西亚、北非的奴隶制帝国。这是古代世界的第一个帝国。最远的时候,埃及北部疆界推进到了叙利亚北部和幼发拉底河上游,南部到达尼罗河第三瀑布以南的地方。对被征服的地区,埃及人一方面派总督进行管理,派军队驻防;另一方面还实行“以夷制夷”的方针,利用当地土著王公贵族进行统治。埃及人每占领一地,便把当地统治者的孩子作为人质带到埃及去,让其接受埃及教育。待其父辈死去,便让他们回去接替其父辈的职位。

两河流域的早期文明是由苏美尔人创造的。公元前2006年,乌尔第三王朝灭亡,苏美尔人在两河流域的统治走向终结。此后相当长的时间内,两河流域处于多国林立的列国时代,直到公元前18世纪古巴比伦王国的国王汉谟拉比统一了两河流域,创建了一个从波斯湾到地中海的奴隶制大国。

后来两河流域北部的亚述帝国极力对外扩张,占领整个两河流域地区,并打败埃及,占领尼罗河三角洲,使亚述发展成为一个地跨西亚、北非的帝国。帝国对被征服地区实行行省制,派总督治理。对被征服地区,亚述人征收一定比例的税赋,居民利用灌溉设施、捕鱼、狩猎等也要交税,此外还征收出入的关税。除赋税以外,还征发劳役。

教师设问:古代东方国家进行军事征服的主要目的是什么?根据所学知识,说明其进行军事征服的条件有哪些。

参考答案:目的:掠夺土地、财富、人口。条件:君主专制下高效的政府,发达的农业生产提供的物质基础,以及强大的军事实力。

【设计意图】 通过教师讲授和对教材的自主学习,学生能了解东方各文明古国扩张的基本情况。通过问题思考,更深入地认识到东方各国的征服和扩张的共同目的与条件,从而更准确地了解东西方文明的差异性。

2. 古希腊城邦的殖民活动

教师引导学生参考教材上的地图,指出古希腊的殖民活动的范围。

材料二 对于希腊人来说,殖民等同于一次地理发现,极大地拓展了希腊世界的范围,开阔了希腊人的眼界。从此,希腊本土与整个地中海、黑海地区成为一个有密切文化联系的整体。殖民还使希腊本土的社会矛盾有所缓解,导致大批新城邦的形成,扩大了希腊城邦之间的经济往来,促进了手工业和商业的发展,增加了奴隶的外部来源。但另一方面,希腊殖民也伴随着侵略和暴力,殖民者的成功是建立在当地土著居民的痛苦基础之上的。

——周启迪主编:《世界上古史》,北京:北京师范大学出版社,1994年,第229页。

教师设问:如何评价希腊城邦的殖民活动?

参考答案:殖民活动扩大了希腊文化的影响,给被殖民地区带来了痛苦。

【设计意图】 教师引导学生了解古希腊文明扩张的方式,认识到其与东方文明的差异性,同时也认识到征服与扩张是文明传播的一种途径。

(二)古代世界的帝国

1. 速兴骤亡的帝国——波斯与马其顿

学生阅读课本,在地图上标出波斯帝国及其扩张的地区,认识波斯的扩张将古代不同国家联结起来。

教师设问:阅读教材,概括波斯帝国统治的特点,并思考波斯帝国的制度有何作用。

参考答案:特点：君主专制统治,有完善的官僚体系和税收系统,实行行省制度,中央对地方控制严密。作用：巩固统治,加强了对地方的控制,有利于波斯与各地的经济、文化的交流。

教师讲述:大流士统治时期是波斯的鼎盛时期,但他挑起的与希腊的战争以失败而告终,成为波斯帝国由盛转衰的转折点,马其顿及亚历山大帝国随之兴起。

学生阅读教材,在地图上标出亚历山大进军路线。

教师讲述:马其顿地处希腊东北边缘。公元前 4 世纪时,马其顿兴起,在国王腓力二世时,创造了具有极强攻击力的马其顿方阵,由重装骑兵和重装步兵组成。步兵每人装备一杆长 6.3 米的长矛,所列阵形纵深最多达 32 列。战斗中步兵与骑兵互相配合。步兵顶住敌人的攻击,骑兵则对敌两翼进行攻击。公元前 336 年,腓力二世遇刺身亡,其子亚历山大继位,镇压了希腊人的反马其顿运动,于公元前 335 年开始东征。公元前 333 年,在叙利亚的伊苏斯平原打败波斯的大流士三世的军队,其后占领上、下埃及。公元前 331 年,与波斯军队决战于高加美拉。公元前 330 年占领波斯波里斯,波斯帝国灭亡。至公元前 324 年初,亚历山大抵达原波斯四都之一的苏撒,历时 10 年的东征结束。公元前 323 年,亚历山大突然病亡,时年 33 岁。

材料三　亚历山大东征期间,行程数万里,到处留下驻军,仅起名为亚历山大的要塞便建起 70 多座,亚历山大还到处任命希腊人总督,安排波斯降将担任地方官员,建立起世界古代史上前所未有的大帝国。他以波斯专制君主的身份行事,任用波斯人,接受波斯人的生活方式,使马其顿贵族同波斯中央和地方的贵族结合,构成自己的统治基础。亚历山大还主持万名马其顿将士与波斯贵族女子的婚礼。在他死后,帝国迅速分裂为一些独立的王国,从公元前 4 世纪后期到公元 1 世纪,希腊文化在北非、西亚广泛传播,希腊文化和东方文化广泛交流,这段时间被称作"希腊化时代"。

——周启迪主编:《世界上古史》,北京：北京师范大学出版社,1994 年,第 255 页。

教师设问:如何评价波斯帝国与马其顿帝国的扩张与统治?

参考答案:征服战争造成了巨大的灾难,但促进了区域性的统一,在一定程度上促进了希腊文化与东方文化的交流。

【设计意图】　通过材料阅读与问题思考,学生能够了解到古代帝国的扩张与征服的基本情况,同时也认识到,征服与扩张推动了区域性的统一,促进了不同文化的交流与融合。

2. 罗马帝国的兴亡

教师讲述:罗马建城在公元前 8—前 7 世纪,经过王政时代、共和时代,先后征服意大利和地中海地区,在公元前 1 世纪发展成为地跨欧、亚、非三洲的大帝国。

材料四　罗马从很早时起就有奴隶,但起初主要是把奴隶用在家庭事务上。李维提到早在制订十二铜表法的时代,有一次进行斗争的平民就号召奴隶们起来反对自己的主人,这一举动使许多罗马家庭担心不小,因为"每家家内都有一个潜在的敌人"。每家家内至少都有一个奴隶。到了公元前 2 世纪中叶,使用奴隶劳动的范围有所变化。这一时期的奴隶劳动,不仅大批地广泛地应用到农业、手工业以及矿山等各个生产领域,而且带有商品生产的性质，这是奴隶制进入发达和繁荣期的一个主要特征。

——周启迪主编：《世界上古史》，北京：北京师范大学出版社，1994 年，第 306 页。

教师设问：罗马经济的主要特征是什么？罗马社会隐含的危机是什么？

参考答案：特征：奴隶制经济，商品经济发达。危机：社会矛盾尖锐。

材料五 罗马人在被征服地区建立行省，派总督进行统治，出现了高度繁荣的物质文明。生产工具与技术取得进步，北非、埃及、多瑙河地区和行省的谷物生产十分发达，成为帝国的粮仓。在法国南部与莱茵河畔，兴起了一些冶金、纺织、陶器与玻璃制作中心。一批城市兴起，其中罗马是最大的都市，拥有 120 万人口。帝国的商业交往兴盛，以大城市为中心，以若干市镇为据点，借助便利的水陆交通，形成了一个联系密切的地中海区域商业交换网。罗马的商人常常到波罗的海沿岸与北欧、东欧，用精美的工艺品换取皮毛与木材及琥珀，在非洲内陆用铁器、纺织品、玻璃换取黄金、象牙与香料。而在中亚、印度乃至中国，则主要通过丝绸之路用金银来购买中国的丝绸、印度的宝石与香料等。

——摘编自李世安、孟广林等著：《世界文明史》，北京：中国人民大学出版社，2002 年，第 61 页。

教师设问：罗马物质文明高度发达的条件有哪些？

参考答案：奴隶制繁荣为经济发展提供了基础；此外还有便利的交通，帝国商业发达及相对和平的环境，幅员辽阔，农业与手工业发展。

【设计意图】 学生通过阅读材料回答问题，了解罗马帝国征服与扩张的基本情况，了解到罗马帝国社会繁荣的经济基础，进一步认识到帝国的征服、扩张及其与帝国繁荣的关系。

教师讲述：罗马帝国初期社会经济的繁荣，是奴隶制时代生产力高度发展的表现，但也正是在这一时期，奴隶制的生产关系已经不能适应经济发展需要，社会矛盾日益尖锐，罗马帝国走向了衰亡。

（三）文明的交流

1. 文明交流的表现

教师设问：阅读教材，自主学习有关文明交流的内容，概括文明交流的表现。

参考答案：古代世界各地区的经贸往来，思想、文化和技术的传播是文明交流的重要表现。

教师设问：促进古代世界各地区的思想、文化和技术交流的因素有哪些？

参考答案：经贸往来的需要、国家统治的需要、军事征服等。

2. 字母文字的产生与传播

阅读教材，画出字母传播源流图。

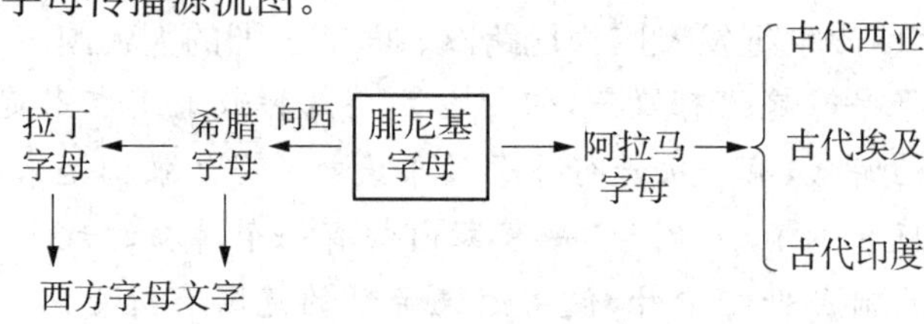

图 4 字母传播源流图

教师设问：推动字母文字流行的因素有哪些？

参考答案：战争与商业贸易的往来推动文化交流的展开；字母文字本身方便书写，易于学习和掌握。

【设计意图】　学生通过阅读，自己画出字母源流图，了解字母文字传播的知识，再通过阅读教材相关内容，在教师的提问下总结出推动字母文字流行的因素，由此培养学生历史时空观念和历史解释等核心素养。

3. 汉王朝与罗马帝国的交往

学生阅读课本《罗马帝国与汉朝交往的主要路线示意图》，画出中国与罗马帝国交往的主要通路。

教师讲述：据《后汉书·西域传》记载："和帝永元九年（公元 97 年），都护班超遣甘英使大秦，抵条支。临大海欲度，而安息西界船人谓英曰：'海水广大，往来者逢善风三月乃得度，若遇迟风，亦有二岁者，故入海人皆赍三岁粮。海中善使人思土恋慕，数有死亡者。'英闻之乃止。"甘英虽未到罗马，但罗马的使者却来到中国。桓帝延熹九年（166 年）"大秦王安敦遣使自日南徼外献象牙、犀角、玳瑁，始乃一通焉"。

材料六　关于罗马与中国的外交联系，现在已知的只有非常零星的信息：根据中国的史料记录，公元 166 年，安敦皇帝（马可·奥勒留）派代表团来到中国，而在公元 266 年，一位名叫秦论的罗马商人抵达了皇帝孙权在南京的朝廷。但这些并不能说明什么问题。罗马帝国和中国的汉朝，古代世界这两个最伟大的帝国基本上是各行其道，几乎没有意识到对方的存在。

——［英］西蒙·普莱斯等著，马百亮译：《古典欧洲的诞生——从特洛伊到奥古斯丁》，北京：中信出版集团，2019 年，第 317 页。

教师设问：根据以上材料说明秦汉王朝与罗马帝国交流的特点，以及在研究早期文明交流时要注意哪些问题。

参考答案：特点：交往比较少；有官方也有民间往来。问题：研究两地交往的直接证据比较少，对相关史料应该进行严格的考证。

【设计意图】　教师引导学生思考秦汉帝国与罗马帝国交流的特点，认识到在人类文明的较早阶段，东西方之间由于自然的阻隔等因素交流相对较少，在研究相关问题的过程中对不同的材料要注意考证，培养学生的历史解释、历史时空观念、史料实证等核心素养。

【课时小结】

1. 构建"古代世界的帝国与文明的交流"知识结构图。

2. 如何评价古代帝国的区域性扩张？

参考答案：古代帝国的区域性扩张促进了区域的统一，促进了区域内经济、文化的交流，推动了文明的发展。但是古代帝国的扩张是由一系列战争与征服完成的，给被征服地区人民带来了巨大的灾难。

材料七　罗马帝国境内使用的语言远不止拉丁语和希腊语，不列颠有古威尔士语，西班牙部分地区有巴斯克语，阿非利加有柏柏尔语，埃及有科普特语，黎凡特有希伯来语、阿拉伯语和阿拉姆/叙利亚语，安纳托利亚有伊苏里亚语和亚美尼亚语。在从威尔士群山到埃及沙漠之间的广阔疆域之中，各个地方社群之间的差异至少不比现在这些地方之间的差异小。另一方面，罗马世界不仅将这些千差万别的区域联结成一个整体，更是随着时间的流逝而逐渐塑造出了这些区域之间的很多共性。基督教席卷全国，取代了很多地方性的宗教传统。帝国各个地方的城市在外观上呈现出高度的一致性，这主要体现在公共建筑和城市格局方面。各地的行政机构和军队都在同一套高层机构的统御之下，税务系统则几乎影响着每一个人。一些文化上的差异逐渐缩小了，例如，高卢的地方语言大概在5世纪时失传。埃及社会在公元1—2世纪时还与其他地方很不相同，但到了4—5世纪时差异就已经大幅消失。埃及人不再使用自己的巨型神庙，也放弃了法老时期的建筑风格，甚至改掉了喝啤酒的传统，改喝葡萄酒。人们认为自己是一个统一的罗马世界的一分子。这种想法不仅存在于城市精英的头脑里，也存在于乡野村夫的意识之中。

——[英]西蒙·普莱斯等著，马百亮译：《古典欧洲的诞生——从特洛伊到奥古斯丁》，北京：中信出版集团，2019年，第445页。

教师设问：根据材料，结合所学知识说明罗马帝国对被征服地区的统治方式及其影响。

参考答案：统治方式：建立行省制度进行统治，征收统一的税收，推行统一的宗教。影响：将统治区域内各地联系在一起，地方性的宗教传统消失，各个地区在文化上趋同，人们从心理上认同罗马帝国。

单元总结

关于早期文明的发展，考古学界和史学界一直有不同的争论，相关理论问题历久弥新，一直是学术研究的热点问题。而各个古代文明的起源和演进之间的关系也一直是人们关注的话题。在远古时代，人类文明的早期阶段，各个文明都不是孤立存在的，而是彼此之间存在着种种联系。

任务1：依据本单元的教学内容，设计本单元的知识结构图。

任务2：阅读材料，回答问题。

材料一 一万多年前的农业革命及其带来的剩余财富是人类社会走向城市文明和国家体制的基础。由于农业知识和技术的传播受生态范围的限制，中东、西亚以及南亚的早期复杂社会连成一片，但与东亚的农业社会相对隔绝。以西亚为中心的早期复杂社会的农业倚重于河流流域的富饶土地，但是为了进一步发展则需要本地不能获取的各种矿产，交换和交流势在必行。在公元前2000年以前，这个地区的发达国家的政府是交换的组织者。但是这些发达国家的周围都有欠发达的部落和同样发达的小国，它们与发达的城市文化和农业社会形成互补互利的关系。公元前2000年以后，每当发达国家的中央政权衰落，蛮族入侵，新的统治集团重新组织社会和政治体制，给予历史以新的起点。在群雄争霸的战乱中得以生存和发展的较小的社会集团如腓尼基人和犹太人都在世界历史上有特殊的作为。

腓尼基人创造的字母文字是欧亚大陆的文化普及的重要工具。他们的地中海商业殖民网络终于形成了后来与罗马帝国抗衡的迦太基帝国。以埃及为首的发达强国在迦南地区的争霸和战争迫使那里的被压迫的人民在一神论的旗帜下集结成一个政体和一个统一的宗教。人类历史上的早期复杂社会都不是也不可能孤立存在，而是在相互争夺和依赖中前进。

——刘欣茹：《以总体的观念来探讨早期的复杂社会》，载《世界历史》，2008 年第 1 期。

教师设问：根据材料概括人类早期文明发展的特点，并说明出现这一特点的原因。

参考答案：特点：人类历史上的早期文明都不是孤立存在的，互相的争夺和依赖促进了文明的发展。原因：由于地理位置的限制和物产资源的不同，人们存在着交流的必要性；各个地区的发达国家与周边小国存在着互补和互利的关系；战争和征服促成了政治和文化的统一。

【设计意图】 通过阅读材料回答问题，了解文明交流的基本情况，通过思考文化交流的动力与途径，升华认识，培育历史时空观念与历史解释的学科核心素养。

第三部分

学习资源拓展

第1课　文明的产生与早期发展

材料一　国家起源与阶级分化

迄今为止的考古资料(主要是从各地墓葬中出土的随葬品)已经能够证明在原生的国家出现前夕,无论是尼罗河流域、美索不达米亚还是黄河与长江流域、印度河与恒河流域,都出现了明显的阶级分化即贫富分化的现象。而现有文字史料和实物史料也表明,最初的国家的统治者都是拥有大量社会剩余产品的君主。这种随葬品的分级现象与后来的国君的普遍富有之间虽不能建立直接的物证联系,但是可以推测两者之间具有某种必然的因果关系,问题在于如何解释在史前社会中拥有强势地位的氏族部落领袖是怎样突破原始共产制、原始民主制的束缚,跃升为社会的统治者的。由于史料匮乏,对这类重要的具体问题的解答至今仍未超出假设的范围。

——郭小凌:《国家起源与早期国家形态》,载《史学集刊》,2016 年第 3 期。

材料二　欧洲国家产生的不同途径

大概正是由于考虑到社会发展的复杂性和多样性,恩格斯才根据欧洲不同地区的不同情况把国家的产生归结为多种途径而不是一种途径。雅典是一个类型,国家是在氏族内部发展起来的阶级对立中产生的;罗马是一个类型,国家是在原有氏族成员——罗马人和外来平民的斗争中,即平民与贵族的斗争中产生的;日耳曼是一个类型,国家是通过征服而产生的,为统治被征服地区,就需要把氏族组织变为暴力机关。……趋向是一致的,道路是不同的;然而,不论各地区、各民族的具体情况是怎样的互不相同,在一般情况下,国家的出现总是与私有制、阶级相联系的,这是不平衡中的平衡、个性中的共性。因此,恩格斯把雅典道路作为典型,在理论上是具有普遍意义的。

——崔连仲主编:《世界通史》古代卷,北京:人民出版社,1997 年,第 36 页。

材料三　苏美尔文明对埃及文明的影响

传统认为,埃及历史发端于国王美尼斯统一上下埃及,这个事件发生于公元前 3000 年—前 2850 年间的某个时候,而当时苏美尔的一些城邦已经发展了几个世纪。苏美尔对埃及最初的文明发展阶段影响虽然小,但是有迹可循,这已经得到承认。因此,波斯湾口的水手很可能绕过阿拉伯半岛到达红海。与居住在狭长的尼罗河河谷的居民发生联系。苏美尔人熟悉的技术和思想对早期埃及人来说当然是很有价值的,因为埃及人的生存环境与底格里斯河—幼发拉底河下游非常相似。到美尼斯时期,灌溉、冶金、文字、耕犁、带轮的车辆、纪念性建筑物都已经在美索不达米亚出现了。在短时期内，它们都通过十分迅速的模仿和调整而在埃及得到了应用。政治统一促使埃及迅速接受苏美尔“百宝囊”中那些有吸引力的因素，而那些不适应埃及地方传统和地理环境的因素则被抛弃。换句话说，埃及文明不仅迅速形成，而且具有自己的明确风格和制度结构，这归功于埃及人能够从美索不达米亚经验中获得益处。

——[美]威廉·麦克尼尔著，施诚等译：《世界史》，北京：中信出版社，2013 年，第 25—26 页。

材料四　汉谟拉比的统治与《汉谟拉比法典》

古巴比伦的汉谟拉比(公元前 1792—前 1750 年在位)，称自己为“世界四方之王”。古巴比伦帝国对美索不达米亚的统治一直持续到大约公元前 1600 年。汉谟拉比和他的继承者不再率领着一支庞大而饥饿的军队从一座城市向另一座城市进发，而是留在巴比伦(现在巴格达附近)，任命代理长官在辖区内进行统治。

汉谟拉比还试图通过法典来维持帝国的统治。苏美尔的统治者大约早在公元前 2500 年就颁布了法律，汉谟拉比开明地借鉴了前辈的经验，编纂了美索不达米亚地区涉及范围最广、最为完整的法典。在法典的序言中，汉谟拉比宣称是神灵选择他“为人民带来幸福……令正义在大地上出现，摧毁罪恶，以便强者不能欺侮弱者，像太阳一样升起照耀着人们，给大地带来光明”。《汉谟拉比法典》是一部严刑峻法，谋杀、偷窃、行骗、诬陷、为逃跑的奴隶提供庇护、没有遵从王室命令以及通奸和乱伦都要被处以死刑。民法部分对价格、工钱、商业交易、婚姻关系和奴隶地位等都进行了规范。

——[美]杰里·本特利等著，魏凤莲等译：《新全球史》上，北京：北京大学出版社，2010 年，第 39—40 页。

材料五　法老与金字塔

美尼斯和他的后继者建立了一个由埃及国王——法老统治的集权国家。早期，法老宣称自己是人间活着的神、所有土地的主人和绝对的统治者，但其实直到公元前 2600 年，死去的国王才开始使用王室奴仆进行陪葬。早期的埃及人将他们的法老与天空之神荷鲁斯联系在一起，常常把法老与荷鲁斯的象征鹰或隼放在一起来表现。后来，他们又将统治者视为太阳神阿蒙的后代，这样法老就成为太阳的儿子。他们将王位上的法老看作一位人间太阳，监视着整个地球上的事物，就像阿蒙是整个宇宙的管理者一样，他们还相信法老死后将与阿蒙结合在一起。在埃及的绘画中，法老的形象表现得比他的子民都更加高大威猛。

法老的权威在埃及历史上的第一个千年里就达到了高峰，这一时期被称作早王朝时期(公元前 3100—前 2660 年)和古王国时期(公元前 2660—前 2160 年)。巨大的金字塔象征着他们的权力与神性。

——[美]杰里·本特利等著，魏凤莲等译：《新全球史》上，北京：北京大学出版社，2010 年，第 68—69 页。

材料六　印度的种姓制度

晚期吠陀时代是印度的铁器时代，社会生产力有新的发展。人口增加，铁制犁铧的应用，使耕地面积扩大。农作物引进了水稻，提高了粮食产量。农业成为次大陆的主导产业。手工业和商业也得到发展，表现为分工细化，出现专门的铁匠、木匠、织匠、石匠等行业专业化现象。

社会剩余产品随着农业、工商业的发展在增长，社会分化进一步加剧，主要表现为瓦尔纳制的充分形成与固化，各等级的权利和义务有了明确的规定，可谓尊卑有序，并产生了维护这种社会秩序的暴力机器——国家。

在种姓制下，不同种姓之间禁止通婚，各等级从事的职业不能改变，子承父业天经地义。

不同的权利与义务伴随不同的法律地位。如果低级种姓伤了高级种姓的肢体，必须用自己的相应肢体作为抵偿。在量刑上，婆罗门受最重判罚不过是流放，其他等级则可判死刑。对于首陀罗，几乎没什么法律保护，前三个种姓可任意驱赶、殴打他们，杀死首陀罗也只需缴纳罚金。而首陀罗辱骂前三个种姓，则要割舌、用铁钉烧热后扎入其口中。

——武寅主编：《简明世界历史读本》，北京：中国社会科学出版社，2014 年，第 83—85 页。

材料七　佛教对于“众生平等”的主张

佛教鲜明地反对婆罗门教的纲领“婆罗门至上”，提出“众生平等”的口号，佛陀在同弟子的谈话中激动地说：“汝观诸人(指婆罗门)，愚冥无识，犹如禽兽；虚假自称，婆罗门种教为第一，余皆卑劣；我种清白，余者黑冥；我婆罗门种出自梵天，从梵一生，现得清净，后亦清净。今我无上正真通中，不须种姓，不恃吾我骄慢之心，俗法须此，我法不尔。”(《长阿含经》)佛陀对婆罗门种姓自命清高、唯我独尊的骄傲气焰，给以严厉的抨击；同时也指出，在佛法中不讲种姓，也不自恃骄慢之心，在俗法中讲究这些，佛法不是这样。接着佛陀又说：“婆悉吒，汝今当知，今我弟子，种姓不同，所出各异，于我法中出家修道，若有人问，汝谁种姓？当答彼言，我是沙门释种子也。”在这里，佛陀明确地指出，佛门弟子，来自不同的种姓，但皈依佛法出家修道后，再无种姓的差别，只有一个种，即沙门释种。这就像诸流之归入大海一样，再无原来的问答，统称之为大海。

——崔连仲主编：《世界通史》古代卷，北京：人民出版社，1997 年，第 165—166 页。

材料八　希腊民主制度

在古希腊文中，“民主”(demokratia)一词由两个部分所组成，前一部分为 demos，其含义丰富，既可以指全体公民，又是雅典基层行政单位的名称；后一部分为 cratos，其意思是“主权”或“掌管”，两个部分合起来即“人民主权”。

雅典形成了一套完备的民主机构和与之相适应的运行机制。其中，最重要的是公民大会。作为雅典的最高权力机构，它具有立法、司法和行政等多种职能。此外还有五百人议事会和陪审法庭，分别负责为公民大会准备提案和掌握国家司法权。除十将军外，雅典所有官职均由 10 个部落抽签产生，并根据民意随时任免它，十将军位高权重，没有薪俸，不仅总揽军权，还兼务行政，但也要受到城邦法律和民主机构的监督和制约。另外，为保证贫穷公民能够真正地参政议政，伯利克里还建立了公务人员的津贴制度。在这些民主性质的机构逐步获得国家真正的领导权的同时，从前的贵族议事会的权力进一步被削弱。除了一些与宗教有关的事务，它丧失了一切政治权力。

——齐世荣总主编：《世界史》古代卷，北京：高等教育出版社，2006 年，第 156—157 页。

材料九　历史认识是由多种因素的影响而形成的

某些价值判断应该认为是人类所共同的，另有某些则赋有不同时代、社会以及集团的或个人的特色。历史学是它们交相作用的产物。人们思想的成分是复杂的，绝非仅仅是某些客观存在的简单反映而已。生活在同样条件之下的人们，在思想上、认识上却会大异其趣。这里在起作用的就不是客观存在的简单反映，而是主观的思想创造。在历史学中，除了反映客观存在的科学主体，还有作者的主观创造性在起着作用。思想因素的作用，不能简单地等同于某种客观存在的反映。这里就是人文与科学双方界限划分之所在……古人的思想和精神光耀千秋，直到今天还令我们感动不已，而他们当时的客观条件却早已消逝得无影无踪。这表明了思想因素并不能简单地等同于客观条件的反映，而历史的精华全在于其人文精神的发扬。

——何兆武著：《对历史学的反思》，载朱本源著：《历史学理论与方法》，北京：人民出版社，2007 年，第 6 页。

材料十　自然环境与文化特点

在人类社会早期，文化受自然环境影响的程度更大更直接，文化的特征也突出地体现了自然环境的区域差异。希腊文明有明显的人文主义色彩和民主、开放意识，居民聪慧、富有理性和进取精神，这些文化特质与其独特的地理环境及处于面向海洋的地中海文化圈有联系。尼罗河文明、苏美尔文明和哈拉帕文明都位于大河河畔，处于大致相同的纬度，都具有限制性的地理环境，他们都建立了以小麦为基础的农业文明，具有封闭性和保守性，宗教祭祀和巫术文化较发达。中华文明也多发源于大河河畔，处于相对封闭的地理环境中，但由于国土辽阔，文化特征多样，生命力较强。考古资料表明，我国新石器时代诸考古学文化及其特征的形成，与各地独特的自然地理环境有十分密切的联系。一方面，各地复杂多样的自然环境造就了各具特色的、多样化的文化区系类型；另一方面，这些文化在漫长的历史中不断发生碰撞和交融，逐渐形成了具有共同文化特质、统一的中华文明。我国新石器时代文化既存在地域差异，又有共同特质和一体化趋势，这与我国自然地理环境的特征契合。

——滕海键：《地理环境与“文化”特点的形成》，载《兰台世界》，2012 年第 12 期。

第 2 课　古代世界的帝国与文明的交流

材料一　亚述帝国的扩张

亚述人重新为美索不达米亚带来了帝国统治，公元前 19 世纪，这支来自美索不达米亚北部的强悍民族在底格里斯河流域建立起一个强有力的国家。他们把军队组编成标准化的作战单位，并置于职业军官的指挥之下，根据战功、技能和勇气而不是出身或家庭关系来提升军官。他们从赫梯人那里引进了快速奔跑的轻型马拉战车。亚述人凭借着马拉战车的速度和疾风暴雨般的火力，猛烈地向他们的对手发动了一次又一次的进攻，使他们疲于应付，最后在亚述步兵和骑兵的攻击面前就只能束手就擒。巴比伦帝国崩溃，在美索不达米亚西北地区，出现了很多谋求拓展实力和提升自身地位的国家，亚述只是其中之一。不过大约在公元前 1300 年之后，亚述的势力逐渐扩张到西南亚的大部分地区。公元前 8 世纪到前 7 世纪，是亚述帝国的鼎盛时期，它所统治的疆域除了美索不达米亚外，还包括叙利亚、巴勒斯坦、安纳托利亚和埃及的大部分地区。

——[美]杰里·本特利等著,魏凤莲等译:《新全球史》上,北京:北京大学出版社,2010年,第40—41页。

材料二　希腊人的殖民活动

公元前8—前6世纪,爱琴海地区的希腊人向南意大利和西西里岛广泛移殖,并建立许多殖民城市。例如,科林斯人在西西里东部建立的叙拉古城,斯巴达人在南意大利建立的他林顿城,阿卡亚人建立的克洛敦城等,都是相当有名的。叙拉古人后来成为西西里岛上的最大势力,随着希腊的殖民,不但将希腊的社会政治制度(如城邦制)带到意大利,而且将希腊的工艺、建筑以及精神文化的许多成就传播到这一地区,对意大利的文化起了重要作用。希腊的卡尔息斯城邦甚至远在坎巴尼亚的西海岸建立了殖民城邦库米(库米又在附近建立那不勒斯),据认为伊达拉里亚人就是从此地学到了希腊字母。到公元前3世纪,罗马人统一了意大利并占据西西里岛,各希腊殖民城市相继并入罗马版图,但希腊文化对罗马征服者的影响却没有终止。

——崔连仲主编:《世界通史》古代卷,北京:人民出版社1997年,第276页。

材料三　亚历山大里亚

亚历山大里亚自公元前331年建城以后,逐渐成为当时整个地中海地区最大的城市,也是地中海地区和东方各国贸易和文化交流的中心。居民除埃及人、希腊人外,还有波斯人、叙利亚人、犹太人、阿拉伯人等。城内建有许多剧场、花园、广场、公会堂、体育场、神庙、宫殿和宽大的道路。人口70多万,城外菲罗斯岛上矗立着一座灯塔,高122米,从40公里外可见灯光,被称为古代世界七大奇迹。13世纪中国南宋时赵汝适的《诸蕃志·遏根陀国》描述的灯塔:"相传古有异人徂葛尼(亚历山大的阿拉伯文的音译)于濒海建大塔,下凿地为两屋,砖结甚密,一窖粮食,一储器械,塔高二百丈,可通四马齐驱而上,至三分之二,塔心大开,结渠透大江以防。他国兵侵,则举国据塔以拒敌,上下可容二万人。内居守而外出战。其顶上有镜极大,他国或有兵船侵犯,镜先照见,即预备守御之计。"亚历山大里亚的图书馆和博物馆,是当时规模宏大的学术中心,对古代文化的保存和流传起了很大的作用。

——崔连仲主编:《世界通史》古代卷,北京:人民出版社1997年,第267页。

材料四　波斯帝国

帝国版图如此辽阔,民族成分极其复杂,阶级矛盾和民族矛盾极其尖锐,各地政治、经济、文化发展极不平衡,而波斯的统治阶级又十分年轻,国家机器十分薄弱。因此,统治并不稳定。……波斯帝国包罗了为数众多的地区和民族,其社会经济结构五光十色。帝国内的一些地区(如埃及、两河流域、印度河流域、小亚细亚、叙利亚和巴勒斯坦等地)奴隶制经济发展一两千年;而另一些地区则比较落后,刚刚进入文明时代,处于奴隶制社会初期,甚至还处于原始社会晚期。即使是波斯和米底亚,也都还处在文明发展的初期阶段。帝国内有的地区有发达的农业、手工业和商业贸易;而另一些地区畜牧业较发达,农业、手工业和商业贸易则不那么发达。

——齐世荣总主编:《世界史》古代卷,北京:高等教育出版社,2006年,第89页。

材料五　罗马法的成就

罗马法是罗马人最伟大的成就之一,显示出罗马人统治一个幅员辽阔的庞大帝国的天才。罗马法分为公民法和万民法。公元前3世纪以前的罗马法，皆属于公民法的范畴，亦即罗马国家“为了本国公民颁布的法律”。《十二表法》就是公民法的典型代表。到公元前3世纪中叶，罗马出现了专门审理涉外案件的行政长官，他们常常根据现实情况，颁布有关告示，这样，就逐渐形成了灵活务实的万民法。从公元212年开始，罗马公民和非公民之间的界限消失，罗马法的发展开始进入法律汇编阶段。最早进行法律汇编工作的是哈德良，而最有影响的是查士丁尼。《查士丁尼民法大全》的颁布标志着罗马法已经发展到了最发达和最完备的阶段。罗马法对后世影响深远，德国法学家耶林对此曾有过很好的评价，他说：“罗马曾三次征服世界：第一次以武力；第二次以宗教；第三次则以法律。而第三次征服也许是其中最为平和，最为持久的一次。”

——齐世荣总主编：《世界史》古代卷，北京：高等教育出版社，2006年，第226页。

材料六　印度的犍陀罗艺术

犍陀罗艺术在古印度艺术中别开生面，是古希腊人侵入印度河流域时带来的希腊式佛造像艺术，初现于公元1世纪的次大陆西北部，繁荣4个世纪后衰亡。孔雀帝国时，佛教传入犍陀罗地区，成为流行的宗教。1世纪时，跨中亚与南亚的贵霜帝国因地理之便，与希腊化国家塞琉古王国、巴克特里亚王国、托勒密王国等在交通往来上十分方便，所以希腊雕塑艺术传入贵霜，其中心地区正是犍陀罗，犍陀罗佛造像艺术的特点是写实性强，佛像身材比例、形态类同于古希腊雕像，只是穿戴的服装饰物以及面相有所不同。或曰以希腊雕塑风格为主，印度风格为辅的一种艺术形式。犍陀罗艺术产生以后，对南亚次大陆及比邻地区的佛教艺术均有很大影响。

——武寅主编：《简明世界历史读本》，北京：中国社会科学出版社，2015年，第96页。

材料七　罗马商团的中国之行

远在意大利旅行家马可·波罗1275年抵达元上都之前1 000多年，曾有一个罗马商团经丝绸之路沙漠路线来到黄河流域，惊动了东汉洛阳宫廷。这是欧洲与中国有据可考的首次直接交往。范晔的《后汉书》和古罗马推罗城地理学家马林（Marinus Tyre）的《地理学导论》，都著录了古罗马人这次神秘的中国之行。……马其顿巨商梅斯大概在甘英出使安息时（95—97年）与之相遇，获悉中国的情况。两年之后，大约在99年11月，梅斯委托代理人组成商团，其主要成员是罗马帝国马其顿行省和东方行省推罗城人。出发地点应在推罗和马其顿至安息两条交通路线交叉点阿蛮或其东某个丝路沿线城镇。他们最后于100年11月抵达洛阳。在洛阳宫廷受到汉和帝接见，赐予“金印紫绶”。此事被东汉宫廷史官记录在册，后来又被范晔编入《后汉书·和帝本纪》。……大约于公元103—105年返回推罗，梅斯在推罗城向马林讲述了他的商团的中国之行，经马林整理，编入107—114年成书的《地理学导论》。

——林梅村：《公元100年罗马商团的中国之行》，载《中国社会科学》，1991年第4期。

材料八　人类文化交流的途径

在古典时代，两方面的发展降低了旅行的风险，刺激了远距离贸易。首先，统治者大力投资修建道路和桥梁。他们进行这种耗资巨大的工程最初只是出于军事和管理的目的，却在客观上促进了国内贸易，有利于各地区之间的交换。其次，古典社会建立起来的庞大帝国往往彼此相连。例如，马其顿的亚历山大的征服战争就使希腊世界和印度社会有了直接的接触。当这些帝国彼此之间没有直接的对抗和冲突时，整个欧亚大陆和北非的广大地区就会出现一派和平的气息。所以……远距离商贸的成本降低了，商品经营的规模急剧扩大。……对商人和他们的商品来说，丝绸之路就是令人瞩目的高速公路：商人、传教士和其他一些旅行者，带着他们的信仰、价值观念和宗教信念来到远方。同时，一些肉眼看不到的旅行者和病菌也穿过丝绸之路，在遇到新的感染人群时引发毁灭性的瘟疫。到古典时代末期，在丝绸之路上蔓延的传染病引起了中国和地中海地区人口的急剧下降，在欧亚大陆的其他地区也导致了人口下降。

——[美]杰里·本特利等著，魏凤莲等译：《新全球史》上，北京：北京大学出版社，2010年，第309、315页。

材料九　腓尼基字母的传播

腓尼基人的书写传统也是根据自己的需要，对美索不达米亚文字进行了创造性改进的结果。在大约1 000年或是更长的时间里，他们用楔形文字来进行书写，保存信息，编纂了大量宗教、历史和文学作品（这些文献绝大部分都丢失了，只有少量残片保存下来）。公元前2000年后，叙利亚人、腓尼基人和其他民族开始尝试简化楔形文字。到公元前1500年，腓尼基书吏创造了由22个辅音字母组成的早期字母文字，但腓尼基字母没有元音。掌握22个字母，并用它们来组成词汇比记住使用了几百个符号的楔形文字要容易得多。比起楔形文字，使用字母文字只需要少得多的教育投资，所以识字的人也比以前多了。

随着腓尼基人在地中海世界的贸易活动和探险，字母文字也迅速推广开来。大约在公元前9世纪，希腊人在腓尼基字母的基础上进行了修改，并加上了元音。这之后，罗马人又将希腊字母做了一定的改变使之适合自己的语言，并把这种字母传给了欧洲的文化继承人。又过了几个世纪，字母文字流传到中亚、南亚、西南亚，最终遍布世界的大部分地方。

——[美]杰里·本特利等著，魏凤莲等译：《新全球史》上，北京：北京大学出版社，2010年，第53、55页。

材料十　全球史观下的历史叙事的变化

无论以什么为单位，过去都习惯于把它作为一个孤立的存在，相比之下，全球史更加注重不同单位间的互动关系。全球史学家认为，世界上任何一个人类群体都不是与世隔绝的，它必然与其他群体发生接触，在接触中或因主动学习对方长处，或因迫于对方压力，自身发展都会得到促进，该地区的政治、经济和文化格局也会发生改变。因此在全球史学家那里，“互动”成为叙事关键词，被视为促进各人类群体社会发展，并使世界从分散逐渐走向一体的推动力。在多向度研究过程中，全球史学者创造了许多新的世界史命题和概念。他们提出“存在互联关系的共同体”概念，研究体量和内部关联的密度，并把“密度”分为四个等级，即彼此“接触”（contact）、“互动”（interaction）、“往来”（circulation）和“整合”（integration）；同时提出不同共同体之间的连接机制在于四个矢量（vectors），即外传（diffusion）、推广（outreach）、扩散（dispersal）和扩张（expansion），而连接的结果则是在全球形成大大小小、变动不居的网络。全球史学家的座右铭之一是：“历史在（空间）移动之中。”（history is movement.）

——刘新成：《从国家交织中寻找“全球”：越界的全球史》，载《世界历史评论》，2019年第4期。

第二单元

中古时期的世界

第一部分

单元教学设计

单元学习主题和目标

1. 课标要求与分析

课标要求：通过了解中古时期欧亚地区的不同国家、民族、宗教和社会变化，以及世界其他地区的社会状况，认识这一时期世界各区域文明的多元面貌。

课标分析：依据课程标准，本单元需把握中古时期这一历史时间概念，了解此阶段不同国家和地区的历史发展及文化特点，并在掌握史实的基础上理解欧洲、亚洲、非洲、美洲等地区的文明特点，认识近代社会的形成与中古时期文明的密切关系。

因历史环境及条件的差异，中古时期不同地区不同国家的文明具有其独特特点。在欧洲，基督教在中世纪发挥了重要作用，形成了影响深远的基督教文明；在亚洲，西亚、南亚和东亚的历史也各具特色：在西亚地区，先后兴起了阿拉伯帝国和奥斯曼土耳其帝国。两大帝国均地处欧亚交通要道，疆域辽阔，信奉伊斯兰教，推行政教合一的统治政策，其兴盛时期疆域都曾经地跨欧亚非三洲，沟通东西方文化。但二者所处时代有别，其统治也各有特点。在中古前期，阿拉伯帝国在文化交流方面所产生的影响深远。奥斯曼土耳其帝国则在中古后期发挥重要作用。在南亚的印度次大陆地区，笈多帝国、德里苏丹王国等先后兴起，对印度及周边世界产生广泛影响。受中国文化影响，东亚的日本、朝鲜建立了中央集权制国家；在非洲，东非、西非和南非都出现了不同特色的文明古国；在美洲，印第安人创造了玛雅、阿兹特克和印加文化。此阶段，欧洲、亚洲、非洲和美洲等文明古国，联系相对较少，世界尚未形成一个整体。

通过本单元的学习，能够认识中古文明的多元性。了解中古时期欧洲、亚洲、非洲和美洲等地区的文明状况，认识到中古时期的文明没有突破农业文明的限制，是生产力发展的结果。中古时期，世界各个地区的文明都对人类历史发展作出了独特的贡献；通过本单元的学习，能够认识中古文明的延续性。通过对欧洲中世纪晚期社会状况的分析，理解中古时期的西欧并非西方近代思想家所言的“中世纪黑暗”，而是光明和黑暗并存，黑暗中蕴含着光明，落后中孕育着进步因素，认识到中古时期的历史与近代历史不存在不可逾越的鸿沟，而是历史发展的结果，中古时期的历史中孕育着近代社会到来的进步因子。

2. 单元学习主题

基于本单元课标要求及具体内容分析，本单元的教学设计需围绕“认识中古时期历史发展的多元性”这一单元主题展开。通过教学的开展可重点培育学生的时空观念、历史解释和史料实证等学科核心素养。比如，对时空观念的认识，可通过中古时期欧洲历史发展演变，引领学生认识欧洲中古文明是在西罗马帝国灭亡和“蛮族”入侵的基础上发展起来的。中古的出现即中世纪的形成，与古罗马并没有明显的界限，“中世纪世界是两个早已不断彼此靠近的世界碰撞、交融的结果。在变革的过程中，罗马和蛮族的社会结构趋合了”①。同样，中古时期的结束与文艺复兴、新航路开辟等近代重大历史事件相连。中古时期实际是古典时期世界的自然延续。又如，历史解释和史料实证学科素养的发展，可以充分运用中古时期各地文明所呈现出多元的历史材料，如文化遗址、历史地图、图片和文字资料等，发展学生的历史认识，培养学生分析和阐释历史问题的能力。再如，文艺复兴以来西方学者存在着对中古时期欧洲社会一片黑暗的简单化认识，通过对相关历史材料分析，理解这种认识形成的原因及影响，有利于正确认识中古时期的社会，提升学生的历史认识。

3. 单元学习目标

（1）通过阅读分析封君封臣制度、庄园与农奴制度的历史资料，认识庄园、农奴制度和封君封臣之间的关系，理解欧洲封建社会的特点；通过对中古西欧的王权、城市和教会的学习，理解中古西欧社会的特点与发展趋势；通过对欧洲中世纪不同阶段历史的了解，认识中古时期西欧在世界历史发展中的作用；运用历史年表、文献和地图等材料理解拜占庭帝国和俄罗斯国家的发展，认识拜占庭帝国与俄罗斯国家的特点。

（2）通过研究历史地图、制作时间轴和大事年表等方式，理解阿拉伯、奥斯曼土耳其、印度、朝鲜和日本等国的发展历程，了解阿拉伯帝国、奥斯曼土耳其在东西方交流中的具体史实，认识阿拉伯帝国、奥斯曼土耳其在东西方文化交流中的作用；通过梳理笈多帝国与德里苏丹相关史实，认识南亚印度的特点；运用比较方法分析中古时期西亚、南亚和东亚国家的历史特点，认识中古时期的亚洲文明。

（3）借助历史资料，认识古代东非、西非和南非国家的特点。运用地图、图片和文字资料，认识玛雅人、阿兹特克人和印加人所创造的文明。

（4）在了解中古时期世界各地不同文明发展的基础之上，认识中古时期世界文明的多元性与丰富性，理解历史发展的大趋势。

---

① [法]雅克·勒高夫著，徐家玲译：《中世纪文明（400—1500年）》，上海：格致出版社、上海人民出版社，2011年，第23页。

单元学习重点与难点

1. 学习重点分析

本单元的学习重点是中古时期西欧的发展。

从本单元知识结构看，中古时期的世界从空间上涉及欧洲、亚洲、非洲和美洲等地的历史。这些地区在中古时期的发展并非齐头并进，各地文明所产生的影响也有差异。从历史发展的连续性看，很显然，欧亚地区特别是西欧中古历史与世界近代资本主义社会的形成关系更密切。因为正是西欧地区率先进入了资本主义社会，且随着新航路的开辟，以欧洲为主导的资本主义世界体系才逐步形成。从世界历史发展的整体性看，本单元教学虽然涉及欧洲、亚洲、非洲和美洲等地区中古的历史，但是教学设计却不宜平均用力，而是要突出重点，详略得当。单元教学设计既需展现中古时期不同地区的文明发展概况，突出中古时期文明的多样性，更需要引导学生认识西欧中古的发展及其影响，以利于学生突破单元的局限，整体把握世界历史的发展趋势。

从世界历史的发展趋势这一角度去看，很显然，打破世界各地相对隔绝的状态使世界逐步走向整体，这一历史变化是从中世纪晚期的西欧开始的。先是文艺复兴揭去欧洲中世纪神秘的面纱。“在意大利，这层纱幕最先烟消云散；对于国家和这个世界的一切事物做客观的处理和考虑成为可能的了。同时，主观方面也相应地强调表现了它自己，人成了精神的个体，并且也这样来认识自己。”①文艺复兴解放了人的思想，随之而来的新航路开辟与殖民扩张促进了欧洲资本主义发展，并让世界逐渐联系为一个整体。近代欧洲是从中古欧洲发展而来，虽然其他地区也具备这样的时间特征，但是近代欧洲更具有世界意义。了解欧洲中古历史更有助于学生理解近代历史的发展。从单元整体角度看，中古欧洲的历史应是单元教学设计的重点。

2. 学习难点分析

本单元学习难点是中古时期世界不同地区文明的整体结构及对中古时期不同地区发展的评价。

整体上把握中古时期世界文明的特点，分析文明特点的成因及影响是教学中的难点问题。梳理局部地区、具体的历史问题相对容易，而比较同一时段不同空间的历史发展，认识不同地区文明的特性，是教学的难点。教学设计中可利用历史地图、综合性论述材料，通过对历史问题的归纳、概括、比较，突破这一难点。如何评价中古时期不同地区文明所取得的成就，特别是评价中古时期欧洲社会对近代历史的影响也是学习难点，教学设计可以引用不同学者对中世纪欧洲的评价启发学生的思维，引导学生从多元的角度认识中古时期欧洲的

---

① [瑞士]雅各布·布克哈特著，何新译：《意大利文艺复兴时期的文化》，北京：商务印书馆，1983 年，第 143 页。

影响。

在初中的世界史学习中，学生已经对欧洲中世纪的一些具体史实如法兰克王国、庄园制度、教会等史实有所了解，对古代亚洲的日本、阿拉伯等国的具体史实也有初步认识。本单元的教学设计可在此基础上通过引导学生阅读分析历史材料，拓展学生的历史认识，引导学生整体把握中古时期世界历史的阶段特征，并在此基础上能够评价中古时期不同文明在世界历史发展中的作用。限于教学内容，本单元知识介绍侧重于不同地域的历史发展演变，对地域之间的联系相对忽视，对学生系统把握历史不利。对有的地区的历史介绍仅仅突出了重点，历史的来龙去脉缺乏系统介绍。以上局限均给学生学习带来困惑，教学中应通过教学设计来加以完善。

单元教与学设计

1. 单元知识结构

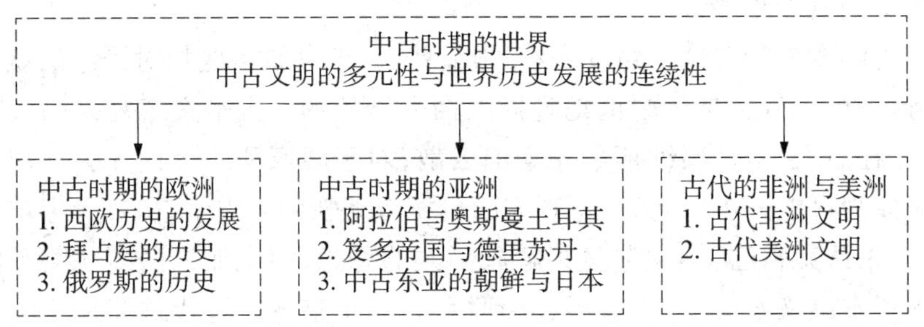

2. 主干知识与问题链

课时	主干知识	教材预设问题	问题链
1	中古时期的欧洲 （1）中古时期的西欧 （2）拜占庭和俄罗斯	〔学思之窗〕这段话体现了封君与封臣之间怎样的关系？ 〔思考点〕城市自治对西欧历史产生了怎样的影响？ 〔问题探究〕阅读上述材料，并结合所学知识，比较奴隶与农奴的异同，说明中古时期西欧生产关系的变化。 〔学习拓展〕阅读上述材料，说说中古时期欧洲市民的法律地位。	（1）西欧是如何进入封建社会的？ （2）西欧封君封臣制度的具体内容是什么？有什么特点？ （3）西欧庄园经济有何特点？与奴隶相比，西欧庄园的农奴有什么变化？ （4）城市是如何在欧洲兴起的？ （5）城市市民与庄园里的农奴有何不同？自治城市的兴起有什么意义？ （6）在中世纪，西欧王权、教会和市民的关系有什么变化？ （7）拜占庭和俄罗斯是如何兴起的？两个帝国有什么异同？

续表

课时	主干知识	教材预设问题	问题链
1	中古时期的亚洲 (1) 阿拉伯帝国与奥斯曼帝国的兴起 (2) 南亚和东亚的国家	〔思考点〕阿拉伯帝国文化繁荣的原因是什么? 〔学思之窗〕结合上面的地图和材料,说说阿拉伯帝国在沟通世界贸易中的作用。 〔问题探究〕这段评价有道理吗?谈谈你的理由。 〔学习拓展〕运用地图了解蒙古西征的大致范围。查阅相关资料,说明蒙古西征的影响。	(1) 阿拉伯帝国是如何兴起的?阿拉伯帝国在东西方经济、文化交流中有什么作用? (2) 奥斯曼土耳其帝国具有什么特点?奥斯曼土耳其帝国的统治对东西方经济文化交流产生了什么影响? (3) 南亚印度的笈多帝国与德里苏丹统治有什么不同? (4) 古代朝鲜和日本统治政策有什么异同? (5) 如何评价幕府时期的锁国政策?
1	古代非洲和美洲 (1) 古代非洲文明 (2) 古代美洲文明	〔学思之窗〕如何理解古代文明的多源特点? 〔思考点〕印加人是如何统治他们的庞大帝国的? 〔问题探究〕作者(斯塔夫里阿诺斯)阐述了地理环境对非洲历史的影响。你同意他的观点吗? 〔学习拓展〕查找相关资料,了解玛雅文明是如何被重新发现的。	(1) 非洲最古老居民班图人的主要贡献是什么? (2) 东非、西非、南非曾经兴起过哪些国家?他们都取得了哪些成就? (3) 古代美洲玛雅人、阿兹特克人、印加人创造了怎样的文明? (4) 中古时期欧洲、亚洲、非洲和美洲的文明有什么异同?如何看待不同地区的文明? (5) 为什么中古时期的欧洲能够打破世界相对封闭的状态、引领世界走向整体?

3. 教与学活动设计

活动流程	主要内容	教与学的活动设计
单元导入	单元概览与衔接	通过阅读分析单元导读的内容,明确中古时期的时空观念,初步了解中古时期世界各地存在的文明。研读历史材料并思考问题:为什么说西罗马帝国的覆亡是开启了"古典文明的终结与地中海的裂变"的标志性事件?
第1课时"中古时期的欧洲"	(1) 中古时期的西欧	阅读教材相关内容,分析教师补充的史料,思考学思之窗及问题链的历史问题,理解封建制度的形成与庄园的结构,概括西欧封建制度的特点。 运用教材中相关历史资料,结合教师提供的历史图片、文字资料,认识中古西欧城市、教会和王权之间的关系,认识欧洲中世纪晚期社会发展的方向。
	(2) 拜占庭和俄罗斯	研读教材相关内容和历史资料,梳理拜占庭帝国的发展历程;运用历史地图,描述拜占庭帝国强盛时期的疆域,认识千年帝国——拜占庭的历史影响。分析拜占庭帝国的相关材料,提升解释历史问题的能力。 阅读教材和文字材料,梳理俄罗斯发展及对外扩张的历程,认识古代俄罗斯的特点。

续表

活动流程	主要内容	教与学的活动设计
第2课时“中古时期的亚洲”	(1) 阿拉伯帝国和奥斯曼土耳其帝国	通过阅读课文和历史资料，梳理阿拉伯帝国兴起的经过，形成正确的历史时空观念；阅读历史资料，分析阿拉伯思想文化的特点、成因及影响。 通过阅读分析历史资料，梳理奥斯曼帝国发展历程。比较阿拉伯帝国和奥斯曼土耳其帝国的异同，认识阿拉伯和奥斯曼土耳其帝国的特点，理解西亚地区文明的发展演变进程。
	(2) 南亚和东亚的古代国家	对照历史地图，明确古代印度的地理范围；运用教材相关知识和历史资料，梳理笈多帝国和德里苏丹的发展历程，理解笈多帝国和德里苏丹在印度发展史上的作用。 通过制作年表等活动，梳理古代朝鲜和日本历史发展中的关键事件；分析课本提供的“历史纵横”和“问题探究”相关材料，认识古代东亚国家的特点。通过评价幕府的锁国政策，提升评价历史问题的能力。
第3课时“古代非洲和美洲”	(1) 古代非洲国家	观察《古代非洲国家》地图，分析古代非洲相关历史资料，梳理古代非洲不同地区的历史概况，认识非洲古代文明的特点及多样性。
	(2) 古代美洲国家	分析《美洲文明分布图》及相关历史资料，制作美洲古代文明一览表，对美洲不同地区的文明进行比较，认识古代美洲文明的特点及对人类历史作出的贡献。
单元总结	体系建构与认识深化	建构中古时期的单元知识结构，归纳中古时期欧亚、非洲、美洲的文明成就，认识中古时期历史的共同特征，理解中古时期不同地区文明的特点及发展趋势。

单元导入

教师设问：阅读第二单元导读，思考并回答：

(1) 依据单元导读的内容，指出中古时期的起止年代。列举这个时期世界上有哪些重大历史事件发生。

(2) 依据单元导读的内容，指出中古时期的世界涉及了哪些地区的历史。

【设计意图】 通过对单元导读内容的学习，初步了解本单元的时空观念和重大历史事件，整体感知中古时期的历史概貌。

教师总结：通过以上问题的研讨，我们可以明确中古从时间上是指公元5至15世纪这一历史阶段。在这长达千年的漫长历史阶段，不同地区的文明各具特色，差异较大。这个时期的世界虽然各地之间特别是邻近地区有文明的往来与交流，但是，与近代连为一体的世界相比，中古的世界尚未形成一个互为联系的世界整体。因此，学习这个单元可以采取“整体—部分—整体”的方式，即首先整体初步感知中古时期的概况，然后分地区详细了解中古时期欧洲、亚洲、非洲、美洲的历史，最后在此基础上加以综合，认识这一单元历史发展特点。那么，中古时期的世界究竟是从哪里开始呢？我们需要将目光转向古典时代文明的核心之一——罗马帝国及地中海地区。从西罗马帝国灭亡带来的古典文明的终结与地中海的裂变中，就可以寻找到世界进入中古时期的途径。

材料一 首先，古典文明的终结与地中海的裂变，是一个漫长的过程，西罗马帝国的覆亡只是开启了这一“终结”与“裂变”过程的标志性事件。其次，古典文明的终结与地中海的裂变，的确开启了一个新的时代；但这一时代的内涵不仅仅表现为奴隶制社会破产，封建制度在西方确立，基督教在欧陆地区的广泛传播，古典时代结束和西方中世纪时代开端这些意义，还包含着开创了地中海周边三大文明鼎足而立、彼此对峙的新文明空间格局这一更为重要的内容。再次，伊斯兰和拜占庭两大文明对于西方文明的形成皆有着巨大的影响功用。自诞生之日起，这种新的文明格局和相互交往关系，一直规定着地中海地区历史的运行轨迹。

——王晋新：《古典文明的终结与地中海世界的裂变：对西方文明形成的重新审视》，载《东北师大学报(哲学社会科学版)》，2010 年第 1 期。

教师设问：为什么说西罗马帝国的覆亡是开启了“古典文明的终结与地中海的裂变”过程的标志性事件?

教师引导学生分析：罗马帝国灭亡前后，地中海地区的文明发生了巨变：北方少数民族进入欧洲核心地带，基督教文明中心转移到拜占庭地区，阿拉伯人的扩张将伊斯兰教传播到北非地区和西欧的伊比利亚半岛，古典时代的奴隶制社会逐渐被封建社会所取代。伴随着罗马帝国的灭亡，欧洲发生了怎样的变化？这就是本单元要探究的具体问题。

第二部分

课时教学设计

第3课　中古时期的欧洲

一、学习目标

1. 通过图片、文字等历史资料了解中古时期西欧、拜占庭和俄罗斯文明的主要概况，认识中古时期欧洲不同地区文明的特点。

2. 通过归纳、比较相关历史材料，认识中古时期欧洲的庄园制度、王权、城市和教会，理解欧洲中古时期社会的发展变化。

3. 能够辨析关于中古时期欧洲的不同历史观点，认识中古时期欧洲文明的历史地位。

二、学习重点

中古时期西欧社会的政治、经济制度，中古时期欧洲历史的发展变化。

三、学习难点

认识中古时期欧洲各地区文明的特点。

四、教与学活动

【导入新课】

教师讲述：在《中外历史纲要》下册第一单元中，我们已经了解古典时期罗马帝国的历史。这个继承并发展希腊文明的地跨欧亚非三洲的大帝国，在历经公元2世纪的强盛之后，到公元3、4世纪其繁荣表象的背后已是危机四伏。4世纪末期强大的罗马帝国一分为二，476年西罗马帝国的皇帝被废，西罗马帝国灭亡。随着罗马帝国的灭亡，地中海成为罗马帝国的内湖——这样的繁荣景象已成为前朝遗梦。地中海周围地区被不同民族建立的国家所占据，各地区以不同的形式进入中古时期。原西罗马帝国控制下的欧洲，自此进入了一个新的历史阶段。要详细了解中古时期的历史，首先应该从罗马帝国的直接继承者——中古时期的欧洲开始。

【学习新课】

(一) 西欧封建社会

教师讲述:阅读《中外历史纲要》下册本课导言相关内容可知,罗马帝国末期,周边的日耳曼人与罗马帝国间的矛盾已十分激烈。到公元 4 世纪,罗马帝国危机重重:帝国内部统治阶级腐朽、社会矛盾激化;帝国外部面临着周边民族的冲击,日耳曼人像潮水一样不断冲击着摇摇欲坠的罗马帝国。公元 4 世纪,罗马帝国北方的少数民族纷纷内迁并最终灭亡了西罗马帝国。西罗马帝国被灭亡后,内迁的北方少数民族纷纷在罗马帝国的废墟上建立王国,如汪达尔王国、西哥特王国、勃艮第王国、盎格鲁-萨克逊诸王国、东哥特王国以及法兰克王国。① 以上诸王国大体分布在今欧洲及北非原罗马人统治的地区。5 世纪末,随着这些王国的相继崛起,西欧逐渐步入封建时代。西欧封建社会的历史,大致分成早、晚两个时期:①封建社会形成与发展时期(5—14 世纪)。②封建社会趋向没落、资本主义工业文明萌芽时期(15—17 世纪)。② 中古时期西欧封建社会的基本特征是什么?有哪些重要的政治、经济制度?这是我们学习中古欧洲封建社会要解决的问题。

1. 封君封臣制度和庄园制度

(1) 封君封臣制度

教师设问:阅读《中外历史纲要》下册的相关内容,说明封君封臣制度的主要内容,并分析封君封臣之间的关系。

学生活动:从略。

教师讲述:封君封臣制度是欧洲封建社会的政治制度。这种制度的主要内容是:领主为其家族和亲兵提供土地作为给养。授予土地者为封君,领取土地者为封臣。封臣需履行特定仪式向领主即封君效忠,封臣必须服从封君命令,服兵役,随从领主作战。封臣还可以将自己所拥有的土地授予自己的亲兵和家族成员,形成下一级封君封臣关系。各级封建主都是土地事实上的占有者,享有司法、行政和经济等各种权力。

之所以会形成这样的制度,是因为"罗马帝国被灭亡后,欧洲地区一直战乱频繁,盗匪横行,社会动荡不安。而日耳曼各王国旧的氏族和部落组织解体,王的权力趋向衰落……教俗贵族趁机兼并土地,成为大地产所有者。这种情况下,没有财产的底层村民和一些自由农民或以个人自由或连同自己的财产为代价委身投靠地方上的豪强势力,以寻求保护"③。这种委身投靠的方式打破了日耳曼社会组织中的原始平等原则,封建关系开始出现。到"8、9 世纪,欧洲各地面临着新一轮外敌,主要是北欧的维京人、马扎尔人和阿拉伯人的侵袭。封君封臣关系最初便是寻求武装兵士抵御入侵的领主和寻求保护获得升级的兵士通过订立契约建立起的双方互利的个人纽带关系。加洛林王朝(自公元 751 年统治法兰克王国的王朝)时期这种关系得到强化,扩大到更大的社会范围。同时被赋予了法律地位。……这种以个人

---

① 李隆国:《民族大迁徙:一个术语的由来与发展》,载《经济社会史评论》,2016 年第 3 期。

② 王斯德主编,沈坚、金志霖著:《世界通史:前工业文明与地域性历史》,上海:华东师范大学出版社,2001 年,第 190 页。

③ 武寅主编:《简明世界历史读本》,北京:中国社会科学出版社,2014 年,第 202 页。

为纽带的效忠关系，成为欧洲封建制度的一个重要内容”①。

【设计意图】 教师设问的意图是通过引领学生阅读和分析教材相关内容，了解封君封臣制度的基本内容。通过教师讲述引领学生认识封君封臣制度形成的原因。

过渡： 我们通过以上的讨论对封君封臣制度有了初步的了解。作为欧洲封建社会重要的政治制度，封君封臣制度既不同于罗马帝国的政治制度，也有别于东方古代社会的政治制度。这种制度有什么突出特点？其形成的经济基础是什么？这是需要进一步探讨的问题。

材料一 在欧洲（特别是西欧），封建主义是与领地分封制联系在一起的，国王将土地分配给他的封臣，以换取对方的军役义务。而且，土地分封可以逐级地分下去，大封建主封给比他小的封建主，最后及于农民。这样的土地分封制形成一种金字塔式的社会等级结构。金字塔的顶端是世袭的君主，其下是一层一层的大小封建主，农奴处在金字塔的最底层。封建化的程度越高，自由农越少。在典型的封建社会中，“我的附庸的附庸不一定是我的附庸”，高一层的封建主只对他的直接受封人发号施令。反过来，低一层的封建主（或农奴）只对他的直接封主有服从义务。因此，国王不一定能号令所有的贵族（或全国“子民”），大贵族也不见得能号令全体小贵族。

封主与封臣的关系用契约形式确定，彼此间都有权利和义务。小领主成为大领主的封臣，有义务为大领主效劳，主要是为大领主打仗；大领主以保护封臣作为回报，承诺对其封臣主持公道。因此，封主与封臣的契约是一种双向契约，任何一方不履行义务，就违反了封建契约。如果领主不履行诺言，他便丧失其享有的权利。因此，当国王逆法律而行时，该国臣民可以抗拒国王，甚至可以参与发动对他的战争，并不由此而违背其效忠义务。

——摘编自刘成：《欧洲中世纪三大特性与现代化起源》，载《史学月刊》，2009 年第 11 期。

材料二 虽然自西罗马帝国灭亡起以后的几个世纪里，统治者集团争相扩大私人领地，但建立起来的日耳曼人国家的国王们却一直没能建立起有效的中央集权。大小土地贵族为了各自的利益逐渐结合起来，达成了一种被称为“封君封臣”制的契约。大地主作为封君把自己的土地作为“采邑”恩赐给投奔自己的下级地主贵族，使之成为自己的封臣。作为报偿，封臣要为封君提供武装支持。这种“采邑”或恩赐地，起初是可以废除或以其他名义取消的，但不久就成为世袭的“封土”了。这些“封土”成了西欧中世纪的庄园，它是西欧当时最基本的生产经营单位。

——摘编自王文杰、左学德：《论中世纪日本与西欧庄园制的异同》，载《贵州师范大学学报（社会科学版）》，2003 年第 5 期。

教师设问：①依据材料一所述内容，画一幅西欧封君与封臣关系示意图。

②依据材料一、二的内容，概括欧洲封君封臣制度的特点。

③有学者认为欧洲封建制度蕴含着近现代社会的先进因素。你是否同意这一观点？请运用上述材料中所提供的相关史实，加以论证。

参考答案：①从略。 ②封君封臣制度建立在分封土地（赏赐“采邑”）的基础之上；封君与封臣构成上下级的隶属关系，形成层次分明而又不完全统属的等级结构；封君与封臣具

---

① 武寅主编：《简明世界历史读本》，北京：中国社会科学出版社，2014 年，第 204 页。

备契约关系，最高的封君即国王或皇帝难以形成集权统治。封君封臣制度最基本的经济生产单位是庄园。　③此观点是正确的。依据材料或教材内容可知封君封臣的关系是建立在契约基础之上，签订契约的人具有一定的契约精神；签约双方的权利和义务有明确规定，对双方均有约束，君主难以独裁专断。

【设计意图】　此环节设计的三个问题指向不同的学科能力和素养，三个问题之间有递进的关系，有利于帮助学生深入理解封君封臣制度。第一个层级的问题指向知识的归纳梳理，用画示意图的方式引导学生理解封君封臣的历史概念和内涵。第二个层级是引导学生在分析材料的基础上概括欧洲封君封臣制度的特点，其意图在于培养学生运用材料的有效信息准确阐释历史问题的能力。第三个层级是以学生是否同意历史学者的观点为论题，培养学生尝试运用史料作为证据论证历史观点的能力。三个层级的问题依次递进，难度逐步上升。

过渡：从材料二中我们可以看出，中古时期西欧最基本的生产单位是封建庄园。在中古时期的欧洲，政治上大小贵族确立了封君封臣关系，经济上各级贵族依靠受封获得的土地建立了大大小小的庄园。如果说封君封臣制度是欧洲中古时期重要的政治制度的话，那么，庄园制度则是中古时期西欧重要的经济制度。

（2）西欧庄园制度

材料三　关于欧洲庄园的图片材料

图 1　中世纪庄园

——武寅主编：《简明世界历史读本》，北京：中国社会科学出版社，2014 年，彩页插图。

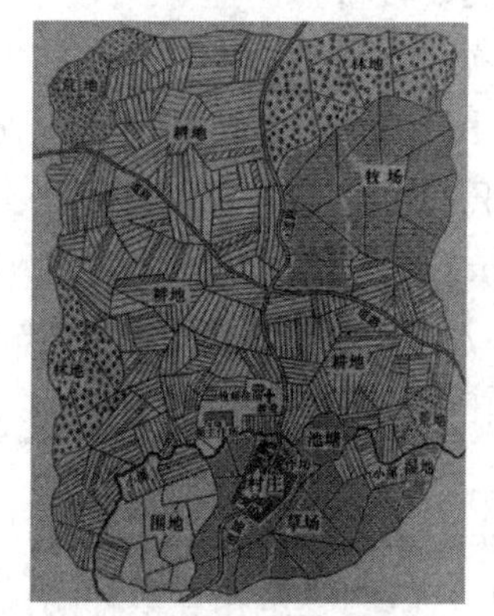

图 2　欧洲庄园布局结构示意图

——武寅主编：《简明世界历史读本》，北京：中国社会科学出版社，2014 年，第 220 页。

材料四　庄园是中世纪西欧农村的主要经济组织形式。它是一种基本上自给自足的自然经济单位，庄园内的生产活动主要是为了满足领主消费和依附农民（即农奴）及其家庭的生活需要。它的土地主要分为两部分，即领主自营地和农民份地。各户农奴的小块份地由他们自己耕种，自己收获，自己支配。领主自营地由庄园中的依附农民自带工具，无偿耕作，其收获全归庄园主，即由依附农民为领主无偿地服劳役。因此，西欧的庄园也被通称为劳役制庄园。西欧的这种劳役制庄园在经历了 9—13 世纪的兴盛期之后，由于社会生产力的发展以及商品经济的影响,从13世纪后期起就逐渐开始衰落。14世纪中期爆发的黑死病所引发的经济形势的变化更是给它以致命的打击,到15世纪时,它就寿终正寝彻底瓦解了。

——摘编自肖翠松:《试析中世纪西欧庄园制瓦解的经济影响》,载《湖北师范学院学报(哲学社会科学版)》,2008年第2期。

材料五 每一个庄园都是一个独立的司法、行政单位。当然,领主审判权的施用范围在不同的国家有所不同,这主要取决于封建主与国王权力的对比,法兰西的领主审判权最大,英格兰最小。但无论在何地,领主的审判权至少涉及份地、劳役、赋税和耕种的一切问题。每个庄园都有自己的法庭,由农民组成,领主的管家是庭长,按照"庄园的惯例"进行裁决。

——摘编自刘成:《欧洲中世纪三大特性与现代化起源》,载《史学月刊》,2009年第11期。

教师设问:①依据材料三、四并结合教材相关内容,说明西欧封建庄园的生活。

②依据材料五并结合教材相关内容,概括西欧庄园的发展历程,分析庄园经济的特点。

参考答案:①在西欧的封建庄园里,领主居住在城堡之中,农民居住在城堡附近的村舍中,城堡周围的土地归领主所有,庄园由草场、林地、牧场、耕地和荒地构成。耕地由领主自营地和农民份地组成。领主自营地由领主直接经营,由农奴耕种,收入归领主所有。农民份地是农民从领主处领有的土地,分为农奴份地和自由民份地,自耕自收。农奴在法律上非自由人,被固着于土地上,需自备工具为领主服一定时间的劳役。自由农民也需为领主服一定时间的劳役。农奴和自由民还要向领主缴纳租税。教堂满足人们的精神生活,而庄园里的纠纷和冲突由领主及其管家主持的庄园法庭进行裁决。

②历程:西欧封建庄园在9—13世纪逐步兴盛,13世纪后期走向衰落,到15世纪彻底瓦解。特点:庄园是中古西欧农村最基本的经济组织形式,其生产具有相对的封闭性,产品基本用于自己消费,自给自足,商品化程度不高。

【设计意图】 结合教材具体内容和新提供的三则材料,设计问题培养学生的历史解释能力。问题设计指向的是历史解释,即能够选择、组织和运用相关材料,使用历史术语,准确解释历史问题。

过渡:通过以上研究,我们初步了解封君封臣制度的基础是自给自足的庄园经济。庄园经济的形态与封君封臣制度是相互依存的。我们若进一步思考,仍有许多问题值得研究,如:封君封臣都是哪些人?国王、贵族还是教士?封君封臣制度下的国王和教会的权力是如何发展的?贵族对国王权力形成了一定的制约,那么教会与国王的关系如何?庄园经济如何在13世纪之后逐步走向衰落的?回答以上问题,就需要进一步研究中古西欧的王权、城市和教会。

2. 中古西欧的王权、城市与教会

(1) 中古西欧的王权

教师设问:阅读《中外历史纲要》下册相关内容,思考从中古前期到中古后期,西欧的王权发生了怎样的变化?13—14世纪英国议会的形成说明了什么问题?

参考答案:王权变化:在中世纪前期,国王虽是名义上的最高世俗统治者,拥有高于一般领主的权力,但封君封臣制度造成了权力分散、王权软弱、贵族势力相对强大。在中古时期,贵族、教会与国王斗争不断,王权受到制约。到中世纪后期,西欧许多地区王权得到加强,贵族受到打击,逐步形成了民族国家。

说明的问题:从13—14世纪英国议会的起源可以看出,即使是在中世纪后期的英国,虽然王权得到了加强，但国王的权力依然有限。

【设计意图】 教师引导学生关注教材的内容，通过以上问题的设计培养学生归纳历史知识、阐释历史问题的能力。

教师讲述：有学者指出，中国和西欧国家都有过王权长期统治的历史，王权的影响深刻而久远。若拿中国王权与西欧国家王权进行比较，两者之间的巨大差异就会鲜明地展现出来，那就是，中国王权是不受限制的，西欧国家王权是受到限制的[①]。在中古时期的欧洲，王权随着历史的发展逐步由软弱变得强大。是什么原因造成了王权发生如此变化？

材料六 中古时代，从古代传下来的和新建的国家几乎全都实行君主政体。但是君主的实际权力在不同国家和不同历史阶段具有明显差别。在蛮族入侵和征服过程中新建的蛮族王国以及其他由野蛮阶段刚过渡到文明社会的新兴国家，其国王的权力是相当有限的。他们的权力在很大程度上受到贵族会议和亲属团体的限制，也受到传统习惯法的制约。在西罗马帝国领土上建立的许多王国是如此……中古初期的许多国家在征服战争结束后，王权逐渐走向衰落，特别是在封建制度确立之后，享有特恩权的大贵族，独霸一方，割据自雄，篡夺了属于国王的某些权力，俨然成为“国中之国”“君外之君”，君权已经软弱无力。10 至 13 世纪的英、法、德、俄和拜占庭都是如此。

中古时代王权的振兴是在城市兴起之后。城市兴起和工商业的发展使市民阶级逐渐强大起来，成为重要的社会力量。国王为了战胜飞扬跋扈的封建贵族，取得了市民阶级的支持。王权与市民的联盟才逐渐战胜了封建割据势力。13、14 世纪英、法国王正是在市民的支持下强化中央政权的。但是王权的强大尚未达到任意号令天下的程度。所以在国家遇到困难时还得向僧侣、贵族、市民等级寻求帮助。于是在国王领导下的等级代表会议应运而生。当等级代表对国王妥协时，往往要求国王以改革和让步作为回报。君主的权力实际上有一定限制。因此在此以前的君权仍然是有限君权。

——摘编自朱寰：《略论中古时代的君权与教权》，载《东北师大学报(哲学社会科学版)》，1993 年第 6 期。

教师设问：中古初期，有哪些因素阻碍西欧的王权？后来王权又是如何振兴的？

参考答案：中古初期阻碍王权加强的因素有贵族会议、传统习惯法律及习俗、封建制度等。中世纪晚期随着生产力的发展，城市和市民阶层兴起，工商业力量壮大，市民和工商业者不满于封建贵族的剥削压迫，寻求独立。封建割据也削弱了王权。为打击贵族势力，国王与市民阶层逐步走向联合，市民支持王权加强以反抗贵族的剥削压迫，王权借助市民支持得以振兴。

【设计意图】 学生能够依据教科书中的相关材料梳理中古时期王权的变化，但是王权为什么会出现这样的变化？这样的变化产生什么影响？这些难度较大的问题需要教师补充历史材料以引导学生解决。

过渡：由此可知，在中世纪晚期，王权之所以得到加强，除国王打击封建贵族加强王权的需求之外，与中世纪工商业的发展、城市的兴起密切相关。

(2) 中古西欧的城市

---

① 安长春：《中国王权与西欧国家王权之比较》，载《武汉大学学报(人文科学版)》，2009 年第 5 期。

① 中古西欧城市的兴起

教师讲述：中古西欧"城镇生活的复兴大约从1050年开始，西欧呈现出城镇迅速发展的景象，商人和工匠在此居住并进行管理。罗马时代的城镇与中世纪的城镇究竟有什么联系一直是学者们争论不休的问题，目前很难作出适当的概括"。[①]"中世纪城市都是在10世纪和11世纪时重新兴起的。中世纪城市的兴起，标志着西欧封建社会进入了一个新的历史时期，即封建制度巩固和发展时期"。[②]

材料七 10到11世纪的欧洲，随着铁犁等先进工具的广泛使用，二圃制和三圃制已普遍取代了原始的耕种方式，农业生产获得了长足的进步，不仅劳动生产率大为提高，主要农作物的平均产量由8至9世纪的种一收二，上升为种一收五；而且由于大片荒地和森林被开垦，耕地面积明显扩大，农产品总量显著增加，在满足农村人口需要的同时还出现了剩余。这是中世纪城市兴起和发展的基础，否则它们将得不到赖以生存的原料、粮食和商品市场。手工业技术的进步使之演变为许多需要专门技巧的部门，如冶铁、制革和纺织等，由此一般农民没有能力继续从事手工业生产，手工业者则要求摆脱人身依附关系，突破庄园的限制，成为自由的小商品生产者，这就使得手工业和农业的分离成为一种必然的趋势。脱离农业的手工业生产已不再是为了满足领主和生产者自身的需要，其目的在于追求交换价值，各类商人遂应运而生，商品交换日趋活跃。为了更方便地购买原料、组织生产和销售产品，手工业者和商人自发聚集到港湾、河口、城堡、寺院、交通枢纽和行政中心附近。随着人口的增长和城墙的矗立，这些地方逐渐演变为中世纪城市。

——摘编自王斯德主编，沈坚、金志霖著：《世界通史：前工业文明与地域性历史》，上海：华东师范大学出版社，2001年，第225页。

教师设问：依据材料分析，中古时期欧洲城市是如何兴起的？中古时期城市兴起的原因是什么？

参考答案：兴起：10—11世纪，欧洲农业生产力的发展提高了生产效率，农产品产量增加，为城市兴起和发展提供了必要的条件。手工业技术的进步推动手工业生产专门化，手工业与农业分离，手工业生产突破了庄园限制，手工业者和商人聚集到城堡、寺院、交通枢纽等地，逐渐形成了城市。

城市兴起的原因：生产力提高与商品经济的发展。

【设计意图】 教师引导学生阅读分析历史资料，认识中古时期城市的兴起及其原因，引导学生运用生产力与生产关系等唯物主义原理分析历史问题。

② 中古西欧城市的发展

材料八 西欧中世纪城市一般是建立在教俗封建主的土地上。随着商品货币关系的发展，领主对货币的需求也越来越强，而城市是货币财富的重要来源，所以封建主出于自身利益考虑，对城市的建立和发展比较关心，在大多数情况下采取支持态度。由于城市是建立在领主的领地上的，所以城市归领主所有，当然也归领主管辖。封建领主不仅向城市征收各种赋税，还委派代表行使统治权和审判权。领主的各种政策严重损害了城市市民阶级的利益，

① [美]威康·哈迪·麦克尼尔著，张卫平等译：《西方文明史纲》，北京：新华出版社，1992年，第240页。

② 王斯德主编，沈坚、金志霖著：《世界通史：前工业文明与地域性历史》，上海：华东师范大学出版社，2001年，第225页。

并阻碍了城市的经济发展。城市市民阶级展开与封建领主的斗争，逐渐争取到各种权利。由于封建割据，封建主利益不统一，有时一个城市属于一个领主，有时属于多个领主。例如巴黎属于两个领主，而博韦有三个领主，亚眠有四个领主。这就使城市有可能取得部分自治权，随着这种自治权的扩大，有的城市逐渐摆脱了领主的控制，发展为自由的城市。

——摘编自高德步、王珏著：《世界经济史》，北京：中国人民大学出版社，2016 年，第 108—109 页。

材料九　首先，从经济上来讲，尽管中世纪早期西欧城市的发展局部地缓和了封建社会的矛盾，成为封建制度的捍卫者。但随着商品经济的充分发展，中世纪西欧的城市加速了西欧封建自然经济的解体，逐渐成为封建制度的破坏因素，从而为后来资本主义经济的发生、发展做足了准备……其次，从政治的角度看，市民们在向封建主争取城市自治权的斗争中，广泛地参加到政治中来，成为了一个整体阶层，从此在封建国家的政治中占据了一席之地。这就为新型的国家政治体制开辟了道路……尽管中世纪西欧的市民社会带有浓厚的封建性质，但却为近代资本主义式的市民社会提供了可以借鉴的经验，并构建了基本的框架。再次，中世纪西欧的城市发展还在精神方面产生了巨大的影响。中世纪的西欧是基督教的世界，基督教的触角深入到社会的各个角落，影响着人们的日常生活。而“城市文化从一开始就表现出专门的世俗文化的特性”，市民们积极创办世俗学校，从而使教育不再为修道院所独享，文化知识也不再为教士所垄断。学校的创办一方面提高了市民们的普遍文化素质，有利于他们更好地从事商品贸易；另一方面，也是相当重要的方面，是这种世俗文化随着城市的发展、壮大使民主、平等、自由、公共权力等思想越来越深入人心，从而为近代的两个伟大思想运动——文艺复兴和宗教改革做好了充分的思想和舆论准备。

——摘编自陈晓律、任东来等编著：《世界历史研究导引》，南京：南京大学出版社，2011 年，第 150 页。

教师设问：中古西欧城市是怎样发展起来的？城市的发展有什么历史意义？

参考答案：城市发展：中古西欧城市是在封建领主的领地上发展起来的。在发展的过程中，城市中市民阶级与领主不断进行斗争，逐步赢得了城市自治，进而推动了城市的发展。

城市发展的意义：打破了封建统治的束缚，加速了自然经济的解体，推动了工商业的发展和社会的进步，形成了市民阶级和城市文化。中古时期城市的发展为后来资本主义的发展和社会的转型做了铺垫，代表着历史发展的方向。

【设计意图】　中古时期的西欧城市是商品经济发展的必然结果。以上设计在阅读教材梳理中古西欧城市相关知识的基础之上，通过问题探究，引导学生认识中古西欧城市发展的原因及影响，提高学生的历史解释能力。

过渡：通过以上学习，我们了解到西欧的城市是在中古时期的中后期才逐渐发展起来，其影响逐步扩大。在中古的历史中，教会也产生了重要影响。

(3) 中古西欧的教会

教师设问：阅读《中外历史纲要》下册相关内容，观察绘画作品《中古西欧的“三种人”》说一说，基督教会在中古西欧为什么占有举足轻重的地位？

参考答案：基督教会在中古西欧拥有大量庄园和广袤土地，并向信徒征收什一税；教会形成了从教皇到各级神职人员的等级制度；它控制着人们的精神生活。整个西欧社会的居民几乎都是基督教徒，教会控制他们的精神生活。僧侣社会地位最高；君权神授的理论强化了教会的统治地位。教会利用强大的经济和精神力量，在西欧社会占据举足轻重的地位。

过渡：中古时期西欧教会地位举足轻重，很多时期教会的地位高于国王，这样中世纪西欧的王权既受到贵族的挑战，又受到教会的压制。但是随着社会的发展，国王越来越不满足于教会的专权，那些相信君权神授的国王们真的甘心大权旁落或者受制于人吗？有三个历史故事表明了教权与王权的关系。

材料十　三个故事中的教皇与国王

公元 800 年教皇利奥三世为查理大帝加冕	公元 1077 年卡诺莎觐见	1309—1377 年阿维农之囚

教师设问：①搜集上述图片中所涉及的三个故事的相关资料，整理并讲述这三个历史故事。（答案从略。）

②在讲述故事的基础之上，分析中古时期西欧王权与教权关系的变化。

参考答案：王权来自上帝，君权神授理论强化了教权，同时也加强了王权统治的力量，教会代表上帝为国王加冕，国王有义务保护教会的权益。中世纪后期，王权逐步超过教权。

【设计意图】　中古时期的王权与教会的关系既相互依存又相互斗争，教权与王权的关系随着历史的发展不断演变。此环节设计通过学生搜集历史资料建构历史知识，通过分析历史故事提升学生的历史认识。

过渡：封君封臣制度、庄园制度、王权、城市和教会让我们对中古时期西欧的历史特征有了较清晰的认识。以上我们所了解的中古西欧，仅仅是中古欧洲文明的一部分，除西欧之外，尚有拜占庭和俄罗斯。

（二）拜占庭和俄罗斯

1. 拜占庭帝国

（1）拜占庭帝国兴亡

教师设问：观察《中外历史纲要》下册《6—7 世纪的拜占庭帝国》的历史地图，阅读教材相关内容，说明拜占庭帝国的兴亡。

参考答案：兴亡：西罗马帝国灭亡后，东罗马帝国继续发展，因首都君士坦丁堡位于古希腊殖民城邦拜占庭故址，帝国又称拜占庭帝国。6 世纪，查士丁尼统治时期，疆域不断扩张，领土跨欧亚非三洲。之后，帝国陷入混乱，疆域缩小。曾一度复兴，但随着阿拉伯帝国的兴起与扩张，拜占庭帝国走向衰亡，1453 年被奥斯曼土耳其所灭。

【设计意图】 教师引导学生通过观察并描述地图内容，了解拜占庭帝国的由来及其地理位置，形成正确的时空观念。

(2) 拜占庭帝国的特征及影响

材料十一 6世纪时中国养蚕缫丝技艺的西传，就是经由拜占庭完成的。而拜占庭的幻术也曾传入中国，并同中国的民间传统结合，发展成为中国后来的杂技艺术。同时，拜占庭在欧洲古典文化与近代文化之间也担负着中介和传承的作用。由于没有遭受西欧中古早期蛮族入侵那样普遍的毁灭性破坏，拜占庭比西欧保存下了更多的古典文化遗产。当君士坦丁堡最终陷落于土耳其人之手时，许多拜占庭学者携带古代典籍抄本逃奔至西欧，从而为日后西欧的文艺复兴存留下了一批宝贵的精神文化资料。拜占庭不仅以自己的宗教、文字、典章制度影响了东欧，而且也向西欧传输了古典学术遗产和罗马法。

——摘编自王斯德主编，沈坚、金志霖著：《世界通史：前工业文明与地域性历史》，上海：华东师范大学出版社，2001年，第250页。

材料十二 拜占庭的影响曾向北扩展到俄罗斯和东欧，这对后来的历史具有同样的重要性。传教事业紧随着贸易也进入这些地区。在9世纪期间，巴尔干半岛的大多数斯拉夫民族皈依希腊正教……在靠近东方的俄国，拜占庭的影响几乎未受到任何挑战。俄罗斯的大公们在10世纪皈依基督教，在随后的几代人中，拜占庭的政治观念和艺术传统随着宗教传入俄罗斯，使得早期俄罗斯文化成为拜占庭文明与野蛮文化的混合体。

——摘编自[美]威康·哈迪·麦克尼尔著，张卫平等译：《西方文明史纲》，北京：新华出版社，1992年，第183页。

教师设问：拜占庭帝国有什么突出特征？其文化产生了哪些影响？

参考答案：特征：注重法制建设，编撰法典，影响深远。地处东西方交通要道，君士坦丁堡成为东西方文化交流的桥梁。

影响：拜占庭帝国促进了东西方文化交流。它保留了大量的欧洲古典文化遗产，为日后文艺复兴准备了宝贵的精神文化资料；查士丁尼编撰的法典影响深远；拜占庭帝国的宗教信仰、政治观念和艺术传统对东欧和俄罗斯等国的文明产生了深远影响。

【设计意图】 教师引导学生分析历史资料，认识拜占庭帝国的文化特点及影响，培养学生解释历史现象的能力。

2. 俄罗斯国家

(1) 古代俄罗斯国家的发展

教师设问：观察《中外历史纲要》下册《俄国在欧洲和亚洲的领土扩张》的历史地图，阅读《中外历史纲要》下册俄罗斯相关历史资料，制作俄罗斯发展大事简明年表。说明你所选择大事的理由。

学生活动：（略）。

【设计意图】 教师引导学生观察历史地图，阅读教材相关内容，引领学生认识俄罗斯的发展变化，形成正确的历史空间观念。通过阅读相关历史资料制作俄罗斯发展大事年表，树立正确的历史时间观念。通过说明选择大事的理由的活动，培养学生阐释历史问题的能力。

(2) 古代俄罗斯国家的特点

教师讲述：大家梳理了俄罗斯发展的大事年表，陈述了各自的理由，我们可以看到俄罗斯是通过不断扩张而逐步形成地跨欧亚两洲的庞大帝国的。武力扩张是古代俄罗斯国家发展的一个突出特点。

俄罗斯这个国家还有什么特点呢?

988年,基辅罗斯的大公弗拉基米尔(980—1015年)趁拜占庭对保加利亚作战不利,出兵进占黑海北岸由拜占庭控制的赫尔松城。拜占庭皇帝施以"和亲"的政策,将其妹安娜公主嫁与弗拉基米尔。同年,弗拉基米尔正式皈依东正教,并立东正教为罗斯国教。此后,东正教便在广袤的罗斯大地上传布。基辅罗斯一度是东欧最强大的国家。13世纪被蒙古征服,后发展成为莫斯科公国。1453年拜占庭帝国灭亡了,东正教在俄罗斯的命运如何呢?

材料十三 拜占庭帝国灭亡后,1472年,伊凡三世(1462—1505年)娶拜占庭末代皇帝的侄女索菲娅·帕列奥洛格为妻,以拜占庭国徽为莫斯科国徽,俨然成为拜占庭帝国的继承者。15世纪末16世纪初,经过5个世纪的传播,包括农民在内的绝大多数俄罗斯人都成为基督教徒或东正教徒。多神教罗斯变为"神圣罗斯"。"莫斯科—第三罗马"和"神圣罗斯"两个理念是俄罗斯民族意识的体现,其涵义是罗斯人,特别是俄罗斯人,是神选的民族,被赋予神圣的力量。

——摘编自刘祖熙:《试论俄罗斯文明》,载《俄罗斯中亚东欧研究》,2005年第4期。

教师设问:归纳中古时期俄罗斯国家的特点。

参考答案:信仰并传播东正教,促进了俄罗斯民族意识的形成与发展。

教师讲述:通过前面大家总结的俄罗斯大事年表可以判断,沙皇俄国的建立是俄罗斯历史上的关键事件。1547年莫斯科大公伊凡四世加冕为沙皇,他的统治政策对俄罗斯产生了深远影响。

材料十四 1547年1月6日,性格暴虐,咆哮如雷,人称雷帝的伊凡四世(1533—1584年),加冕为"全罗斯沙皇",举行受膏仪式(涂圣油),表示君权神授,执行神的意志。伊凡雷帝是第一个采用沙皇称号的俄国君主。俄国的专制制度从其起源来说,具有东方专制制度的特点。"沙皇被农民看成人间的上帝","农民起义反对贵族和反对个别官吏","从来没有反对过沙皇"。神化的沙皇是"人民之父",是全社会大家庭的家长,凌驾于村社大会、市民大会和宗教会议之上。"伊凡沙皇是第一个在罗斯提出关于专制这种看法的人,因为古代罗斯没有这种观点,不曾把内部的政治关系同专制思想联系起来,认为专制君主只是不受外力左右的统治者……他的全部政治思想可以归结为这样一个理想,即作为一个既不受'牧师'支配,也不受'奴隶'(指贵族——作者注)管束的专制君主……伊凡沙皇的专制政权的整个原则可以归结为下面这句简单的话:'贱民之生死悉操吾手。'"

——摘编自刘祖熙:《俄罗斯政治文化与波兰政治文化比较研究》,载《史学集刊》,2014年第1期。

教师设问:结合材料和教科书中相关内容,分析伊凡四世的统治特点及影响。

参考答案:特点:崇尚君权神授和君主专制,通过改组中央机关,实行特辖领地制。

影响:打击大贵族,强化了中央集权。沙俄成为具有专制主义的国家。

【课时小结】

有学者指出:"中世纪的欧洲文明,实质上是一种地域性的封建文明。从渊源关系上说,它主要是在衰败的罗马古典文明的地基上生发出来的，盛行于罗马帝国晚期的基督教，构成了整个欧洲中世纪精神文化的核心。但由于历史的原因和基督教会的分裂，欧洲文明本身还存在西欧和东欧两大区域之间的差异。西欧封建文明表现为罗马的拉丁文化和西方天主教传统，与日耳曼蛮族传统的交汇、结合，其影响遍及整个西欧、西南欧、北欧和中欧部分天主教民族地区。东欧封建文明则主要植根于拜占庭的希腊文化和东正教传统的深厚土壤，其影响范围包括东欧及东南欧一带。”[①]通过本课的学习，我们了解了中古时期的西欧、拜占庭和俄罗斯，它们均是中古时期欧洲文明的重要组成部分。

第4课　中古时期的亚洲

一、学习目标

1. 通过研究历史地图和文献资料，能够认识阿拉伯帝国的形成过程及阿拉伯文明在东西方文明传播过程中的作用。

2. 通过研究相关历史材料，了解中古时期奥斯曼土耳其、印度德里苏丹和东亚的日本、朝鲜的历史演变，辨析中古时期亚洲不同地区文明的特点。

二、学习重点

中古时期亚洲不同地区文明的具体表现及特点。

三、学习难点

认识中古时期亚洲各地区的文明特点及影响。

四、教与学活动

【导入新课】

世界最古老的文明，起源于四大文明古国。观察四大文明古国的地理分布，其中三大文明古国均分布在亚洲。我们已经从《中外历史纲要》上册的相关内容中了解到古代中华文明的辉煌。在中国古代文明发展的同时，同处亚洲大陆的西亚、南亚、东亚等地区文明也以各自的方式不断发展。中古时期的西亚、南亚文明是如何发展的？中古时期东亚的朝鲜、日本文明又是如何演变的？与中古时期的欧洲相比，中古时期的亚洲有什么特点？中古时期的

---

① 王斯德主编，沈坚、金志霖著：《世界通史：前工业文明与地域性历史》，上海：华东师范大学出版社，2001年，第190页。

亚洲在世界文明史上居于怎样的历史地位？这些是本课需要研究的问题。

过渡：要认识中古时期的亚洲，依据历史发展的特点，无外乎两种方法：方法一是从历史时序的角度分别了解整个亚洲不同时期的历史发展状况。这个方法的困难在于亚洲各地“以农业为基础的文明缺乏技术和经济资源，无法将其控制扩大到外部地区”①，不同地域之间的文化差异较大，各地的发展相对孤立封闭，因此难以从整体上去观察亚洲中古时期不同地区的发展全貌。方法二是按照地域即不同地区去了解亚洲各地的历史。这个方法虽然有只见地区不见全部、只见树木不见森林之嫌，但基本上能够了解中古时期的亚洲不同地区的文明发展状况。从教材的目录结构上看，无论是西亚地区的阿拉伯帝国还是奥斯曼土耳其帝国，无论是南亚印度的德里苏丹还是东亚的朝鲜、日本，中古时期的亚洲历史表述基本上是“花开两朵，各表一枝”。如果与中古时期的欧洲相衔接，与欧洲地理上邻近的是西亚地区。从历史时间的先后顺序看，西亚地区先是阿拉伯帝国的兴起，后是奥斯曼帝国雄踞亚欧大陆，两个古老的帝国都对世界历史产生了深远影响。

【设计意图】 从学生熟悉的四大文明古国导入，温故知新。通过对四大文明古国的梳理，将中华文明置身于亚洲乃至世界范围去观照比较，使学生认识到中国古代文明的连续性，增加民族自豪感。为学生提供认识历史的方法，引导学生认识亚洲其他地区的文明演变，承前启后，整体把握亚洲文明的脉络。

【学习新课】

（一）阿拉伯帝国到奥斯曼帝国

1. 阿拉伯帝国

教师讲述：提起阿拉伯这个词，我们自然会有很多的联想，阿拉伯数字、披着长袍包着头巾的阿拉伯男人、骑着骆驼跋涉于沙漠中的商人，还有前往麦加朝拜的虔诚的穆斯林等，文学爱好者还会想起《一千零一夜》，想起阿里巴巴和四十大盗、阿拉丁神灯等滋润了我们童年精神世界的文学故事。这些到现在还在影响我们生活的文化现象实际都与中古时期的阿拉伯密切相关。

（1）从阿拉伯半岛统一到阿拉伯帝国建立

教师设问：①请大家观察《中外历史纲要》下册的相关历史地图，阅读教材的相关文字，说一说阿拉伯是如何兴起的，阿拉伯帝国是如何发展成为地跨欧亚非三洲的大帝国的。

参考答案：阿拉伯人最早生活在阿拉伯半岛上，在公元7世纪初，默罕默德创立伊斯兰教；622年默罕默德迁居麦地那，建立政教合一的政权；穆罕默德死后阿拉伯半岛逐步走向统一。7世纪中期，阿拉伯帝国向外扩张，疆域不断扩大。到8世纪中期，阿拉伯帝国东南接印度地区，东与中国（唐朝）相邻，南包括非洲北部，西到伊比利亚半岛，成为地跨亚欧非三洲的大帝国。

教师设问：②通过以上分析，我们对阿拉伯发展有了初步了解。在其发展的诸多事件中，你认为最关键的事件是什么？你的理由是什么？

---

① [美]斯塔夫里阿诺斯著，吴象婴等译：《全球通史》，上海：上海社会科学院出版社，1999年，第304页。

学生回答：（从略。）

教师讲述：在阿拉伯历史发展的众多事件中，关键事件很多，你也许会说伊斯兰教的创立，你也许会说是阿拉伯半岛的统一，你也许会说是默罕默德麦地那“徙志”建立政教合一的政权。实际上答案不可能唯一，重要的是我们能够自圆其说，论证自己的观点即可。

【设计意图】 教师设问①意图是引导学生阅读教材文字、观察地图，在汲取有效信息的基础上阐释和说明历史问题，培养学生调动历史知识解释历史问题的能力。引导学生通过阅读课文梳理阿拉伯及阿拉伯帝国兴起的简单经过等相关史实，帮助学生形成正确的历史时空观念，设计指向为学生能够利用相关历史资料描述阿拉伯帝国兴起的相关史事。教师设问②运用开放式的设问，培养学生发现问题、论证问题的能力和史料实证的学科素养。

过渡：这个大帝国为什么能够崛起？阿拉伯帝国有什么独特的特征？对世界产生了什么影响？又如何走向衰落的？对这些问题的分析、借助历史材料的研讨或许能够深化我们对前面讨论的认识。

材料一　在阿拉伯帝国发动大规模扩张之前，生活在阿拉伯半岛的阿拉伯人大多不识字，游牧的贝都因人尤其如此。据白拉祖里记载，伊斯兰教创立初期，麦加的古莱什部落中能书写者只有17人，麦地那奥斯部落和哈兹拉只部落中能书写者只有11人。两座圣城尚且如此，其他地区可想而知。随着伊斯兰教的问世，阿拉伯半岛上的各个阿拉伯部落逐渐形成一个统一的阿拉伯民族，阿拉伯语也就成为阿拉伯人统一的民族语言和宗教语言。651年《古兰经》定本的出现，极大地推动了阿拉伯语的发展，加速了阿拉伯语从口头文学语言向书面语言的过渡。这奠定了阿拉伯—伊斯兰文化的语言认同基础。

——摘编自李艳枝、李昂：《试析阿拉伯—伊斯兰文化的历史基础及其影响》，载《大庆师范学院学报》，2018年第5期。

材料二　伊斯兰教所爆发出来的迅猛力量只有16世纪西班牙在美洲的殖民地可以与之相媲美。默罕默德死后10年之内，伊斯兰教就跨越了波斯地区，只用一代人的时间就发展到了印度。与此同时，又向西发展到了非洲，在公元711年进入西班牙，并翻越了比利牛斯山。随着伊斯兰教向外扩张，其中心却仍在中东地区，更具体地说，在巴格达。巴格达的哈里发们从750年到1258年控制着伊斯兰世界的中心地区。在西方，科尔多瓦哈里发控制着利比亚半岛和北非。

——摘编自[美]约翰·C. 舒佩尔、布莱恩·K. 特里著，李腾译：《世界历史上的宗教》，北京：商务印书馆，2015年，第26页。

材料三　阿拉伯半岛的统一拉开了阿拉伯一系列征服战争的序幕，这些征服把整个古代中东（除小亚细亚以外），印度河流域下游沙漠地区（到715年）、北非甚至西班牙（711—715年）都置于穆斯林的控制之下。没有军事变化能解释这些胜利，阿拉伯军队既不人数众多，装备也不特别，但是真主与他们同在，战死疆场的人将在天堂过上快乐生活的信仰，以及欧麦尔杰出的领导才能，足以使阿拉伯人比对手占有优势。

——摘编自[美]威廉·麦克尼尔著，施诚、赵婧译：《世界史——从史前到21世纪全球文明的互动》，北京：中信出版社，2013年，第171页。

教师设问：依据材料，并结合所学知识分析阿拉伯帝国兴起的原因。

参考答案：伊斯兰教的创立有利于统一的阿拉伯民族的形成与发展，加强了民族的凝聚力和向心力，政教合一的阿拉伯政权不断向外扩张的政策及宗教信仰推动了阿拉伯帝国的崛起。

【设计意图】 教师引导学生分析阿拉伯半岛的统一与阿拉伯帝国兴起的原因，认识伊斯兰教发挥了重要的作用，伊斯兰教文化对阿拉伯帝国乃至世界都产生了重要影响。

过渡：“600 年至 1 000 年的几个世纪中，伊斯兰教的出现是欧亚及世界历史上的一个重要转折点。穆斯林军人的惊人征服和大约 1 000 年前亚历山大大帝的征服一样，再度统一了整个中东地区。七、八世纪伊斯兰教的征服结束了亚历山大帝国崩溃后的分裂状况，在伊斯兰教的星月旗下统一了从比利牛斯山脉到信德，从摩洛哥到中亚的所有地区。”①这样一个疆域辽阔的阿拉伯帝国，横亘于欧亚非三洲交界之地，其政治、经济、思想和文化对世界产生了深远的影响。

(2) 阿拉伯帝国的政治、经济与思想文化

① 阿拉伯帝国的政治

材料四 阿拉伯国家政权机构完善，在哈里发以下，设各部大臣，辅佐哈里发分掌行政、财政和宗教等方面的事务。其中以掌管财政、税务的部门最为重要。地方行政，全国分为 9 省(后来改为 5 省)，行省总督称艾米尔，由哈里发任命，掌全省军政大权，具有相当大的独立性。另有税务官掌全省的税收，直接对哈里发负责。行省的宗教首领由总督或地方法官兼任。大法官通常从宗教学者中选拔，除办理案件外，还负责管理宗教基金及孤寡的财产等工作。省以下设县，县长由总督任命，报中央备案。

……阿拉伯帝国征服中亚以后，设置国家暴力机器，镇压中亚人民的反抗，维持阿拉伯人的统治；大量移民中亚，与中亚地主贵族进行联合统治；在实行残酷经济掠夺的同时采取措施促进中亚经济的发展；摧毁中亚原有文化，强制中亚人民改宗伊斯兰教，实行宗教迫害政策。

——摘编自赵永伦：《阿拉伯帝国在中亚的统治初探》，载《贵州民族研究》，2011 年第 6 期。

教师设问：阅读教材相关内容并结合上述材料，说明阿拉伯帝国是如何进行统治的。

参考答案：阿拉伯帝国是政教合一的国家，最高统治者称为哈里发，掌握政治、经济、军事和宗教大权，中央有宰相、枢密院、财政部等辅助机构，地方设置行省并派遣总督进行统治，依靠军队、法庭、监狱、警察等机构镇压人民的反抗。施行经济掠夺的同时也采取了促进经济发展的措施，摧毁当地文化，强制当地人民改宗伊斯兰教。

【设计意图】 教师引导学生通过分析材料认识阿拉伯帝国的统治特点，提升学生汲取信息、调动运用历史知识阐释历史问题的能力。

② 阿拉伯帝国的经济

教师设问：观察《中外历史纲要》下册相关历史地图，阅读“学思之窗”的历史材料，说明阿拉伯人经商的概况。

学生活动：(从略。)

教师引导学生分析：从阿拉伯商人活动示意图可以看出，阿拉伯商人的经商路线以巴

---

① [美]斯塔夫里阿诺斯著，吴象婴等译：《全球通史》，上海：上海社会科学院出版社，1999 年，第 351 页。

格达为中心，东到亚洲东部，西经地中海到伊比利亚半岛，南达印度洋地区，北经里海、黑海与中欧地区。阿拉伯商人在东到中国、西到西欧、南至非洲的广大地区从事着陆上和海洋贸易。阿拉伯商人的足迹遍布欧亚非三洲广大地区，推动了经济交流与发展。从“学思之窗”的材料可以看出，巴格达是国际贸易中心，市场上有许多来自世界各地的各种贵重商品如宝石、丝绸、象牙、黄金等，香料贸易和奴隶贸易也十分发达。

【设计意图】 教师引导学生通过分析材料认识阿拉伯帝国的经济特点，提升学生汲取信息、调动运用历史知识阐释历史问题的能力。

③ 阿拉伯的思想文化

材料五 中国的造纸术，最先被阿拉伯人所接受，并经过他们传向欧洲。阿拉伯人在与唐朝高仙芝部队作战时俘去一批手工匠人，793 年在巴格达办起第一个造纸厂，以后又经过非洲，传往欧洲，阿拉伯人学会制造各种纸张，白色的、彩色的都造出来了。10 世纪末，在穆斯林世界人造纸张已成功地取代了纸草纸与羊皮纸。12 世纪中叶，阿拉伯人统治过的西班牙开办了造纸厂。以后，意大利、法兰西等也学会了造纸。中国的指南针、火药等也是由阿拉伯人首先学会使用（阿拉伯黑衣大食称硝为“中国雪”，8、9 世纪已会使用），然后经过他们而传入欧洲。阿拉伯的医学科学，主要来源于希腊医学，一部分则来源于波斯医学，他们很早就把格林医学著作的绝大部分译成阿拉伯文。阿拉伯的“医中之王”阿里·伊本·辛纳（即阿维森纳）就是中亚人，他汇集和代表了中古阿拉伯医学的最高成就。又如，印度人在古代就发明了表达数字的符号——1、2、3……9 和定位计数的进位法。在 4 或 5 世纪，有了“0”的符号，这种数字和进位法被阿拉伯人学会，并于 10 世纪下半叶传向西方。阿拉伯人精通“数”的计算与使用，以至后人错把印度人发明的数字，称为“阿拉伯数字”。

——摘编自朱锡强：《阿拉伯文化形成的原因》，载《史学月刊》，1982 年第 4 期。

材料六 9 世纪时，哲学和科学著作从希腊文、波斯文和梵文翻译成阿拉伯文。在随后的 200 年间，许多阿拉伯医生、天文学家、数学家和哲学家丰富了他们祖先的学识，并把各种学识系统地整理成最初传入西欧的形式。

——摘编自[美]威康·哈迪·麦克尼尔著，张卫平等译：《西方文明史纲》，北京：新华出版社，1992 年，第 212 页。

教师设问：a. 依据材料，结合所学知识说明阿拉伯文化在哪些领域取得了突出成就。b. 依据材料概括阿拉伯文化的特点。c. 依据材料分析阿拉伯思想文化的成因。

参考答案：a. 阿拉伯思想文化的成就在许多领域十分突出。在科学技术领域，发展并传播了中国的造纸术、指南针和火药等技术；在吸收波斯和希腊的医学基础上发展了阿拉伯医学；继承并传播了印度人发明的数字和进位法。在文学领域有《一千零一夜》等著名的文学作品。

b. 阿拉伯文化的特点：包容性和创造性；伊斯兰宗教色彩浓厚。

c. 阿拉伯帝国广大的疆域和稳定的政治环境为不同地区、不同民族的思想文化交流创造了条件。帝国境内很多地区是古代文明的发源地，保留着优秀的科学文化遗产。帝国境内交通发达，经济交流频繁，商业繁荣为思想文化交流提供了物质条件。地处东西方交通要冲的阿拉伯人有机会接触到不同地区的文化，并善于吸收并保留了西方古代文化的遗产。

【设计意图】 此环节引导学生通过阅读材料并运用相关历史知识概括阿拉伯思想文化

成就，分析阿拉伯思想文化的特点、成因及影响。设计指向的是学生能够选择、组织和运用相关材料并使用相关历史术语阐释历史问题。

过渡：这样一个疆域广阔、经济繁荣、文化昌盛、影响深远的帝国，在 11 世纪之后却走向了衰亡。

(3) 阿拉伯帝国的衰亡

材料七 当 11 世纪来临时，伊斯兰教世界正处在明显的衰败状态，事实上，这种衰败的迹象早在前一个历史时期就已经表现出来。首先是政治上的分离倾向导致中央政府长期失去对边远省份的控制，甚至后来除了伊拉克外，所有省份均脱离了它的统治；其次，表现于哈里发地位的江河日下，变成了大臣和军事将领手中的傀儡。

——摘编自[美]伯纳德·刘易斯著，马肇椿、马贤译：《历史上的阿拉伯人》，北京：华文出版社，2015 年，第 138 页。

材料八 信奉伊斯兰教的塞尔柱突厥人 11 世纪上半叶占领伊朗和两河流域，1055 年进入巴格达，强迫哈里发嘎义木(公元 1031—1075 年)授予塞尔柱突厥人首领托格卢尔·贝伊为“东方和西方之王”，并赐以苏丹称号。从此阿拔斯王朝事实上处于塞尔柱突厥人控制之下，哈里发的政治权力悉被剥夺，仅保有宗教领袖地位。13 世纪初蒙古统一后，随即向外扩张，1258 年蒙古军队攻占巴格达，杀死阿拔斯王朝最后一个哈里发穆斯塔辛(公元 1242—1258 年)，阿拉伯帝国覆亡。

——摘编自王斯德主编，沈坚、金志霖著：《世界通史：前工业文明与地域性历史》，上海：华东师范大学出版社，2001 年，第 308 页。

教师设问：依据材料分析，阿拉伯帝国是如何灭亡的?

参考答案：内部原因是政权分崩离析，中央对地方的控制能力减弱，哈里发政治地位下降。外部原因是其他民族特别是突厥人、蒙古的进攻。1258 年阿拉伯帝国首都巴格达沦陷，帝国灭亡。

【设计意图】 此环节引导学生通过阅读材料并运用相关历史知识分析阿拉伯帝国衰亡的原因及表现。设计指向的是学生能够选择、组织和运用相关材料对阿拉伯帝国的衰亡做出合理的解释。

过渡：从 11 世纪到 16 世纪，突厥人和蒙古人穿越亚洲和中东，创建了庞大而强盛的帝国。突厥人最初生活在俄国和蒙古之间的广大地区，接受过多个统治者的统治。他们曾参加阿拉伯人的军队，之后在 11 世纪，塞尔柱突厥人建立了一个中东帝国——塞尔柱王朝(11—13 世纪统治中亚和西亚)，统治着从波斯普鲁斯海峡到土库曼斯坦之间的地区。该帝国最终走向衰落，先是在 13 世纪被蒙古人取代，后来又被帖木儿所率领的突厥军队占领，最终在 14 世纪归入奥斯曼帝国。奥斯曼人以安纳托利亚为中心，最终征服了衰败的拜占庭，建立起一个长久而强大的帝国，其疆域从中东一直延伸至欧洲东南部。① 继阿拉伯帝国之后，西亚地区兴起了奥斯曼土耳其帝国。

2. 奥斯曼帝国

(1) 奥斯曼土耳其的兴起与扩张

---

① [美]丹尼斯·舍曼等著，李义天等译：《世界文明史》，北京：中国人民大学出版社，2012 年，第 180 页。

教师设问:阅读《中外历史纲要》下册相关文字,观察15—16世纪奥斯曼帝国的历史地图,说明奥斯曼帝国的兴起。

学生活动:(从略。)

【设计意图】 此环节引导学生通过观察历史地图和阅读历史资料了解奥斯曼帝国的兴起过程,认识奥斯曼帝国的疆域,形成正确的时空观念。在此基础上能够汲取历史信息,并运用知识,解释奥斯曼帝国的兴起。

教师讲述:奥斯曼土耳其在小亚细亚兴起之后,不断向外扩张,攻击邻近的拜占庭帝国。1453年5月29日,奥斯曼土耳其人攻陷了拜占庭帝国的首都君士坦丁堡。存续千年的东罗马帝国(拜占庭帝国)从此走入历史。君士坦丁堡被奥斯曼土耳其人改名为伊斯坦布尔,并成为奥斯曼帝国的首都。继阿拉伯帝国之后,16世纪后期又一个地跨欧亚非三洲的大帝国开始崛起,其统治对世界历史产生了深远的影响。

(2) 奥斯曼帝国的统治与影响

材料九 奥斯曼帝国在对外扩张过程中,封建制度得到进一步发展。在政治方面,帝国是一个政教合一的军事封建专制国家,国家管理机构分为教俗两大系统,苏丹居于此两者之上,集宗教和世俗大权于一身,具有无限权威……中央另有财政和司法大臣各两人,国务秘书一人。地方上全国分为31个省和250个县,分别由省长和县长治理。京城和地方都设有司法官和法学家,后者专司解释伊斯兰教法典。

——摘编自王斯德主编,沈坚、金志霖著:《世界通史:前工业文明与地域性历史》,上海:华东师范大学出版社,2001年,第312页。

材料十 奥斯曼土耳其在200多年里,从西亚的一小块附庸领地发展成为地跨亚、欧、非三大洲的大帝国,对人类历史产生了重大影响。首先,奥斯曼帝国的征服给当地人民带来了严重灾难,造成了大量人员伤亡和财产损失,并且奥斯曼土耳其人相对落后的社会生产方式也不利于当地经济的发展。其次,奥斯曼帝国强制推行民族同化政策,试图消灭被征服地区原有的语言和文化,严重阻碍了当地社会文化的发展。再次,奥斯曼帝国控制亚欧商路之后,课以重税,再加上频频出击欧洲,推动了西欧诸国更加积极的寻找通往东方的新航路。最后,鼎盛时期的奥斯曼帝国积极干预欧洲事务,联合法国等国家夹击哈布斯堡王朝,影响着欧洲政治的演进。

——摘编自武寅主编:《简明世界历史读本》,北京:中国社会科学出版社,2014年,第305页。

教师设问:阅读教材相关内容,结合材料比较奥斯曼帝国与阿拉伯帝国的异同。

参考答案:相同之处:疆域辽阔,都曾经地跨欧亚非三洲;都信仰伊斯兰教,实行政教合一的统治政策;对外积极扩张,实行民族压迫政策;民族间经济文化交流广泛并产生世界影响。不同之处:所属民族、兴起的地区与兴起时间不同。阿拉伯帝国兴起于阿拉伯半岛,兴起在前,奥斯曼帝国兴起于小亚细亚地区,发展在后。所处时代、实施的政策及影响不同:阿拉伯帝国处于中古前期,它实施的政策促进了各地民族的交往与文化传播。奥斯曼帝国处于中古后期,它实施的政策特别是经济政策促使欧洲人寻求通向东方的新航路。

【设计意图】 教师在引导学生梳理与奥斯曼帝国发展相关知识的基础上,通过与阿拉伯帝国比较，帮助学生把握中东和西亚地区两个大帝国的各自特点，理解同一地区文明的多元性和不同文明的演变进程。通过比较两个信奉伊斯兰教帝国的异同，重点引导学生认识15、16世纪的奥斯曼帝国的特点及影响。

过渡：奥斯曼帝国是继早期的阿拉伯帝国之后，伊斯兰世界最强大、统治时间最长久的国家。在这片曾经混乱和喧嚣的土地上，它实行的是专制而有效的统治。只是到了后期，西方的政治和经济压力，导致奥斯曼帝国行政管理的衰弱和内部经济的衰落，由此奥斯曼帝国的统治才开始没落。[①] 我们通过研究阿拉伯帝国和奥斯曼帝国的相关问题，对中古时期西亚的文明有所了解，而在同一时期，南亚和东亚的文明具有与西亚不同的特点。

（二）南亚和东亚的国家

1. 南亚的印度

教师讲述：观察《中外历史纲要》下册相关的历史地图，我们需要明晰，无论是上古时期的印度还是中古时期的印度实际都是指印度次大陆广大地区，与今天的印度不是一个地理概念。作为四大文明古国之一的印度是一个历史悠久、文化灿烂的国家，“印度历史上有四次最巨大的变动，即哈拉帕文明的消失和雅利安人入主印度；穆斯林进入和统治印度；英国征服印度；印度独立和印巴分治”[②]。其中，哈拉帕文明和雅利安人入主印度是远古和上古时期的历史。关于这一阶段印度的情况，我们通过以前的学习，还曾经了解到印度种姓制度的创立、佛教的诞生与传播、数字的发明等辉煌的文化成就，这些成就不仅影响了印度本身，也对世界产生了深远的影响。而穆斯林进入和统治印度则属于中古时期印度的历史，也是我们下面要研究的重点。至于英国征服印度、印度独立和印巴分治则是近现代印度的历史问题，在以后的学习中会有所了解。在中古时期印度历史的发展中，4世纪初建立的笈多帝国和13世纪建立的德里苏丹国家尤为重要。

（1）笈多帝国

教师讲述：公元320年，恒河下游一位精力充沛、名为旃陀罗笈多的印度国王，在一个特别仪式上自行加冕为“普天之王”。后来，他发动了一系列征服战争。在不到一个世纪的时间里，他的后继者就把从孟加拉湾到阿拉伯海的印度北部广大地区置于自己的统治之下。由此建立的笈多帝国一直存续到公元535年。[③] 笈多帝国是一个什么样的国家？我们可以通过教科书相关内容及相关历史资料进一步去认识它。

材料十一　公元4世纪时，伟大的笈多时代——一个前几个世纪中的入侵者被同化，各种文化潮流结下的丰硕成果的时代——开始了。这是印度文明的古典时代，可与西方的早期帝国或奥古斯都时代相比。

……

① [美]丹尼斯·舍曼等著，李义天等译：《世界文明史》，北京：中国人民大学出版社，2012年，第199页。

② 林承节：《印度史上的断裂、改变和延续》，载《南亚研究》，2004年第2期。

③ [美]威廉·麦克尼尔著，施诚、赵婧译：《世界史——从史前到21世纪全球文明的互动》，北京：中信出版社，2013年，第163页。

笈多时代开始于约320年旃陀罗笈多一世登基之时，笈多帝国在他的孙子旃陀罗笈多二世(375—415年)在位的统治下，臻于极盛。旃陀罗笈多二世极力扩张，直到将他的帝国从印度河扩展到孟加拉湾，从北部山区扩展到纳巴达河为止。这些疆界构成印度斯坦传统的边界线，这是值得强调的一点。在政治上，笈多帝国是一个北印度帝国，并未包括整个半岛。实际上当时的南印度在许多方面是与世隔绝的。

——摘编自[美]斯塔夫里阿诺斯著，吴象婴等译：《全球通史》，上海：上海社会科学院出版社，1999年，第272页。

教师设问：依据材料结合教材相关论述，概括说明笈多帝国时期的统治状况。

学生活动：(从略。)

参考答案：笈多帝国是公元4、5世纪统治印度北部的帝国，以恒河流域为根据地；笈多帝国时期，由婆罗门教发展而来的印度教成为统治阶级信奉的主要宗教。

教师讲述：同学们提供的答案使我们大体了解了笈多帝国的情况，说大体是因为"虽然(笈多)王国领土广阔，但是笈多统治者为后世梵文文学传统留下的可以追溯的痕迹很少。我们现有的信息几乎都来自中国、锡兰(今斯里兰卡)和其他佛教香客的记载，因此，像印度历史上其他不太突出的时代一样，有关印度这个伟大时代政治、军事、地理和历史事件的精确记载也是缺乏的"①。很显然，没有充足的历史资料，我们很难全面深刻地认识笈多帝国的历史。不过，历史研究者也承认"笈多时代在许多文化领域取得的完美成就，给印度教和梵文文化打上了深深的烙印……印度之外的地区也能感受到笈多黄金时代的魅力"②。

【设计意图】 教师提供历史资料引导学生认识笈多帝国的统治状况。教师通过引用学者关于印度笈多帝国的认识，说明史料在历史研究和学习中的重要作用，提升学生的史料实证素养。

过渡：5世纪之后，笈多帝国遭到北方少数民族的侵扰，国势衰落。"570年笈多王朝统治结束。北印度陷入分裂状态。"③7世纪时戒日王再度统一印度北部，戒日王朝曾强盛一世，"戒日王在647年逝世，这被证明是一个不可弥补的损失。它标志着印度历史上一个时代的终结。再也不会有阿育王、旃陀罗笈多或者戒日王。在接下来的几个世纪里，印度大部分地区尤其是北部和中部分裂成一些独立王国"④。印度北部陷入了长达500年之久的分裂时期，直到德里苏丹国的建立。

(2) 德里苏丹国

教师讲述：7世纪戒日王朝结束后，"阿拉伯人，生活在阿富汗的突厥人不断侵扰印度北部。1206年奴隶出身的突厥人库尔丁·乌丁·伊巴克自立为苏丹，统治以德里为中心的广大地区，印度进入德里苏丹国家时期(1206—1526年)"。"德里苏丹国先后出现过5个王朝，最后在1526年被阿富汗的帖木儿后裔巴布尔攻灭，印度进入莫卧儿王朝时期(1526—1857年)"。⑤ 莫卧儿王朝后期，英国趁机侵入印度，印度历史便进入了近代。了解中古后期的印

---

① 同上书，第163页。

② 同上书，第169页。

③ 武寅主编：《简明世界历史读本》，北京：中国社会科学出版社，2014年，第290页。

④ [印度]D. P. 辛加尔著，庄万友等译：《印度与世界文明》，北京：商务印书馆，2019年，第207页。

⑤ 武寅主编：《简明世界历史读本》，北京：中国社会科学出版社，2014年，第292页。

度历史，德里苏丹国是必须要熟悉的内容。

材料十二 德里苏丹国的政治体制与中古前期的印度传统大相径庭。德里苏丹国是政教合一的伊斯兰教神权国家，苏丹作为国家最高统治者总揽行政、立法、司法和军事等各项大权，同时又兼伊斯兰教最高教长，集君权和神权于一身。为了提高自身的影响，有的苏丹还在名义上承认自己的政治权力来源于西亚的哈里发。信奉伊斯兰教的突厥人、阿富汗人和波斯人构成的军事贵族集团是德里苏丹国的政权支柱，他们在种族和宗教上都不同于本地居民，高级官职一般都由他们担任，印度教徒只能出任乡村小官和税吏。德里苏丹国拥有一支庞大的常备军，骑兵乃其基干力量，他们大多是来自中亚的职业士兵，战斗力较强，这是德里苏丹国能够迅速征服北印度，建立伊斯兰教封建政权的重要原因之一。

——摘编自王斯德主编，沈坚、金志霖著：《世界通史：前工业文明与地域性历史》，上海：华东师范大学出版社，2001 年，第 295 页。

材料十三 穆斯林的不断入侵导致 13 世纪建立德里苏丹国。穆斯林统治者原来是想把印度伊斯兰化的，但其所能做到的只是确立了穆斯林上层的政治统治权和对土地的封建占有权，建立了伊斯兰教对印度教的统治地位，印度教上层的政治、经济权力仍部分地保存，印度教依然是印度第一大宗教，其对社会的影响力依然保持。

——摘编自林承节：《印度史上的断裂、改变和延续》，载《南亚研究》，2004 年第 2 期。

教师设问：依据材料说说德里苏丹国的历史特点。

参考答案：德里苏丹国是突厥人通过军事征服建立的国家，德里苏丹国信奉伊斯兰教，最高统治者称为苏丹，掌握最高行政、立法、司法和军事等权力。德里苏丹国中伊斯兰教虽然占统治地位，但印度教和伊斯兰教并存，印度教依然对社会有很强的影响力。

【设计意图】 通过教师的讲述帮助学生梳理历史，弄清印度历史的发展过程。通过引导学生解读文献资料认识德里苏丹国的统治特点，培养学生运用历史资料阐释历史问题的能力。

(3) 中古印度文化的特点及影响

教师讲述：在中古印度，笈多帝国和德里苏丹的统治对印度都产生了深远的影响。“德里苏丹国的统治和伊斯兰教的传播，对印度文化产生了广泛深远的影响。随中亚征服者一起进入印度的波斯语是上层统治阶级的通用语言，德里苏丹国时期波斯语和印地语互相影响，互相交融，逐渐形成了乌尔都语……乌尔都语为印度穆斯林所通用，是现代巴基斯坦官方语言之一。”①而笈多帝国信奉的印度教和德里苏丹信奉的伊斯兰教在今天依然是印度次大陆国家的主要宗教。“印度教和伊斯兰教互相吸收了对方的某些元素，但它们没有彼此融合，也没有发生共鸣。在日常生活中，虽然二者都表现出宽容和理解，然而背后却是两种不同生活方式的永恒张力。”②

【设计意图】 通过教师的讲述帮助认识印度文化的特点与当今世界的联系，培养学生从历史的角度理解世界现实的能力。

过渡：通过以上学习我们了解了中古时期的印度，印度文化发展过程中不断吸收各种

---

① 王斯德主编，沈坚、金志霖著：《世界通史：前工业文明与地域性历史》，上海：华东师范大学出版社，2001 年，第 298 页。

② [美]丹尼斯·舍曼等著，李义天等译：《世界文明史》，北京：中国人民大学出版社，2012 年，第 155 页。

外来文化并加以发展，进而形成了别具一格的印度文化。印度文化的向外传播也对世界特别是东亚、东南亚地区产生了深远的影响。

2. 东亚国家

(1) 中古时期朝鲜和日本的概况

教师设问：阅读《中外历史纲要》下册相关内容，梳理中古时期日本、朝鲜发展的基本脉络，制作古代日本、朝鲜的大事年表。

学生活动：(从略。)

【设计意图】 教师引导学生在阅读历史资料的基础上制作日本、朝鲜发展的大事年表，梳理基本的史实，掌握东亚地区朝鲜、日本发展的脉络，为培养比较、分析历史问题的能力奠定基础。

(2) 中古时期朝鲜和日本历史的认识

材料十四 虽然近代以前东亚各国都是受儒家文化影响的国家，但因地缘因素及历史传统的差异，中、朝、日三国在政治、经济及社会意识形态等方面亦有许多不同的特点。相比较而言，这种不同主要集中体现在日本与中、朝两国之间的区别上。中、朝两国因地理环境及其历史发展形成了相近的君主专制政体。在中国，自秦汉实行"天下之事无大小皆决于上"，形成了中央集权的君主专制制度，直至辛亥革命推翻清王朝，中央集权的君主专制政体始终没有发生实质性的变化，相反越来越强化。而朝鲜在中国的影响下，早在李朝之前1 200多年，就已经是中央集权制社会。如三国时期的新罗，受唐朝的影响，在地方实行郡县制，以加强中央集权统治，并最终统一朝鲜半岛。日本虽然在推古朝时期(公元593—622年)圣德太子崇尚中国的礼治而推行大化革新，实施"公地公民"制，确立中央集权制度，但是，其政治体制、经济制度与中、朝两国有很大不同。

——摘编自吴祖鲲、商学君：《东亚文化格局：演变与应变》，载《长白学刊》，2016年第6期。

教师设问：①结合材料和教科书相关内容，比较古代朝鲜、日本两国的异同。

学生活动：(从略。)

参考答案：相同方面：都深受中国文化影响，政治上都曾经推行专制制度，都进行了改革，都经历了长期的分裂割据时期等。

不同方面：日本武士阶层地位突出，经历了比较长的幕府政治时期，朝鲜在国家分裂后建立了专制主义中央集权制国家等。

教师设问：②在比较异同、深化对中古朝鲜、日本认识的基础上，关于古代的朝鲜、日本，提出你认为值得进一步研讨的问题，并说明理由。

【设计意图】 设问①的意图是教师引导学生了解朝鲜、日本的概况，通过比较中古时期日本、朝鲜的异同，深化对日本、朝鲜历史的认识。设问②的意图是激发学生发现问题、探究问题的意识。

(3) 问题探究

问题探究①：中国古代文化的传播与东亚文化圈的形成

材料十五 一般认为，文化的共性通常由语言、价值观、体制、宗教和祖先等方面体现出来。亚洲东部的中国、朝鲜半岛、日本的历史文化有许多共同的地方，突出表现在汉字文化、儒家思想、律令制度、大乘佛教四个方面。这些共同点的基础是汉字文化，因为儒家思想、律令制度和大乘佛教都以汉字作为其信息的承载工具。"人民之间最重要的区别不是意识形态的、政治的或经济的,而是文化的区别……人们用祖先、宗教、语言、历史、价值、习俗和体制来界定自己。"所以相当一部分人把东亚的中、朝(包括现在的朝鲜和韩国)、日、越称做"汉字文化圈"。

——摘编自吴祖鲲、商学君:《东亚文化格局:演变与应变》,载《长白学刊》,2016年第6期。

教师设问:依据材料结合所学知识,分析中古时期东亚文化格局的特点及成因。

参考答案:特点:形成了以汉文化为主导的文化圈,日本、朝鲜、越南等东亚国家深受其影响。

成因:魏晋南北朝特别是隋唐繁荣的经济与丰富多彩的文化对周边民族有吸引力。古代朝鲜与日本虽然都受中国文化影响,但各自的国情不同,所以朝鲜和日本的文化有很大的差异。比如,朝鲜形成了统一的专制主义中央集权制国家并长期稳定,而日本则形成了以武士阶层掌握实权的幕藩体制。

【设计意图】 中古时期东亚历史内容繁杂。教学设计需化繁为简,解决教学中的基本问题和难点问题。中古时期东亚历史的基本问题是指日本、朝鲜等国发展的来龙去脉。难点问题是指对东亚地区各国发展不同特点的认识及对日本锁国政策的评价。教师引导学生根据材料及所学内容制作历史年表,可以解决教学基本问题。通过对年表及相关资料的比较,可以解决难点问题并发现新的问题,提出值得进一步探讨的问题以利于认识的提升与思维的深化。

问题探究②:日本幕府锁国政策的不同评价

材料十六 1894年,新闻界的活跃人物福地源一郎出版《幕府衰亡论》一书,指出由于锁国政策阻碍了欧洲文明的输入,使得日本未能跟上世界前进的步伐,丧失了向海外发展的机会,这是日本的"巨大损失"。福地的观点代表了明治初期日本国内对锁国的一般看法,很容易为具有狭隘民族主义的人们接受,因此当时该书的发行量很大,影响面颇广。

面对日本国内全盘否定锁国的潮流,京都帝大教授内田银藏于1908年(明治41年)发表《锁国论》,继而又发表了《何为锁国》。内田虽然没有全部否定社会上的流行观点,但他对锁国体制下经济、政治、文化等各方面的利弊得失进行仔细比较之后认为:政治上,锁国虽然有碍海外发展,但由于减少了对外往来,专心内治,从而维持了国内和平。如无锁国,"诸大名得以自由交通海外,或有假外援以逞野心者";经济上,在锁国体制下,日本国内产业获得了发展的机会,奠定了国内的经济实力,由此开国后日本才有可能迅速走上近代化的道路;文化上,锁国阻止了西洋文化的强烈干扰,同时汲取了东洋文化的精华,从中酝酿出成熟的"日本文化"。据此而论,锁国政策对日本民族的发展有利有弊,益多害少。

1916年(大正5年),异军突起,东京帝大教授辻善之助发表《锁国及其得失》。他针对内田等人的观点,从经济、人口、内政、文化、海外发展等五个方面论述了锁国的得失。他认为,经济上,锁国虽抑制了金银正货的外流,却使得海外贸易沉滞,国内产业疲弱。此一弊。江户时代日本人口发展滞怠,主要为连年灾荒所致。锁国使海外粮食无法进口,度荒无策,人口锐减。此二弊。锁国塞源截流,"国民势力",海外发展无路,"转而内攻",形成所谓"浪人问题",致为国内和平之患,"由井正雪事件"即其一例。"盖言幕府终为浪人所灭亦不为过","如无锁国,当无此患"。此三弊。锁国虽为日本民族文化的成熟创造了有利条件,但同时又使其“矮小化”，江户文化中的形式主义和腐朽性，乃锁国所致。此四弊。因锁国故，日本国民“高涨的”热情受到压抑，海外事业遭到挫折，失去了向海外扩张的良机。凡五弊，锁国实得不偿失，必须否定。

——摘编自管宁：《日本德川幕府锁国的原因及其影响》，载《世界历史》，1983年第1期。

教师设问：关于德川幕府实施锁国令的影响，以上材料的三位作者的观点有何不同？你怎么看待德川幕府的锁国政策？

参考答案：不同：福地源一郎认为锁国政策使日本丧失了发展机会，阻碍了欧洲先进文明的输入，应该予以否定。内田银藏认为锁国政策对日本民族的发展有利有弊，益多害少。过善之助认为锁国得不偿失，必须否定。德川幕府的锁国政策在一定程度上稳定了统治秩序，维护了国家的主权，避免日本经济受到外来势力的冲击，但是锁国政策也使日本丧失了与世界进行经济文化交流的机会，固步自封，造成日本社会的封闭，给日本的发展带来了灾难。

评价幕府的锁国政策：（略，言之成理即可。）

【设计意图】　对德川幕府锁国政策的评价存在着学术争论，充分利用这种学术争论的相关资料，可使学生意识到历史问题的复杂性，并对学术争论有自己的理解。设计指向历史解释，即能够分辨不同的历史解释，尝试从来源、性质和目的等多方面，说明导致这些不同解释的原因并加以评析。

【课时小结】

本课我们学习了中古时期的西亚、南亚和东亚地区不同国家的具体情况，需要提醒的是“由于各国具体情况不同，亚洲各国的封建制度也表现出各自鲜明的特征，东方的朝鲜、日本与中国地域相邻，且长期以来相互交往频繁，所以政治、经济和文化诸方面颇受中国影响，尤其是在进入封建社会之初表现得最为明显。印度封建化过程总体呈平稳态势，没有出现激烈的社会动荡和全面的经济衰退，但各地发展水平不一，封建化进程参差不齐，农村公社的残余因素长期存在。同为游牧民族的阿拉伯人和奥斯曼土耳其人虽然立国时间较晚，却先后在历史舞台上叱咤风云，称雄一时，各自建立起一个以伊斯兰教为国教，横跨亚、非、欧三大洲的军事封建帝国，在中世纪历史上写下了重要的一页”①。

第5课　古代非洲与美洲

一、学习目标

1. 通过对历史资料的研读、讨论、分析，能够了解非洲和美洲不同地区文明古国的发展情况。

2. 通过对历史材料的解读与研究，认识非洲和美洲不同地区文明的特点，理解中古时期文明的多样性。

① 王斯德主编，沈坚、金志霖著：《世界通史：前工业文明与地域性历史》，上海：华东师范大学出版社，2001年，第271页。

二、学习重点

古代非洲和美洲文明的具体表现及特点。

三、学习难点

对古代非洲、美洲文明的认识与评价。

四、教与学活动

【导入新课】

自古以来，生活在欧亚大陆以及北非地区的族群是人类文明创造活动的主体。但是，美洲和撒哈拉沙漠以南的非洲也存在着繁衍生息的人类族群。尽管地处偏僻，环境封闭，他们仍然创造出了独具特色的文明。印第安人是美洲大陆的土著居民，以玛雅人、阿兹特克人和印加人为代表的印第安人创造出了高度繁荣的农业文明，他们培育出的玉米、土豆、西红柿等农作物，对世界农业发展产生了重要影响。撒哈拉以南非洲的黑人族群，多停留在原始公社阶段，但东北非、东非、西非和南非内陆也都出现过强大的奴隶制国家，并在建筑、音乐、手工艺品、冶炼技术等方面显示出精湛的技艺，在人类文明史上占据一席之地。[①] 让我们走进古代非洲和美洲一探究竟。

【学习新课】

（一）古代非洲文明

教师讲述：古代非洲文明并非是一个陌生的话题，且不说历史学者普遍认为现代人种起源于距今约20万年前的非洲，在《中外历史纲要》下册的第一单元我们已经了解到的古埃及文明就位于非洲北部地区。在埃及以南的广大地区也出现了灿烂的黑人文明。“提及黑人文明，很多人都容易将其与愚昧、落后联系在一起，其实这包含了很大的偏见。而谈到非洲文明，一般人都赞叹于金字塔的雄奇壮丽，甚至古埃及有着‘亚洲非洲’的别称，却很少有人想起在黑非洲的广袤大地上曾发育了怎样不可磨灭的历史文化。”[②]当我们的眼光越过地中海沿岸的北非地区，就会发现撒哈拉沙漠以南的非洲地区已发展出各具特色的文明。班图人是非洲的古老居民，他们是什么人？对非洲文明有什么贡献？这是我们首先需要了解的。

1. 班图人

（1）班图人溯源

---

① 武寅主编：《简明世界历史读本》，北京：中国社会科学出版社，2014年，第306页。

② 闫冰：《浅谈古代非洲黑人文明起源——以班图文明为例》，载《才智》，2011年第25期。

材料一 非洲黑人可以分为班图和苏丹两大支。班图人是非洲最大的民族集团，其人口占全非洲人口总数的1/3左右。大约在公元前5000年末期，西非地区形成了一些今天称为尼日尔-刚果语系的古老氏族和部落，班图语就是其中的一种。班图人最初的居住地尚无定论，有人认为是在大湖地区，有人认为起源于尼日利亚和喀麦隆的交界地区，也有人认为在扎伊尔的沙巴省。他们称自己为班图(BANTU，"人"或"人民"的意思)。从公元1世纪开始，班图人不断向南迁徙，到19世纪才停止。班图人迁徙对非洲文明影响巨大，他们先后建立过30多个大小不等的国家，从而涌现了不少闻名于世的班图文明。

……持续上千年之久的班图族黑人大迁移，是古代非洲黑人最重要的历史文化事件之一。伴随着这一事件的发展，整个非洲的历史进程也发生了一系列深刻的变化。由于迁徙的范围广泛，西起大西洋雨林地区，东至印度洋沿岸，南抵南非之角的开普敦，致使这以后上千万平方公里面积上生存着的黑人各族，都有着共同的班图族黑人的最初文化起源。

——摘编自闫冰：《浅谈古代非洲黑人文明起源——以班图文明为例》，载《才智》，2011年第25期。

教师设问：关于班图人，你有什么认识？

参考答案：班图的含义是人，班图语是非洲古老的语言，班图人分布范围广，班图人长期不断迁徙，对非洲文明影响巨大。关于班图人还有许多问题没有弄清楚。

(2) 班图人的贡献

教师讲述：正如大家所言，我们对班图人的了解有些内容是清楚的，比如班图人曾居住在西亚地区并向非洲南部地区迁移，分布范围很广。他们的贡献是在农业上曾经培育出甜高粱、西瓜和棉花等重要农作物，驯养了牛，引进了绵羊和山羊等；在手工业上掌握了冶铁技术等。伴随着迁徙，他们所掌握的技术也传到其他地区等。与北非地区曾经的辉煌文明相比，撒哈拉沙漠以南的非洲文明，"文化普遍落后，大多数地区仍没有文字"①。因此，我们通过有限的资料比如西方人的记述或者文化遗迹等来认识非洲，依然可以发现非洲独特的文明。

教师设问：班图人及其他非洲民族创造了撒哈拉以南地区的非洲文明，观察《中外历史纲要》下册的历史地图《古代非洲的国家》，说一说，古代非洲国家主要集中在哪些地区？这些古国分布有什么特征？

参考答案：分布地区：集中分布在东非、西非地区，南非也有古代国家。

特征：非洲古代国家的形成与发展差异较大，不平衡性比较突出。从整体上看，可以称之为北高南低的状态。这就是说，非洲北部的国家组织出现得早，且相对比较发达。越往南，国家组织出现得越晚，且发展程度越低，直至南非地区，全然没有出现国家的条件。②

【设计意图】 教师通过引导学生分析历史资料，了解古代非洲最古老的居民及其贡献，通过观察地图引导学生从宏观的角度把握非洲古代文明。

2. 东非古代国家

教师讲述：观察《中外历史纲要》下册相关的历史地图，我们就会发现埃塞俄比亚高原附

① 武寅主编：《简明世界历史读本》，北京：中国社会科学出版社，2014年，第313页。
② 何芳川、宁骚主编：《非洲通史》古代卷，上海：华东师范大学出版社，1995年，第7页。

近的阿克苏姆和摩加迪沙附近都标注着许多古代文化遗址，这说明当地曾有许多古王国或文化遗址。

（1）阿克苏姆的兴衰

材料二 阿克苏姆王国的名称源于阿克苏姆城，该城约在公元1世纪是王国的都城。在4—6世纪时，阿克苏姆国力达到鼎盛时期，其疆域伸至今天的也门、沙特阿拉伯南部地区以及索马里。阿克苏姆帝国在4世纪中叶确立了基督教立国，并具有商业文明。它在与埃及、阿拉伯半岛、波斯、印度和锡兰（今斯里兰卡）等地进行的长途贸易中，输出黄金、象牙、犀牛角、河马皮和奴隶，进口各种纺织品、刀、剑和杯子，阿克苏姆是东罗马帝国和波斯帝国之间最强大的国家，与当时的中国、罗马和波斯并称为古代四大帝国。

——摘编自潘华琼：《阿克苏姆——埃塞俄比亚的基石》，载《中国投资》，2018年第24期。

教师设问：依据材料概括阿克苏姆国家兴盛时期的特点。

参考答案：东非的阿克苏姆王国是一个信奉基督教的国家，这个国家商业十分发达，4世纪时曾经与罗马、波斯、中国等并列为四大帝国。

教师设问：如此兴盛的阿克苏姆是怎样走向衰落的呢？

教师讲述：公元7世纪的时候，阿拉伯帝国兴起，不断向外征伐，阿克苏姆周边都成为穆斯林所控制的世界，阿拉伯人、奥斯曼土耳其人垄断了东西方贸易。相当一部分东西方贸易，经波斯湾、阿拉伯半岛北部进行。途经红海的船货，也完全控制在穆斯林商人手中。阿克苏姆被孤立在古代印度洋贸易网之外。而阿克苏姆最著名的港口阿杜利斯，也由于某种不明原因毁弃了。

对于阿克苏姆国家来说，红海过境贸易垄断权的丧失，是一个沉重的打击。以前繁荣的海外贸易给阿克苏姆带来了取之不尽的财富。红海过境贸易衰落，巨大的财源断绝时，原来掩盖在繁荣之下的帝国内部的各种矛盾便迅速显露出来。阿克苏姆再没有力量控制自己广袤国土的各个地区了。边远地区的统治者们，开始挑战国王权威。9世纪以后，通往黄金产区——萨苏的商路断绝。居住在阿克苏姆北方的游牧族贝贾人的不断侵扰，也是其衰落的一个因素。

上述各种矛盾的聚集、发展，终于爆发了由一位名叫古迪特的女王领导的反对国王的动乱。这场动乱摧毁了一座又一座的城镇，焚烧了一座又一座的教堂。正是在这场动乱的打击下，从10世纪以后，阿克苏姆国家走向衰落。①

阿克苏姆衰落之后，在东非地区又兴起了许多城邦国家。它们的情况如何呢？

（2）东非其他的城邦国家

材料三 东非的索马里半岛及其以南沿岸地区，自古以来便是商贸活动的频繁之地。公元前后，该地区兴起了一批商业城市，后来发展成为城市国家，其中较为著名的有摩加迪沙、蒙巴萨和桑给巴尔等。这些城市国家在8、9世纪皈依伊斯兰教，盛行奴隶制。它们借助地理优势，从内陆收购象牙、黄金等向外输出，从东方购得丝绸、瓷器等销往内陆。15世纪末以来，该地区遭到葡萄牙殖民者的入侵，商业随之渐趋凋敝。

——摘编自武寅主编：《简明世界历史读本》，北京：中国社会科学出版社，2014年，第

① 何芳川：《阿克苏姆》，载《西亚非洲》，1985年第5期。

314页。

材料四 （东非）沿海地区的穆斯林经纪人派代理商前往内地购买罗德西亚的象牙、奴隶、黄金和加丹加的铜。这些商品是通过当时由穆斯林商人控制的印度洋上的商业航道运出去的。反过来，非洲人用自己的产品换得了中国和印度的布匹、各种奢侈品，尤其是中国的瓷器。至今沿海地区还能发现这些瓷器的遗迹。这种贸易是东非沿海一些繁荣的港口和城邦的基础。

——摘编自[美]斯塔夫里阿诺斯著，吴象婴等译：《全球通史》，上海：上海社会科学院出版社，1999年，第487页。

教师设问：依据材料结合教材相关信息，说一说东非摩加迪沙等城邦国家的情况。

参考答案：10—15世纪东非出现的城邦国家信仰伊斯兰教，广泛使用奴隶，贸易对象多以阿拉伯人为主，对外贸易发达，中国的商品都曾出现在东非城邦国家之中。随着新航路开辟后葡萄牙殖民者入侵，这些城邦国家走向衰落。

【设计意图】 教师引导学生运用历史材料和课本中的相关信息，描述东非城邦国家的历史状况，提高阐释历史问题的能力。

过渡：与东非的城邦国家相比，古代西非国家的发展却有很大的差异。

3. 西非古代国家

（1）伊斯兰教在西非的传播与贸易

教师讲述：观察西非地区的地图，你会发现在濒临大西洋沿岸的西非与北非之间有非洲最大的沙漠——撒哈拉沙漠。撒哈拉大沙漠素有“黑白分界线”之称，“撒哈拉以南的黑人世界与北非的地中海型文明相异。大沙漠阻碍着西非、东北非和南非同外部世界的经常联系，使其不得不局限在一个相对闭塞的境域中独自步履蹒跚地缓慢发展。不过，在漫长的历史途程中，黑非洲毕竟还是透过时间与空间的隔阂，断断续续地感受到某些来自北非或西亚的文化影响，并创造了极富色彩的独特文明”①。“在非洲西部，伊斯兰教势力由马格里布南下，越过撒哈拉，在西苏丹诸国，尤其是马里和桑海国家的强盛中扮演了极为重要的角色。”②“西非盛产黄金，北非盛产食盐，两地形成互补，逐渐在撒哈拉沙漠中开辟出了商路。北非文化也通过商路进入西非。西非……自8世纪开始接受伊斯兰教，并先后兴起过三个奴隶制国家——加纳、马里和桑海。”③

（2）西非的三个奴隶制国家

材料五 加纳居住着来自北非的柏柏尔人和本地黑人。3世纪前后形成国家，8世纪末出现黑人政权。9、10世纪达到鼎盛。它征服了西非广大地区，占据尼日尔河与塞内加尔河上游的黄金矿藏，被誉为“黄金之国”。加纳在11世纪中叶遭到北非柏柏尔人的入侵渐趋衰落，13世纪被马里吞并。马里位于尼日尔河上游，自13世纪开始崛起，14世纪国王曼萨·穆萨统治时期（1307—1332年）达到鼎盛，凭借10万军队，控制着众多的国家和部落。曼萨·穆萨尊崇伊斯兰教，曾率领一支庞大的使团前往麦加朝觐，一路挥金如土，被誉为“金矿之王”。14世纪

---

① 王斯德主编，沈坚、金志霖著：《世界通史：前工业文明与地域性历史》，上海：华东师范大学出版社，2001年，第330页。

② 何芳川、宁骚主编：《非洲通史》古代卷，上海：华东师范大学出版社，1995年，第7页。

③ 武寅主编：《简明世界历史读本》，北京：中国社会科学出版社，2014年，第314页。

末马里陷入内忧外患的困境，很快被桑海取代。桑海人9世纪末占据尼日尔河流域的加奥，并以此建立国家。桑海虽然在13世纪初被马里帝国征服，但很快赢得独立并日益强大，16世纪初达到顶峰，统治着今天的马里、尼日尔、尼日利亚等国。桑海经济繁荣，控制着廷巴克图、泽内等商业重镇。君主们崇尚阿拉伯文化，奖掖学术，实现文化昌盛。16世纪末桑海在摩洛哥人的大举进攻之下衰落，并于1680年亡国。此后西非地区陷入部族混战，再无强大政权兴起。

——摘编自武寅主编：《简明世界历史读本》，北京：中国社会科学出版社，2014年，第314页。

教师设问：① 依据材料制作西非三个奴隶制国家发展的大事年表。

② 结合材料依据课文相关内容，比较西非三个奴隶制国家的异同。

参考答案：略。

教师引导学生分析：西非先后崛起的奴隶制国家的异同应从同和异两个方面去分析。"同"可从社会发展阶段、宗教信仰、经济特点等方面去总结。"异"可从时空差异、发展程度、经济特征、文化差异等方面去分析。比如，马里的国王曼萨·穆萨被称为金矿之王，而桑海帝国的廷巴克图大学则昭示着伊斯兰学术文化的昌盛。

【设计意图】 关于西非地区的古代国家，学生需要明确西非三大古国的更替及其主要特点。阅读教材及材料的内容可以梳理出古代王国的更替，但是关于特点问题需要借助材料得出正确结论。更重要的是需要借助材料培养学生的史料实证意识。设计指向有二：问题①的设计指向历史解释水平二，即能够选择、组织和运用相关材料并使用相关历史术语，对个别或系列史事提出自己的解释；问题②的设计指向比较历史事实的异同，把握不同历史事物的关键特征。

教师讲述：在非洲古代的历史上，古埃及在新王国时期确曾出现过向帝国发展的趋势，但这种趋势毕竟没有能变成现实。因为尼罗河三角洲所支撑起来的古代农业，是绝没有实力去建立一个幅员辽阔、连省跨洲的大帝国。不仅如此，甚至连控制上埃及地区的力量都时常令人怀疑。埃塞俄比亚的古代统治者虽然从阿克苏姆时代起就给自己冠以"万王之王"的美号，但他们所君临的，实在只能称作一个较大的王国。真正平心而论，在古代非洲，只有西苏丹地区的马里和桑海国家，具备了成为古代帝国的雏形。而且，无论是埃及、埃塞俄比亚、马里还是桑海，所有古代非洲那些稍有帝国趋势或稍具帝国雏形的大王国，没有一个是从城邦发展起来的。这大致是因为古代商业民族所追求的是利润而不是领土，而着意追求幅员广阔的，往往是那些古代农业民族和游牧民族。①

过渡：大津巴布韦是南部非洲文明的代表。

(3) 南非津巴布韦文明

材料六 非洲中部和南部较为落后，其文明发展进程与班图人的大迁徙有密切关系。班图人原来住在赤道以北的喀麦隆高原，公元初年开始分西、中、东三路向南迁徙，这股迁徙浪潮一直持续到19世纪，将铁器、畜牧业和农业传播到赤道以南非洲的大部分地区，并促成一些地区产生了国家，其中最著名的是刚果和津巴布韦……南班图人中的马卡兰加人在5世纪前后建立莫诺莫塔帕国，并以津巴布韦(意为石头城)为首都。莫诺莫塔帕也是在原始

① 何芳川、宁骚主编：《非洲通史》古代卷，上海：华东师范大学出版社，1995年，第7页。

公社解体基础上形成的早期国家，甚至还保留着母系氏族制的遗风。14、15 世纪时期全盛时期，版图包括津巴布韦、莫桑比克南部、波兹瓦纳东部和南非北部一带。莫诺莫塔帕国以农业和畜牧业为主，手工业和商业也很发达，但最引人注目的是其建筑技艺，如津巴布韦古城，包括城墙、高塔、神庙、宫殿、住宅等建筑在内，主要由雕凿平整的花岗石砌成，细微之物精致美观，高大之物气势雄浑。16 世纪以后，莫诺莫塔帕在葡萄牙等欧洲殖民势力的侵掠下渐趋败亡。

——摘编自武寅主编：《简明世界历史读本》，北京：中国社会科学出版社，2014 年，第 315 页。

教师设问：南非津巴布韦是一个什么样的国家？它为什么走向衰落？

参考答案：津巴布韦是一个早期奴隶制国家，经济以农业、畜牧业为主，手工业和商业比较发达，建筑业最引人注目。它的衰落与近代葡萄牙的殖民入侵有关。

【设计意图】 教材对津巴布韦的解释，难以使学生认清津巴布韦的来龙去脉。通过材料分析可以纠正这方面的弊端。同时教师引导学生分析材料，可以培养学生概括梳理历史信息能力和运用历史信息阐释历史问题的能力。问题设计指向历史解释水平二，即能够选择、组织和运用相关材料并使用相关历史术语，对个别或系列史事提出自己的解释。

教师讲述：总之，古代非洲各地区、各民族的社会发展进程很不平衡。进入中古时期，北非、西非、东非和南非的某些地区曾创造过较高的文明，也曾经跨入奴隶制社会，然而在撒哈拉以南广大区域内，也还有为数相当的民族依然徘徊在古老的原始氏族状态之下①。

（二）古代美洲文明

教师讲述：现在我们一提起美洲，总会想到美国人、加拿大人、墨西哥人、巴西人、阿根廷人等。实际上，这些概念都是近代才出现的，在古代美洲，最早的原始居民都不是这些来自欧洲的移民及其后代。正如非洲的土著居民是名为班图人的黑人一样，美洲的土著居民是被哥伦布命名的印第安人，他们才是美洲最早的主人。他们创造了哪些辉煌的文明？古代美洲印第安人的文明是如何发展的？这是我们了解古代美洲文明必须要研究的问题。

1. 古代美洲印第安人概况

材料七 历史学家和人类学家一般都认为，美洲人是亚洲人的后裔。后者至少在 2 万年前越过白令海峡——当时那里还有大陆桥——而来到美洲。在这块大陆上，沿着中美洲的东海岸（墨西哥中南部、危地马拉和洪都拉斯），与南美洲的西海岸（安第斯山脉）一带，出现了数种极为先进的人类文明。其中最主要的三个分别是玛雅文明（现在的尤卡坦半岛、危地马拉和伯利兹城）、阿兹特克文明（位于现今的墨西哥）和印加文明（从厄瓜多尔中部一直延伸到智利中部）。其中玛雅人最具艺术和科学潜质，他们的势力和文化在公元 600 年左右达到鼎盛，从而成为当时最先进的文明。850 年左右玛雅文明开始衰落。相比之下，阿兹特克文明更具军事化特征。1400 年左右，阿兹特克人依靠军事力量建立了一个强大的国家。而印加人则以秘鲁的安第斯高地为基地，在 15 世纪早期实力逐渐增强。通过建立一个具有高度权威性的中央集权制国家，他们对自己的人民实施严格的控制。

① 王斯德主编，沈坚、金志霖著：《世界通史：前工业文明与地域性历史》，上海：华东师范大学出版社，2001 年，第 321 页。

——摘编自[美]丹尼斯·舍曼等著,李义天等译:《世界文明史(第4版)》,北京:中国人民大学出版社,2012年,第252—253页。

教师设问:①观察《中外历史纲要》下册第30页美洲文明分布示意图,结合材料相关内容,制作美洲印第安文明发展大事年表。②依据相关内容说明印第安文明的贡献及特点。

参考答案:①略。 ②依据教材的内容可知,印第安人是古代美洲的原始居民,他们培育了许多后来影响世界的农作物,如玉米、番茄、马铃薯、花生等;从古代美洲文明分布示意图可知,公元5—7世纪在中美洲地区形成了玛雅文明;14世纪前期在墨西哥地区兴起了阿兹特克文明,16世纪初印加国家发展到鼎盛时期。

【设计意图】 教师设计问题要求学生阅读教材文字和历史地图,概括古代印第安人简况,意在通过学生的概括培养学生的历史时空观念和解释历史事物的能力。

过渡:通过上述活动,我们基本了解了印第安文明的基本情况,玛雅文明、阿兹特克文明和印加文明创造了十分辉煌的印第安文化。它们的文化有什么相同之处?又各自有什么特点?这些文明为什么没有能够保存下来?这是我们需要进一步探究的问题。

2. 古代美洲印第安三大文明的成就及特点

表1 美洲印第安三大文明成就一览

	政治	经济与文化
玛雅人	建立了众多城市国家。氏族首领、贵族和祭司构成了统治阶级;一般氏族成员成为平民,从事农业和手工业	农业以种植玉米为主;城市建筑精美;擅于制作陶器;发明了独特的表意文字;用复杂的历法纪年;采用20进位制
阿兹特克人	上层阶级垄断官职,掌握军队;被征服者由原来的部落首领管理,但需向阿兹特克人缴纳贡赋;都城特诺奇蒂特兰,最著名的建筑是上面建有神庙的太阳金字塔	经济基础是农业。他们发明了"浮动园地",扩大了耕地面积
印加人	最高统治者是国王,世袭继承,拥有行政、立法和军事大权。印加帝国将全国划分为四大政区,每个政区设立一个长官,由贵族充任。政区之下,再按照人口多少设置各级官员	它的土地、矿藏和牲畜归国家所有;帝国修建了完善的道路系统,用于传递政府的命令和情报,以及调动军队;建筑艺术高超

教师设问:阅读"美洲印第安三大文明成就一览",比较三大文明成就的异同。谈谈你对美洲印第安文明的评价。

思路引导:可从不同的思维角度来归纳、概括答案,如经济、政治、思想文化的差异及一致性。评价则需要史论结合,即观点与证据的科学统一,评价除体现初步的史料实证素养之外,还需要注意全面性,避免角度单一,结论偏颇。

教师讲述:美洲印第安文明的发生和发展都极为特殊。它崛起于雨林地带而非大河流域,并且是在与亚欧大陆文明主体相对隔绝的状态下独自产生和发展起来的,各区域相互隔绝,少有交往与融合,美洲文明内部的子文明呈现出多样性和不平衡性[①]。

---

① 武寅主编:《简明世界历史读本》,北京:中国社会科学出版社,2014年,第308页。

3. 印第安文明的毁灭

材料八　尽管这些成就令人刮目，但事实仍然是，一小撮西班牙征服者，便轻而易举地摧毁了这三大文化，究其根本原因，还是千百年来的孤立隔绝所造成的恶果，但随着西班牙人到来而引起的冲突发生时，这种孤立隔绝到底意味着什么呢？它意味着，首先，最重要的一点是，印第安人在新来的欧洲人和非洲人带来的疾病面前，毫无免疫能力，这比欧洲人野蛮的剥削还要严重得多。

……数千年来的孤立隔绝使印第安人在军事上与在生理上一样不堪一击。1500 年时美洲印第安人的技术水平，仅相当于公元前 1500 年的西欧人和公元前 3500 年的中东人的技术水平。尽管他们在培育植物方面取得了辉煌的成就，但是除了仅能最低限度地保证远远少于旧大陆居民的食物需求之外，他们从未发展过耕作技术，他们只有石质、木质及骨质工具，还不能熔炼矿石，因此也就没有西班牙人那样的刀剑和火器。起初，美洲印第安人被西班牙人的火器发出的声响和射杀效果，吓得魂不附体。那些冲锋陷阵的骑兵，也令他们胆战心惊，以为人和马是合为一体的可怕动物。

——摘编自[美]斯塔夫里阿诺斯著，王红生译：《全球分裂——第三世界的历史进程》，北京：北京大学出版社，2017 年，第 71 页。

教师设问：依据材料分析灿烂的印第安文明毁灭的原因。

参考答案：西班牙殖民者最终毁灭了印第安文明。毁灭原因：西班牙的殖民扩张，印第安人相对落后的生产力，封闭的社会环境及对外来疾病缺乏免疫力等。其他言之成理即可。

【设计意图】　教师引导学生分析历史资料，让学生了解印第安文明的结局，培养学生分析和评价历史事件的能力。

【课时小结】

在 15 世纪西欧殖民者入侵以前，非洲（尤其是撒哈拉以南的大部分地区）和美洲的历史大致上是独立发展的。一般认为，非洲是人类的发祥地，也是最早迈入文明门槛的地区之一。继古埃及文明之后，努比亚、埃塞俄比亚、北非、西非、东非沿海及南非内陆，都曾相继产生过独具特色的文明。而印第安人在数万年前由亚洲辗转迁移至美洲大陆，则给这块西半球的亘古荒陆注入了盎然生机。他们利用大自然赋予的财富，以自己的聪明才智，创造了灿烂的玛雅文明、阿兹特克文明和印加文明。[①] 在世界未曾真正连为一个整体的年代，中古时期各地文明都有自己的特点。

单元总结

教师讲述：通过本单元的教学，我们学习了中古时期的欧洲、亚洲和古代非洲与美洲的历史，大家会发现中古时期的各洲文明多元而丰富。但是深入思考后，你就会发现，关于中

---

① 王斯德主编，沈坚、金志霖著：《世界通史：前工业文明与地域性历史》，上海：华东师范大学出版社，2001 年，第 321 页。

古时期世界的认识我们也仅仅是刚起步。因为有很多问题不看不知道，一看吓一跳，如果我们翻看学术界的研究成果那就更是百花齐放，百家争鸣。比如这段历史，我们常用中古这个时间概念来表示，也有很多人用“中世纪”来概括这个历史阶段，而对“中世纪”的看法也是五花八门，见仁见智。研究这些问题，有助于整体了解本单元的历史阶段特征。

材料一 “中世纪”一词在拉丁文中是 Medium aevum，意即“中间的时代”，英国人把它翻译作 Middle ages，法国人把它翻译作 Moyen age，德国人把它翻译作 Mittelalter，也都是一个意思，中世纪是“古代和近代之间”的一个时代。通常，人们把它的开端确定在民族大迁徙（约 375—568 年），更精确地说，确定在罗马世界帝国的崩溃（476 年）。一般来说，以诸多划时代事件为标志的从 15 世纪到 16 世纪的转折被看作是它的终结（1453 年君士坦丁堡被攻占、文艺复兴、1492 年发现美洲、1517 年宗教改革开始等）。该词起源于何处，学术界目前比较公认的说法认为是意大利人文主义历史学家比昂多（Flavio Biondo，1388—1463）最先使用。比昂多在其《罗马衰亡以来的千年史》中摈弃了认为 6 世纪之后的历史是罗马史的继续的传统观念，认为古代史已经随着西罗马帝国的灭亡而结束，在那之后开始了一个新的历史时期。而这一历史时期到比昂多自己生活的时代又已经结束了。于是，他把这一历史时期称之为“中世纪”。用“中”这个词，不仅意味着这段历史时期是处在古典文化和他自己那个时代的文化这两个文化高峰之间的低谷，而且暗含着业已开始的时代将是一个永恒的时代的意思。在这里，“中世纪”一词在文化学上所包含的贬义已是清晰可见。

——摘编自田薇：《关于中世纪的“误解”和“正名”》，载《清华大学学报（哲学社会科学版）》，2001 年第 4 期。

材料二 中世纪始于 5 世纪，迄止于 15 世纪，整整横跨 1 000 年。仍有些人认为，这 1 000年是人类走过的一段漫长而愚蠢的弯路，这 1 000 年的贫穷、迷信和黑暗，横亘在罗马帝国古老的黄金时代和意大利文艺复兴的新黄金时代之间。对于许多其他人来说，中世纪就是黑暗时代，是楔入古罗马和文艺复兴之间的一个巨大错误；而在 15 世纪的某个时刻，这种黑暗就烟消云散了，欧洲苏醒了，沐浴在明媚的阳光下，开始重新思考。在经历长时间的停息之后，人类再次迈出前进的步伐。

这种落伍的观点，最早是由中世纪末期的文艺复兴人文主义者和新教徒们提出的。人文主义者希望回到古罗马的盛世，而新教徒则希望恢复基督教最初的传统。对这两类人来说，中世纪这 1 000 年是一个障碍，是过去的荣光和当前的希望之间那沉睡的荒原。由于种种原因，对中世纪的这种不公道的观点持续了整整 500 年。

无论如何，中世纪都不是一个沉睡的可怕的时代，那是一个充满变化的时代。公元 600 年的欧洲和公元 1100 年或 1400 年的欧洲有着截然不同的景象。中世纪早期（约 500—1000 年）指成形时期。这段时期动荡不安，变化不断，从西罗马帝国的分崩离析，延续到较为稳定自信的西欧文明的出现。中世纪中期（约 1000—1300 年），人口逐渐增长，财富得以汇聚，城市得到发展，教育得到振兴，疆域也在扩张。这几个世纪里，我们也看到了宗教改革、学术进步，以及——非常不幸地——对少数民族的迫害。中世纪晚期（约 1300—1500 年）则见证了可怕的灾难以及社会形态的变化。在 1300 至 1350 年间，欧洲惨遭饥荒和瘟疫的肆虐；然而在 1500 年时，欧洲的生产技术、政治结构和经济组织的发达却使之与世界上的其他文明相比，具有绝对优势。

——摘编自[美]朱迪斯·M. 本内特等著，杨宁、李韵译：《欧洲中世纪史》，上海：上海社会科学院出版社，2007 年，第 2 页。

教师设问：① 依据以上材料指出中世纪的时间范围。依据材料二内容制作能够反映 500 至 1500 年间欧洲发展演变的示意图。

参考答案：时间范围：中世纪或中古时期一般指西罗马帝国灭亡之后的 5 世纪到公元 15 世纪这一历史阶段。

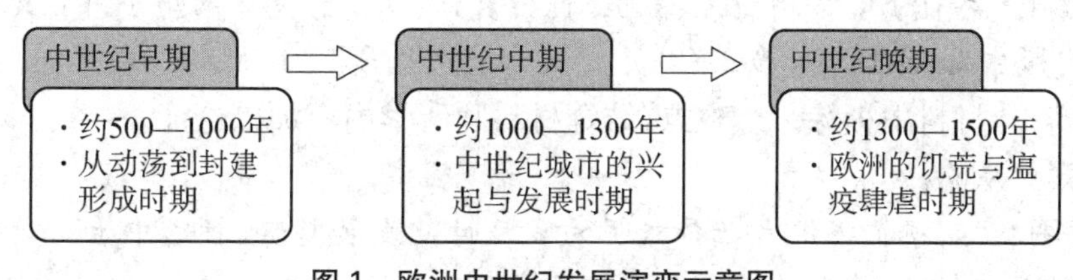

图 1　欧洲中世纪发展演变示意图

教师设问：② 概括材料中关于欧洲中世纪的两种不同观点，并分析观点产生差异的原因。

参考答案：观点不同：以意大利历史学家比昂多代表的学者认为中世纪是介于罗马帝国黄金时代到文艺复兴新黄金时代之间的中间期，是历史发展的低谷，充满着黑暗、迷信和愚昧。而美国史学家本内特等人认为中世纪是一个充满变化的时代，中世纪孕育着社会进步的因素。

观点差异的原因：比昂多是文艺复兴时期的史学家，文艺复兴时期的思想家需要冲破中世纪的思想束缚，因此对文艺复兴之前的社会持批判态度。而美国史学家本内特为现代历史学家，对文艺复兴前的历史，能够站在相对客观的立场上发现中世纪的进步因素及中世纪与近代的内在联系，因此能够看到中世纪的进步性。

【设计意图】 学生通过概括材料内容，了解学术界对欧洲中古时期的不同评价，并能够运用材料分析形成对中世纪不同评价的原因。

教师讲述：实际上不仅仅是对欧洲中古时期学术界评价不同，如果我们把眼光放远就会发现，在同一历史时期，欧洲大陆之外，亚洲、非洲、美洲甚至澳洲都有独特的文明。如何看待这些文明，也是我们需要深入思考的问题。

材料三　远在基督降生之前，文明之花就开遍除澳大利亚以外的每一片大陆，加深并加快了史前时代人类行为模式的分化进程。人类文化的多样性，在历史最早期就已经十分明显，哪怕最不经意的一瞥也不难发现。当堪称一代经典文明的地中海世界最终走向无法修复的崩坏时——公元 500 年可以作为粗略的界标——世界上已满是彼此间形成鲜明对立的文明。

彼时，世界的大部分地表依旧是文明的荒野，只有相对稀少的区域实现高度文明。在每一块文明区域中，都有一些与众不同的强大传统，往往充满自我意识，在很大程度上独立于外界。此后的 1 000 多年，文明之间的差异继续加深。到公元 1500 年左右，人类的多样性和分化可能达到了空前绝后的程度，占统治地位的单一文明依然没有出现。

作为结果之一，中国、印度、西欧和伊斯兰文明都独立存续了相当长的时间，足以在我们的世界布局中留下不可磨灭的痕迹。说来矛盾,这些文明能够共存的原因之一,是所有文明在某方面都非常类似。大体而言,都以自给自足型农业为基础,都以风力、畜力、水力或人力为主要的能量来源。没有任何一方能获得压倒性的实力来改变其他文明。在任何地方,传统的力量都十分惊人。当时所有人都要遵守的习规尽管各有不同,但全都不容置疑……而使他们彼此隔离的壁垒,要到公元 1500 年以后很久才出现不可修复的裂痕。在那之前,大多数文明都按自己的步调前进,只是偶尔才明显表现出受外界干涉的影响。

——摘编自[英]J. M. 罗伯茨著,陈恒、黄公夏译:《我们世界的历史Ⅱ:文明的分化》,上海:东方出版中心,2018 年,第 3—4 页。

教师设问:从材料中提炼一个观点,结合材料和所学内容加以论证。

参考答案:(从略。)

【设计意图】 宏观把握中古世界文明的多元性及发展趋势,打通中古与近代发展阶段之间的内在联系,为下一单元的近代史学习提供课程支持。

第三部分

学习资源拓展

第3课　中古时期的欧洲

材料一　欧洲的封臣制度

封臣制起源于日耳曼社会，当时武士向他们的领主宣誓效忠。他们为领主而战，作为回报，领主则为武士提供所需用品。在中世纪早期的社会中，贸易量很低，财富主要来源于土地收入，于是土地就成为领主所能补偿封臣服兵役的最重要的赠礼。授予封臣土地以换取他服兵役的土地制度逐渐发展为采邑制。领有采邑的封臣可以在自己的领地内享有司法、行政和立法权。鉴于9世纪加洛林帝国的分崩离析，国王无法提供有效的安全保证，分封制得以迅速扩展。面对外族入侵和诸侯战争，分封制度促使了城堡的发展；反过来城堡的大规模兴建又强化与扩展了分封制度。

——摘编自赵阳：《西欧中世纪城堡的意涵与源起》，载《历史教学问题》，2012年第2期。

材料二　中古西欧的君权与教权

(西欧的)君权与教权在斗争中互有消长。这一类型主要是西欧诸国……法兰克国王皈依罗马教以后，多神教信仰依然强大，高卢教会的势力处于从属地位。因此在法兰克的初期，教权不可能与掌握刀剑的君权分庭抗礼。在矮子丕平与查理曼父子统治时期，教皇与君主建立了联盟，宗教势力逐渐抬头。法兰克君主借助这个联盟，篡夺了墨洛温王朝的政权，并把势力扩展到意大利，做了“罗马人皇帝”，成为西罗马传统的合法继承者，可以与拜占庭皇帝平起平坐；罗马教皇借助这个联盟，消除了伦巴德人的威胁，以“丕平献土”建立教皇国，压制了罗马贵族的叛乱，摆脱了拜占庭的控制。这个联盟对双方都有好处。6至9世纪总的说来，君权高于教权，但教权已开始抬头。

11至14世纪初，具体说从格雷戈里七世即位(1073)到克勒芒五世在阿维农建立教廷(1306)，是教权昌盛的历史时期。神圣罗马皇帝与教皇争夺主教授职权的长期斗争，使教权愈益强大，君权走向衰落……通过教皇与皇帝的斗争以及教会改革的成功，教权愈来愈强化，达到历史上从未有过的高峰。西欧各国一切重大事务都必须得到教皇的首肯。13世纪初，教皇英诺森三世(1198—1216在位)动员欧洲各国教会帮助确立“教权至上”的地位。他说：“教皇和国王，犹如太阳和月亮。月亮从太阳借得了光辉，国王从教皇手中获得权力。”英诺森三世说，王公选举皇帝的权力是教皇赋予的。教皇有权决定皇帝的人选，使教皇的权力成为强制性的……英诺森三世发动了第四次十字军，攻陷了君士坦丁堡；发动了镇压法国南部阿尔比派的十字军；干涉神圣罗马皇帝的选举；平息罗马豪门贵族的斗争等等，教权盛极一世。

14世纪“阿维农囚禁”(1308—1378)之后,教权开始走下坡路。随着欧洲中央集权民族国家的形成,教权更加处于不利的地位。

——摘编自朱寰:《略论中古时代的君权与教权》,载《东北师大学报(哲学社会科学版)》,1993年第6期。

材料三　中古后期西欧的城市发展

到公元10世纪,欧洲大陆的政治格局逐渐安定下来。阿拉伯人向欧洲的扩张得到遏制,东西方的势力达到暂时的平衡。不断骚扰欧洲大陆的斯堪的纳维亚人退了回去,东斯拉夫人和匈牙利人的入侵也被击退了。欧洲进入了一个相对和平的时期,经济也随之开始复苏。到公元11世纪,商业与贸易再次兴盛起来。在意大利和佛兰德斯,商业最先发达起来。意大利的商人重新打开了同东方的贸易,在西欧与拜占庭和阿拉伯世界之间架起了一座通商的桥梁;而佛兰德斯则是波罗的海沿岸地区同西欧各地之间贸易的中转站。正是在这两个地区,城市又开始重新复苏,并迅速发展起来。在意大利,以威尼斯、热那亚和比萨为代表的商业城市成为最为繁荣的国际性都市,它们吸引了来自东西方的商人;佛兰德斯、布鲁日、根特、依普热、里尔等成为南北方货物的主要集散地,它们是北欧、法国、英格兰,甚至意大利商人经常出没的地方。

市场的需要、商业和贸易的发展反过来又刺激了手工业的生产。很快,手工业生产和手工业者也加入到城市生活的行列之中。在这样的背景之下,城市一旦在意大利和佛兰德斯兴起,便迅速扩散到整个欧洲。到13世纪中叶,在欧洲业已形成了前工业时代的城市网络。在最大的城市巴黎,人口达到10万以上;人口超过5万的城市将近10座,其中绝大部分都在意大利,人口超过1万的城市达到60、70座,而拥有几千人口的小城镇则更是多达几百座。

——摘编自黄洋、付昱:《欧洲中世纪城市的兴起与市民社会的形成》,载《探索与争鸣》,1998年第2期。

材料四　欧洲民族国家演进的历史趋势

从历史的角度看,欧洲现代的民族国家和民族主义有一个逐步发展和成熟的过程,如果以法国大革命作为一个划分的阶段性标志,那么,可以将在此之前看作是欧洲各国从绝对主义君主国向现代民族国家过渡的阶段。这一阶段是几个西欧国家相互争霸的过程,也是这些国家逐步向现代民族国家转化的过程,但最终结果是,只有英国在几个世纪中完成了由绝对主义君主国家向现代民族国家转化的任务,成为了其余欧洲国家效仿的榜样。现代民族国家与民族主义有一个从起源到成型的逐步发展过程,但这种发展,并不是整个西欧国家的同步行动,而是部分国家率先起步,其余国家随之跟进的过程。

……在欧洲,民族国家的前身是各类绝对主义君主国家。从近代开始,以欧洲各等级封建君主国为基础发展而来的这些国家,如西班牙、葡萄牙等,都具有某些民族国家的特性,然而又都不充分。其统治者控制着一定的疆域,能够行使对内和对外的大部分的国家权力,但其民众除开血缘的认同外,却并没有现代意义上的公民权利,统治者也不能宣称自己的统治代表着民族的利益。这样的国家是欧洲各民族向现代民族国家转化的雏形。由于这样的转化不可能在一夜之间完成,所以,一个“典型”民族国家的产生,需要一个较长的孕育和发展的时期。也正因如此，即便是英国，也是经历了漫长的岁月，才形成了现代意义上的民族国家。

——摘编自陈晓律：《欧洲民族国家演进的历史趋势》，载《江海学刊》，2006 年第 2 期。

材料五　拜占庭帝国的历史分期与早期历史

自 330 至 1453 年君士坦丁堡被奥斯曼土耳其军队攻陷，拜占庭历史经历了 1 100 余年。在此期间，拜占庭历史发展大体可以划分为 3 个阶段：即 330—610 年的早期历史阶段、610—1056 年的中期历史阶段和 1056—1453 年的晚期历史阶段。

早期拜占庭国家经历了由古代社会向中古社会的转变，为了能够在普遍混乱和动荡中找到稳定的统治形式，拜占庭帝国皇帝作了多种尝试，其中以君士坦丁大帝和查士丁尼一世的改革为突出的代表。查士丁尼一世以其毕生精力企图重建罗马帝国昔日的辉煌，力图恢复古代罗马帝国的旧疆界，其努力最终失败，标志着在旧社会的框架和制度中寻求建立新秩序的时代结束。565 年查士丁尼一世去世后，拜占庭帝国陷入内外交困的危机，政变不断，外敌入侵、农田荒芜、城市缩小、人口减少，包括大地主和小农在内的农业经济瓦解，特别是斯拉夫人、阿瓦尔人、波斯人、阿拉伯人、伦巴底人等周边民族的四面围攻加剧了形势的恶化。

——摘编自陈志强著：《拜占庭帝国通史》，上海：上海社会科学院出版社，2013 年，第 30—31 页。

材料六　拜占庭与中世纪西欧法律意识的区别

拜占庭的法律意识与中世纪的西欧有着本质的区别，这种区别在 13—15 世纪表现得尤为明显。此时西欧国家已出现了未来民族国家诞生的思想基础。如果说此时的拜占庭帝国，中央集权制刚刚开始削弱的话，那么在西欧的法国和英国已经出现了一些代表机构，这些机构将法学家们汇聚在一起，专门研究主权国家的法律原理，反对君主独裁，削弱教会影响世俗社会的法律法规。在 16—17 世纪，经由让·博丹、托马斯·霍布斯、巴鲁赫·斯宾诺莎、约翰·洛克、伏尔泰进一步发展成为公民社会、世俗政治、法律意识的理论基础。再晚些时日，经由让-雅克·卢梭、孟德斯鸠、大卫·休谟、伊曼努尔·康德发展成为西欧国家所遵循的民主、自由、宪法等基本思想。可以认为，西欧国家早在中世纪前期就已经出现了相关法律意识的雏形；但在拜占庭帝国，封建传统的牢固程度无与伦比，有关法律法规条文的变化根本无从寻觅。在帝国存在的千年历史中，古希腊罗马法具有绝对权威的优势，甚至在政策法律方面，依据的也是古希腊罗马法以及基督教教规。按照规定，在拜占庭帝国，个人权益和公共权益必须有着严格的区别，而在中世纪的西欧，个人权益和公共权益的区分则已经相当模糊了。

——摘编自[俄]克·弗·赫斯沃斯托娃，云继洲译：《拜占庭文明——独特的历史文明模式》，载《史学史研究》，2012 年第 2 期。

材料七　拜占庭文明的传播

借十字军东征和威尼斯共和国的海上贸易，西方人在拜占庭帝国发现了古希腊、罗马文化经典作品的手稿。只是在将上述作品翻译之后，西方人才真正了解了古希腊、罗马文化。再如，在拜占庭文明早期形成的《罗马民法大全》不仅是《拿破仑法典》的范本，而且也是现代资本主义国家制定法律的依据，因为它较为全面和系统地保护了私有制。不仅如此，西方乃至东方的建筑、书籍装帧及镶嵌画艺术等也深受拜占庭文明的影响。拜占庭文明对斯拉夫文化的影响则更为深远而广泛，它不仅为俄罗斯提供了国家形式和官僚体制，更为俄罗斯文化奠定了从语言文字到宗教信仰的精神基础。

俄罗斯的标志性建筑——坐落在莫斯科红场上的圣瓦西里大教堂明显地不同于西方的哥特式建筑，当属典型的拜占庭风格，将巨大的圆形屋顶安稳地置于并不很厚的四面墙壁上，这正是拜占庭建筑艺术的高明所在。圆形屋顶象征着天穹，是圣徒们向上帝许诺的地方。十字型圆顶教堂是拜占庭，也是俄罗斯，甚至东方的土耳其教堂建筑风格的最重要特征。

——摘编自张广翔、刘玉宝：《拜占庭文明的特征及对世界文化的影响》，载《史学理论研究》，2007 年第 3 期。

材料八　中世纪斯拉夫文化的发展

早在 6 世纪，当斯拉夫人进入巴尔干半岛时，他们就开始接触基督教世界，但是他们没有对基督教发生兴趣。经过两个多世纪，出现了斯拉夫人的政治联合和早期封建国家，继续奉行多神教不利于国家的统一和君主政权的巩固，基督教的政治文化价值渐渐为斯拉夫国家的王公贵族所认识。接受基督教可以学习基督教欧洲国家先进的政治文化和管理国家的经验，争取在基督教欧洲国家中取得平等的地位，摆脱强大邻国神圣罗马帝国和拜占庭帝国的干涉和侵略。

……

斯拉夫国家接受基督教，意味着从“野蛮”进入“文明”，加入了欧洲基督教国家大家庭。神圣罗马帝国和拜占庭帝国互相争夺在斯拉夫国家中间的影响。斯拉夫国家从两个不同的文化中心，即拉丁西方和拜占庭东方接受基督教，出现了彼此间不同的文化差异。随着教会的分裂（1054 年），他们也就不由自主地被纳入两个不同的文明区：西方天主教文明区和拜占庭东正教文明区。

——摘编自刘祖熙：《中世纪斯拉夫文化刍议》，载《世界历史》，2001 年第 5 期。

材料九　东正教的罗斯化

基辅罗斯国家形成较晚，原有的多神教即崇拜众多神祇的宗教，在国家发展过程中已不适应统治阶级的需要。而周边国家大多信仰一神教即只供奉和崇拜一个神的宗教。一神教比多神教更有利于社会的稳定和国家的统一。为了加强统治，巩固新兴国家，发展对外交往，988 年罗斯国家开始把拜占庭基督教定为国教。作为一神教的拜占庭基督教依附于世俗政权，强调王权高于教权，有利于强化王权的统治。

一方面由于东正教具有罗斯化的条件：允许民族教堂的存在，允许用民族语言传教和举行宗教仪式等；另一方面，罗斯大公、宗教人士和民众有使东正教罗斯化的主观愿望：摆脱拜占庭的政治、宗教束缚，东正教与民族因素相融合等，在罗斯大公、宗教人士和民众的共同努力下，通过东正教的自主化即增长教会实力，独立选举、任命教会首脑；罗斯宗教理论本土化即宗教崇拜的本土化，创立民族宗教理论；教会礼仪本土化，即仪式、节日、语言等的民族化。东正教会的自主化和宗教理论及礼仪等方面的本土化是同时进行的，二者共同作用，完成了东正教的罗斯化。

——摘编自杨翠红：《试论东正教的罗斯化》，载《史学集刊》，2004 年第 1 期。

材料十　统一的俄罗斯国家的形成

莫斯科公国从14世纪初就开始了统一东北罗斯的斗争，到瓦西里三世最后完成统一大业，整整经历了两个多世纪的艰巨、曲折和复杂的历程。在这漫长的岁月里……历代莫斯科大公都把统一东北罗斯的事业当作自己政策的最高归宿。他们的目标一致，政策一贯，浴血奋战，始终不渝，最后终于达到了统一东北罗斯的目的。

历代莫斯科大公都是封建统治者。但他们始终是罗斯各国摆脱蒙古统治和抵御外国侵略的领导者和组织者。罗斯各国的统一是在推翻蒙古统治和反对外国侵略斗争中同时进行和逐步实现的。虽然罗斯的城市居民和农民是同割据势力和蒙古压迫进行斗争的“主干”，但它的领导权却从始至终为莫斯科大公所掌握。在大公政权领导之下所统一的俄罗斯国家，必定是中央集权的国家。一个中央集权的政府，一个君主，是消灭封建割据势力的必然结果。君主专制是统一的俄罗斯国家的政体，大公则是中央集权的俄罗斯国家的最高君主。由此可见，在封建主义上升时期俄罗斯国家统一的历史与道路，同一些西欧国家完全不一样。有些西欧国家消灭了封建割据，统一为一个国家后，为资本主义的发展开辟了道路。而东北罗斯统一的结果，却是巩固了封建制度，确立了农奴制度和建立了君主专制制度。

——摘编自张义德：《略论统一的俄罗斯国家的形成》，载《南开史学》，1980年第1期。

第4课　中古时期的亚洲

材料一　阿拉伯的文化特点

阿拉伯人热衷于国际商业活动，他们有较宽阔的胸怀，远大的眼光，较少保守性，善于吸收和利用各族人民文化成果。阿拉伯帝国极盛时期，包括了古代文明发达较早的各个重要中心基地，如两河流域、埃及与波斯等，这些地方文化水平高，基础雄厚，实力强，是古代天文学、几何、数学计算、医学的发源地。帝国还与印度、中国、拜占庭及古代希腊、罗马帝国发祥地相邻。通过商业活动、文化交流与战争，使游牧民族受到先进文化的熏陶，他们把波斯语、梵语、叙利亚语和希腊语作品翻译成阿拉伯语，吸收古代希腊、罗马文化、印度文化等的优秀成分，逐渐渗透，形成了有自己个性的文化。

——摘编自朱锡强：《阿拉伯文化形成的原因》，载《史学月刊》，1982年第4期。

材料二　阿拉伯文化的影响

希提指出，在8世纪中叶到13世纪初这一时期，说阿拉伯语的人民，是全世界文化和文明的火炬主要的举起者。古代科学和哲学的重新发现，修订增补，承先启后，这些工作，都要归功于他们，有了他们的努力，西欧的文艺复兴才有可能。

丝绸之路：从公元前2世纪张骞出使西域到16世纪明朝在中国西北地区实力削弱，有一条繁荣了近1 700多年的经济文化大动脉——“丝绸之路”。穆斯林各族人民大多位于丝绸之路附近，东西方文化通过他们在世界范围内得以广泛传播。从陆上丝绸之路的开通到海上丝绸之路的开通，伊斯兰国家都是东西方贸易的中转站，欧亚非三大洲的商人也通过丝绸之路不断进行友好往来，传播各民族文化，成为东西方交流往来的友好使者。中国的稻米、棉花、食糖等经丝绸之路由阿拉伯人传入欧洲，进一步丰富了欧洲各国人民的经济文化生活，促进了欧洲社会的发展。中国的造纸术、指南针、火药和印刷术经由伊斯兰文明影响下的西班牙、西西里和法国部分地区，传往整个意大利乃至欧洲，促进了欧洲文艺复兴运动在这些地区的率先兴起。

中国：随着伊斯兰教传入中国，阿拉伯帝国相对先进的数学、天文历算与航海、地理知识也开始为中国人所了解。此后，中国人开始认识阿拉伯数字，郭守敬、王恂等人编撰出《授时历》，郑和船队做出了七下西洋的壮举等，所以说，阿拉伯人是新航路开辟之前通过丝绸之路沟通东西方文明交流的中间人，而阿拉伯—伊斯兰文化的演进也见证了这一过程……奥斯曼帝国中后期对丝绸之路的控制和对东西方商路的阻隔，强烈刺激了欧洲冒险家探索新航路，对全球政治格局产生了深远影响。

——摘编自李艳枝、李昂：《试析阿拉伯—伊斯兰文化的历史基础及其影响》，载《大庆师范学院学报》，2018 年第 5 期。

材料三　伊斯兰教文化的影响

比这些军事扩张更为显著的是伊斯兰教文化上的成就。尽管被征服的地区曾是人类最古老的文明中心，然而到 11 世纪时，他们语言上已阿拉伯化，文化上已伊斯兰教化。阿拉伯语成为从波斯到大西洋广大地区的日常用语，新出现的伊斯兰教文明是前犹太教文明、波斯—美索不达米亚文明和希腊—罗马文明的独创性的综合体。这种语言和文化的转变一直留存到现在。

——摘编自[美]斯塔夫里阿诺斯著，吴象婴等译：《全球通史》，上海：上海社会科学院出版社，1999 年，第 351 页。

材料四　阿拉伯帝国的衰亡

13 世纪初叶，本来声名大噪的蒙古部族领袖成吉思汗，经过惨烈的斗争，成功统一蒙古各游牧部族，并发动大规模征讨……13 世纪中期，蒙古人又精心策划新的西进运动，成吉思汗之孙旭烈兀，奉大汗之命，跨过乌浒水，觊觎远至埃及的所有伊斯兰教版图。短短几个月，披着长头发的蒙古骑兵，就如秋风扫落叶般横扫波斯，并于 1258 年 1 月攻下巴格达城，他们在这座古都烧杀掳掠。1258 年 2 月 20 日，末代哈里发惨遭诛灭九族。

——摘编自[美]伯纳德·刘易斯著，李中文译：《穆斯林发现欧洲——天下大国的视野转换》，北京：生活·读书·新知三联书店，2013 年，第 26 页。

材料五　奥斯曼土耳其的扩张及影响

13 世纪初，土耳其人奥斯曼攻占了东罗马帝国在小亚细亚的大片土地，建立了奥斯曼王国并不断向外扩张。1453 年，穆罕默德二世率军攻占了拜占庭帝国的首都君士坦丁堡，改称伊斯坦布尔。奥斯曼帝国的苏丹先后征服了西亚、北非的所有阿拉伯国家：1517 年，叙利亚、黎巴嫩、巴勒斯坦完全纳入奥斯曼帝国的版图；同年，攻入开罗，麦木鲁克王朝灭亡，所辖麦加和麦地那成为奥斯曼帝国属地；1518 年，攻克阿尔及尔，1534 年，攻克巴格达和突尼斯，1547 年占领亚丁，1551 年占领马斯喀特和的黎波里，1570 年占领也门。奥斯曼帝国统治时期，阿拉伯文化几乎处于停滞状态，阿拉伯史学家称这一时期为阿拉伯文化的式微时期。自 10 世纪以来，作为埃及文化教育中心的爱资哈尔大学，也只是抱残守缺；包括伊斯兰学科的学习研究，也流于形式，自然科学如医学之探讨，更谈不到了。

——摘编自王根明：《阿拉伯文化的分期和界定》，载《中国穆斯林》，2017 年第 2 期。

材料六　印度历史沿革及沿革简表

古代印度大约有 2 000 年的历史，其间只有孔雀帝国确立了 100 多年的相对统一，其余时间都处于战乱之中……雅利安人各部落经过长期的斗争和融合，到公元前 6 世纪又形成了 16 国争雄的政治局面，即"列国时代"。与此同时，外族的入侵又接踵而至。波斯人和希腊人相继大举入侵印度次大陆，使印度再次陷入战乱之中。其后孔雀帝国的建立，最终统一了北印度。孔雀帝国是印度第一个，也是古代唯一的一个统一强盛的国家，但在阿育王死后不久，帝国就衰亡了。此后，印度再次出现政治分裂的局面，大夏人、希腊人、塞种人、大月氏贵霜人相继对北印度入侵和征服，形成南北对峙局面。中世纪印度有 1 400 多年的历史，其间仅有过断断续续 500 余年的几度统一，其余时间都是战乱与纷争。公元 320 年创立的笈多王朝，是中世纪印度最先取得政治统一的王朝，但随着超日王的逝世，岌多王朝就很快走向分裂和崩溃。7 世纪初戒日帝国建立了中世纪前期第二个统一北印度的封建王朝。然而，戒日帝国也时日不长，只存在了短短的几十年。在它灭亡之后长达 500 余年中，印度次大陆再也未能形成哪怕只是相对的政治统一。直到 13 世纪初德里苏丹国的建立使印度再次获得统一。德里苏丹国虽有五个王朝继起，历时 300 多年，但到第三个王朝统治结束时，即已开始解体，它的兴盛期也不过两个世纪。其后便是战乱、屠杀与劫掠，大小王朝林立，纷争不已，给印度人民带来了深重的灾难。16 世纪初莫卧儿帝国的创立，结束了当时的混乱局面。莫卧儿帝国经历了 17 代君主的统治，共计 331 年的历史。在前 6 位君主统治的 181 年间，莫卧儿帝国由创始进入极盛。但在后 11 位君主统治的 150 年间，莫卧儿帝国则由极盛转入衰落，最终走向灭亡。莫卧儿帝国的兴盛与德里苏丹国一样，也是大约两个世纪。在莫卧儿后期的混乱局面中，西方殖民者趁机而入，插足印度次大陆，最终将印度纳入自己的殖民地版图。但英国的殖民统治政权，从 1859 年英王治理印度开始，到 1947 年结束，总共也不到 100 年。

表 1　印度历史沿革简表

古代印度（公元前 2500 年—公元 3 世纪）	印度河流域文明时代（公元前 2500—公元前 1750 年）
	吠陀时代（公元前 1500—公元前 600 年）
	列国时代（公元前 600—公元前 324 年）
	哈纳王朝南北朝对峙时代（公元前 2 世纪—公元 3 世纪）
中世纪印度（公元 3 世纪—1757 年）	笈多王朝时代（公元 320—540 年）
	戒日帝国时代（公元 606—647 年）
	拉其普特地方王国争霸时代（公元 8—12 世纪）
	德里苏丹国时代（公元 1206—1526 年）
	莫卧儿帝国时代（公元 1526—1761 年）

续表

殖民地印度(1757—1947年)	英国征服印度(1757—1858年)
	印度进一步殖民地化(19世纪后半叶—20世纪初)
	第一次世界大战(1914—1918年)
	非暴力抵抗运动(1919—1939年)
	第二次世界大战及其后(1939—1947年)

——摘编自刘湍康:《浅论印度文明的特征》,载《贵州工业大学学报(社会科学版)》,2007年第8期。

材料七　笈多帝国的特点

虽然王国领土广阔,但是笈多统治者为后世梵文文学传统留下的可以追溯的痕迹很少。因此,我们现有的信息几乎都来自中国、锡兰(今斯里兰卡)和其他佛教香客的记载,因此,像印度历史上其他不太突出的时代一样,有关印度这个伟大时代政治、军事、地理和历史事件的精确记载也是缺乏的。当然,政治信息缺乏本身就是强烈厌恶政治的标志,而厌恶政治是笈多帝国兴起之前近千年里,印度社会和文化的重要特点。

笈多帝国历代君主也许完全继承了印度的传统价值观。所以他们希望政治和国家领域保持相对简单……笈多帝国也资助复兴的印度教作为这种宗教政策的一部分,他们可能也接受了印度教的法律观念,尽管这些观念与统治者处理事物的范围很难统一……因此,宗教、法律、神秘的形而上学、粗鲁的迷信,紧密地交织在一起,互相强化,并且这就是我们迄今所知的笈多时代的公共和政治生活的全部——国家的事务似乎也完全适合同样的习惯。

——摘编自[美]威廉·麦克尼尔著,施诚、赵婧译:《世界史——从史前到21世纪全球文明的互动》,北京:中信出版社,2013年,第163—164页。

材料八　对日本幕府时期锁国政策的批评

如果我们从更长远的、世界历史发展的观点来评价锁国,则锁国政策所造成的消极影响要更多一些,更大一些。

首先,作为封建国家维护落后的封建小农经济的一项保守政策,锁国抑制了商品经济的发展,使得商业资本不能像在西方各国那样迅速成长并很快向产业资本转化,致使日本社会长期在封建的领域内徘徊。锁国后,日本国内的商品经济不仅失去了海外市场和与国际资本的联系,而且由于封建国家政权的各种限制和垄断措施,一度积累起来的商业资本被大量挥霍浪费,部分转入土地经营及高利贷活动。因此直到19世纪中叶,日本仍是一个以"米经济"为主的封建农业国家,远远落后于西方资本主义国家的发展步伐。

其次,由于锁国的限制,日本国内积累起来的商业资本不能用于扩大投资或进入海外市场,致使商人阶层未能顺利转化为产业资本家,而是与国内各种封建势力结合起来,形成日本特殊的豪农、豪商阶层。他们往往一身而兼农、工、商数任,通过高利贷活动与封建武士阶级保持密切的联系。当资产阶级的明治维新运动到来时,他们虽然是这一运动的主要参加者,但却不能负起领导的重任,而把这一重担让给了从封建武士阶级中分化出来的具有资产阶级思想的知识分子——下级武士。这种情况使维新后的日本仍然保留大量封建残余,并且迅速走上了军事封建帝国主义的发展道路。

再次，锁国堵塞了日本人了解世界、学习世界先进科学技术的途径。16世纪的开放政策曾经一度开阔了日本人的眼界，促进了日本民族文化的发展。但随着锁国时代的到来，日本人的目光日益狭小，江户官学之祖林罗山曾于天主教堂见地球仪，大笑曰："此大谬，地下何复有天？盖万物皆有上下，彼无上下矣。此不识真理之戏言耳。"这充分显示了对科学的无知和知识的贫乏。由于在锁国的200多年中，世界上先进的科学技术无法直接到达日本，以致当明治维新即将到来的前夕，那些有志救国的"仁人志士"们只能通过荷兰人("兰学")和中国人(如魏源的《海国图志》)的中介始得窥世界形势之一斑。这就严重妨碍了日本人对世界形势的认识和日本人民曾多次表现出来的民族创造力和民族进取心。当美国海军总督培理率"黑船"叩关日本时，日本国内"万人瞳目"，惊恐万状，有的幕府官员甚至叩头祷告，求神佛保佑，丑态百出。

最后，锁国使日本自缚手足，囿于东方一隅，闭目塞听，妄自尊大，逐渐培养起一种"狭隘的岛国劣根性"。而且由于长期的"和平"局面，也形成了一种民族惰性。武士离乡，弃武从文，兵员日益疲弱，使得国家有海无防，抵挡不住扑天而来的西方浪潮。在列强的武力威胁下，日本被迫开国，签订丧权辱国的不平等条约。这个深刻的历史教训是值得人们记取的。总之，日本德川幕府的锁国政策是应该基本否定的封建保守政策。

——摘编自管宁：《日本德川幕府锁国的原因及其影响》，载《世界历史》，1983年第1期。

材料九　东亚国家的政治、经济、文化联系

在古代东亚国家的建立、中国与周边地区共同构成的东亚早期国际关系中，由于中国在绝大多数时间里都是这一区域实力最强大和文化最先进的国家，因此成为了决定东亚国际秩序与区域格局的主导力量。在此基础上，中国乃至东亚地区数千年来自成一体，构成了一种如巴里·布赞(Barry Buzan)所说的"历史性国际体系"。……又由于中国是东亚地区最大的国家，它悠久灿烂的政治、经济、文化影响巨大，使古代东亚地区这一相对独立的国际体系和国际秩序成了一种以中国为中心的"封贡"体系和秩序。

针对中国与周边邻国形成的朝贡关系，有学者认为还存在着一个经贸意义上的东亚，其中最具代表性的是日本学者滨下武志(Takeshi Hamashita)所描述的因"朝贡贸易体系"而形成的"东亚贸易圈"。他认为，亚洲自古以来就是一个有内在机制的有机整体，"通过以中华文明为中心的朝贡网络，东亚、东南亚、南亚和西亚以朝贡和贸易等多种方式构成了一个有序的地域"。

东亚同时又是一个具有文化内涵的概念。"东亚文化圈"的核心区域随着历史的演进而逐渐拓展，从上古至先秦时代的黄河中下游，至中古逐渐拓展至长江流域和东南沿海地区，渐次延伸至朝鲜半岛、日本、琉球和越南等周边国家。与此同时，保持游牧传统的北方草原、深受中亚文明影响的西域、保有独特文化与生活方式的青藏高原和云贵高原，以及不断受到南亚与伊斯兰文化冲击的东南亚地区，则形成了东亚文化圈的外环地区。

——摘编自杨倩如：《双重视野下的古代东亚国际体系研究》，载《当代亚太》，2013年第2期。

材料十　古代亚洲的文化圈与东亚文化圈的特点

古代亚洲存在着三大文化圈，即以阿拉伯伊斯兰文化为中心的西亚文化圈，以印度教、佛教以及相应的梵文和巴利文经典为共同经典的南亚文化圈，和以汉文化尤其是儒学为中心、以汉文经典尤其是儒家经典为共同经典的东亚文化圈。

严格意义上的东亚文化圈在古代以中国为主干,包括了朝鲜半岛、日本和越南三国。东亚文化圈的形成有其有利条件。中国在春秋战国时期就形成了丰富多彩而又独特的文化,秦汉以后中国文化逐渐影响周边,成为东亚文化传播中心。日、朝、越三国与中国相邻而居,或一衣带水,或壤土相接,或山川相连,有着良好的"地缘"关系,这就为相互之间的交往提供了极其有利的条件。由于历史、地理、民族等各方面的有利因素,从秦汉(甚至更早)开始,朝鲜、日本、越南与中国有着频繁而广泛的、深入而持久的文化交流,到隋唐时期形成第一个高潮,宋元以后进一步深化。日、朝、越三国积极吸收汉文化并有所创新,共同创造东亚文化圈,形成了历史上相对稳定的"东亚文化圈"。

东亚文化圈也可称为汉字文化圈或儒学文化圈,这是因为在东亚文化圈的构成要素中,从载体看,最重要的就是汉字,而从价值观看,最重要也是影响最大的是儒家伦理。汉字是东亚汉文化的承载工具和承重框架……汉字的传入不仅改变了东亚各国无文字的状态,而且作为重要的工具和先导,使各国得以展开深层次的文化交流;也正是以汉字为载体,中国古代的经典才成为朝鲜、日本、越南等国共同的经典,中国儒学经典成为各国儒学之源头和经典,儒学才成为各国的官方意识形态,以儒家伦理为核心、以儒学经典的观念理念为基本理念的价值观,因此也成为东亚各国共同的价值观及其共同的表现形式。

——摘编自贺圣达:《东亚文化圈和东亚价值观的历史考察——以中日韩(朝)越为主体的历史分析》,载《东南亚纵横》,2010 年第 4 期。

第 5 课　古代非洲与美洲

材料一　非洲古代文明的影响

非洲文明的缔造者是铁器时代的内陆古国,这些国家已有冶炼和锻造铁的技术、铁质的农具,又能开采铜矿和金矿,建筑石质宫殿和庙宇,最负盛名的有津巴布韦宏伟的建筑群。这些内陆古国至少从 10 世纪起便与沿海交往频繁,当时信奉穆斯林教的阿拉伯移民已经沿着海岸线从肯尼亚的马林迪向南推进到莫桑比克的索法拉。阿拉伯人在漫长的海岸地带和附近奔巴和桑给巴尔等岛屿上建立起数十个定居地,以这些定居地为基地,渡过印度洋,与红海沿岸、阿拉伯南部、波斯湾、印度、锡金、东南亚乃至中国各城市展开了十分得利的贸易活动。阿拉伯人作为中间人输出内地的象牙、铜、黄金和奴隶,换回东方精致的纺织品、珠宝和瓷器一类的货物。

——摘编自[美]斯塔夫里阿诺斯著,王红生译:《全球分裂——第三世界的历史进程》,北京:北京大学出版社,2017 年,第 94 页。

材料二　非洲的古代宗教

世界的三大宗教之中,有两个可以在古代非洲国家的出现与发展中找到自己深深的烙痕。基督教在罗马帝国统治下的埃及和整个北非其他地区,成为被压迫人民反对罗马帝国斗争的旗帜与代言者,对罗马帝国在非洲统治的衰亡历程起了重大的推动作用。在东北非,基督教却成为埃塞俄比亚这一基督教千年王国的国教,对埃塞俄比亚古代国家的发展、成熟及其凝聚力、韧性等，都起过难以估量的巨大作用。基督教甚至将自己的力量深入非洲腹地。在东苏丹地区，就曾出现过诺巴迪亚、马库里亚(即栋古拉)和阿勒瓦等三个古代基督教王国。公元7世纪，当阿拉伯人挟着《古兰经》、高举伊斯兰圣战的大旗奔逐在北非大地的时候，非洲国家发展史上的伊斯兰时代也同时来临。在埃及和整个北非地区，伊斯兰教大约在一个世纪里就深深根植于非洲的土壤，成为这一地区国家赖以生存的精神和政治的支柱。在多数情况下，它是统一的或分裂的阿拉伯帝国的支柱。在若干情况下，它也成为被压迫群众反抗现存国家政权的工具。一旦这些反抗取得成功，推翻了旧的统治者，建立了新的政权，它又即刻成为新建国家如穆拉比特王国和穆瓦希德王国的支柱。

在古代非洲国家发展的历史上，伊斯兰教的作用，无论从涵盖范围还是从其影响来看，都远远超越了基督教。在非洲西部，伊斯兰教势力由马格里布南下，越过撒哈拉，在西苏丹诸国，尤其是马里和桑海国家的强盛中扮演了极为重要的角色。在东部，自埃及南下的穆斯林势力经过长期侵蚀，冲毁了东苏丹地区的三个基督教国家。然后同西苏丹伊斯兰势力左右夹击，将中苏丹地区也伊斯兰化。同时，从阿拉伯半岛、红海与波斯湾而来的伊斯兰势力，更南下东非海岸，与当地非洲居民融汇，创建了著名的斯瓦希里文明和大约37个东非沿岸的城邦国家。无论在广大的苏丹地带还是东非沿海地带，那里的伊斯兰文明都带上了十分浓重的非洲本地色彩。

——摘编自何芳川、宁骚主编：《非洲通史》古代卷，上海：华东师范大学出版社，1995年，第7页。

材料三 阿克苏姆

随着人类历史活动的发展，特别是印度洋季风规律的发现；狭长的红海更成为日益兴盛的地中海世界同印度洋乃至亚洲东部广大地区之间贸易的必经之路。正是这种原因促进了红海沿岸一些港口的兴起，因而也就促进了建立在这一地区的阿克苏姆文明的发展与繁荣。建立于公元前3世纪阿杜利斯港，当后来阿克苏姆国家兴起后，就成为该国海上贸易的第二大港。

红海过境贸易，加上阿克苏姆王国的对外贸易，给这个国家带来了巨额财富，从而大大促进了它的繁荣富强。公元3世纪，国王阿菲拉斯的军队跨过红海，征服了也门地区，这样，红海商路的两岸都在阿克苏姆王国的控制之下了。

到了公元4世纪国王厄查纳统治时期，阿克苏姆国家进入了它的全盛阶段；厄查纳不但统治着埃塞俄比亚北部大片地区和阿拉伯半岛东端，而且还率兵西去，最远曾渡过尼罗河，灭掉了今苏丹境内的另一个非洲著名古国麦罗埃。厄查纳留下的铭文记载了他在红海两岸广袤地区的无可争议的统治。当时阿克苏姆国家的范围：北起当时埃及南境，南到索马里香料产区，西起尼罗河上游地区，东达红海东岸阿拉伯半岛的鲁卜·哈里沙漠。在当时生产力发展水平的条件下，能建立起这样一个幅员相当辽阔的古代国家，不能不说是一项壮举。特别需要指出的是，古代世界的海上贸易中，地中海西端通往大西洋的直布罗陀海峡，南太平洋通往印度洋的马六甲海峡和红海通往印度洋的曼德海峡，是三大交通要冲。强大的阿克苏姆国家控制了曼德海峡，扼红海门户，就在古代世界的贸易中获得了举足轻重的地位。

阿克苏姆国家的这一强盛阶段一直持续到公元6世纪。公元525年，阿克苏姆国王加列布在拜占庭帝国的支持下，率领数万大军又一次渡过红海征服了阿拉伯半岛南端的希米亚尔王国，巩固和扩大了阿克苏姆在那一地区的统治。加列布留下的铭文表明，他所统治的地区,甚至比厄查纳时代还要大。

——摘编自何芳川:《阿克苏姆》,载《西亚非洲》,1985 年第 5 期。

材料四　中美洲文明的历史分期及印第安三大文明的政治特点

玛雅文明被欧洲历史学家划分为前古典时期(公元前 1500 年—公元 300 年)、古典时期(公元 300 年—900 年)、后古典时期(公元 900 年—1524 年)。古典文明时期是玛雅文明的全盛期,出现了一系列城市中心,虽然它们在文化上有认同感,但政治上是独立的。到后古典时期,相继出现了玛雅潘、奇钦伊查和乌斯马尔等较大的城邦国家,但并未形成统一的高度集权的帝国。在古典文明后期,玛雅社会就出现了贵族、祭司、平民和奴隶的阶级分野,进入了早期奴隶制城邦国家阶段。

阿兹特克人原是奇奇梅克人的一支——墨西卡人,1069 年在其首领的统率下向南迁徙,12 世纪末进入墨西哥谷地。1325 年建立了特诺奇蒂特兰城,伊兹科亚特尔(Izcoatl)当酋长时(1430 年),与墨西哥谷地的特斯科科城邦和特拉科潘城邦结成"三方联盟",充当盟主,开始创建帝国。蒙特祖马一世在位(1440—1469)时,对外大规模扩张,对内则主持了城市的建造工作。其后的历代国王继续穷兵黩武,到 16 世纪初,其势力扩展到今日危地马拉的地方。但是,从严格意义上讲,阿兹特克对外战争是宗教战争,征战的主要目的是为了捕获战俘,充当祭祀的牺牲,同时也为了扩大索取贡税的范围。帝国境内没有统一的行政机构设置,只在部分不太顺从的部落设收税官,并非真正意义上的"帝国"。

印加人的历史开始于的的喀喀湖畔,传说当蒂亚华纳科部族因环境变迁而衰落时,它的一部分人在 12 世纪迁居到库斯科谷地,领导者是太阳之子曼科·卡帕科一世。初为小部落,13、14 世纪与邻近部落不断战争,逐渐将势力扩张到山谷以外的地区。至 15 世纪末、16 世纪初,瓦伊纳·卡帕克在位时达到极盛,版图包括今秘鲁、厄瓜多尔、玻利维亚、智利北部、阿根廷西北部,人口达 600 万左右,当时称"塔万廷苏约帝国"。印加人已经在全国建立了一套行之有效的金字塔式的官僚行政体系,作为太阳之子的印加国王位于金字塔的顶端,国家权力的触角深入到了社会角落的每一个人。……印加人不仅形成了完整的统治结构,而且发展了异常成熟的社会管理体制,印加是一个类似亚细亚生产方式的中央专制集权国家。

——摘编自韩琦、史建华:《论拉美古代印第安文明及其遗产》,载《聊城大学学报(社会科学版)》,2003 年第 4 期。

材料五　印第安人培植的农作物

玉米是大多数印第安人的基本粮食,它在公元前 7000 年,墨西哥中央高原半沙漠的河谷中,首先被人类培育。原先它只不过是一种带穗的野草,穗也只有人的拇指甲大小,印第安人把它培育成为一种长棒上排列着种籽的植物,他们把玉米完全培育成人工栽培的植物,以至于如果人们不再种植,它就会绝种。因为不经过人工培育,它就无法自行散播种子。印第安人在利用大量有毒植物的技术方面也同样引人注目,如木薯,去毒之后可以制成木薯淀粉。印第安人培育的其他重要植物有窝瓜、土豆、番茄、葫芦、胡豆、胡椒、苜蓿、鳄梨、烟草、棉花和豆类,豆类是蛋白质的重要来源。印第安人在培育植物方面取得累累硕果,以至于今天世界上人们的所有食物中几乎有一半都是发源于此。

——摘编自[美]斯塔夫里阿诺斯著,王红生译:《全球分裂——第三世界的历史进程》,北京:北京大学出版社,2017 年,第 64 页。

材料六 玛雅文明

玛雅人生活在墨西哥南部尤卡坦半岛和中美洲北部一带,他们是奥尔梅克文化的直接继承者。从公元初年到9世纪,尤卡坦半岛南部兴起一批城邦,它们多以高大壮观的金字塔祭祀建筑为核心和象征。10世纪后,乌斯马尔、玛雅潘等城邦兴起,12世纪末玛雅潘成为半岛北部的霸主,15世纪玛雅潘在众多小城邦的围攻之下衰落,随后各城邦陷入混战,玛雅文明急速衰落,到1511年西班牙殖民者到来之时已是奄奄一息。

——摘编自武寅主编:《简明世界历史读本》,北京:中国社会科学出版社,2014年,第308页。

材料七 阿兹特克文化与印加文化

阿兹特克人认为诸神在接替之时创造了大地。在这一创造活动中,最重要的举动是太阳的诞生。按照阿兹特克人的想象,太阳是通过一个不洁净的小神的自我祭献而在特奥提瓦坎城诞生的。其余诸神也效仿那小神的牺牲为太阳提供穿越天空所需要的血液。

为了使太阳在其行程中不断地移动向前,它每天都必须喂以人类的血液。阿兹特克人把祭献牺牲者看作是对太阳应尽的神圣义务。没有祭献牺牲,世界的生命就会停止,因此他们不得不接连不断地向太阳提供人祭——主要是战俘。据认为,每年被屠杀的人有2万之多。

公元1200年,印加人最初在库斯科地区崛起。然而,在公元1470年之前,他们还没有完全征服秘鲁高原和沿海地区。到这个时期为止,他们的帝国已占据大约40万平方英里,即100万平方公里的土地。

在印加帝国有许多地方神社,它们得到允许与国家宗教并存。其中几个神社极其古朴,有几个神社,如在帕查卡马克的天启神社,因其神谕而引人注目。从库斯科周围的山地到神庙建筑之间错落着许多依山傍水的地方神社。

太阳崇拜对印加人来说是非常重要的。太阳被看作是一位男神——印提,他保护庄稼,促使庄稼成熟。许多太阳神庙被建造起来,它们还拥有大量田产以供养众祭司。在这些神庙中也供奉雷神这样的空中神,雷神是太阳的仆人和信使。

——摘编自[英]乔治·班克斯,黄陵渝译:《阿兹特克人和印加人的土地:哥伦布以前的美洲》,载《民族译丛》,1989年第3期。

材料八 欧洲殖民者对印第安文明的印象

当第一批欧洲殖民者侵入尤卡坦半岛玛雅土地时,他们所看到的并不是一片荒凉残破的局面,而是仍然欣欣向荣的景象:"1517年、1518年西班牙人的两次探险报告,都对尤卡坦地方那些城市的规模感到惊奇,对那里用石料建筑的房屋表示赞叹。""此地城镇人口繁盛,空气清新,绿树成荫;每一座市镇都是一个花果园。""在西班牙人征服这里之前,当地人都一起住在城镇里,生活方式非常文明。他们把地面清除得干干净净,没有杂草,并且栽植上很好的树木。他们住地的安排是这样的:在一个城镇的中心是神庙和美丽的广场,在神庙的周围全是贵人和祭司们的住所,最显要人物的宅第。然后就是最富有人们的房屋,最有声望人的房屋离贵人和祭司的住所最近,城郊则是下层阶级居住的地方。如果水井为数不多,就得设在贵族住所的近处,他们还有经过改良的、归属自己的好地,在上面种植葡萄、棉花、胡椒和玉米。他们都聚居一起,以防敌人的掳掠,由于西班牙人的战争,他们才分散到丛林里。”

——摘编自胡春洞:《谈玛雅文明的起源》,载《历史研究》,1983 年第 1 期。

材料九　印第安文明被摧毁的原因

1492 年以前,拉美印第安人按照自己的历史轨迹独立发展,创造了辉煌的文明。但自从哥伦布发现美洲之后,拉美主要的印第安人聚居区域在几十年内被西班牙人相继征服,特别是拥有几千万人口的印加帝国和阿兹特克帝国却敌不过几百名西班牙征服者,在外敌入侵之下迅速崩溃。国内外学者从不同角度对这个问题进行了研究。

杨宗元在《拉丁美洲史》一书中将科尔特斯在几年之内便征服阿兹特克帝国归因于阿兹特克专制政权下印第安人的不满,蒙特祖玛的懦弱和宿命论,科尔特斯领导有方,部众能干,加以科尔特斯他们使用火器和马匹。胡世建在《拉丁美洲——历史与现状》一书中提出西、葡殖民者能够征服拉丁美洲是因为当时印第安人生产力极其落后,军事力量薄弱;美洲地理环境闭塞,与外界缺乏联系;印第安人领袖妥协退让;西方殖民者采取“以夷制夷”“分而治之”的办法,征服了拉丁美洲。李春辉在《拉丁美洲史稿》一书中对印第安人失败原因作了简明扼要的总结:在这一场尖锐性的生死搏斗中,印第安人所处的社会发展阶段较低,部落与部落之间很少联系,缺乏坚强的领导核心和严密的组织,武器又处于劣势,没有马,没有铁,只知道使用石制的武器和工具,这样,他们便不可避免地在西、葡殖民者野蛮的武装入侵和狡猾的分化政策下遭受失败了。罗荣渠认为美洲各族人民抗击欧洲殖民者的入侵均告失败,从根本上说是由于印第安人的社会组织、生产水平和军事技术方面都远远落后于欧洲殖民者,处于原始的氏族制度下的印第安人不可能对有严密组织和优势武装的入侵者进行团结一致的有效的抵抗。可见,大多数学者认为印第安人溃败的原因主要包括以下几点:社会发展水平低下,作战能力有限,内部分裂从而无法团结抵抗外来入侵。

伯恩斯在《简明拉丁美洲史》中写道:欧洲人武器先进,军事战略有效(印第安人多采用仪式化的战争),火药和马的出现使印第安人大为吃惊,因为至少在一开始他们具有极大的战术上的优势;印第安人四分五裂;欧洲人带来的种种疾病使大批无免疫力的印第安人丧生。在与欧洲人接触的第一个世纪中,墨西哥和秘鲁这两个前哥伦布时期的伟大文明地区的人口下降了 90%多,从大约 3 500 万人减少到不足 200 万。本杰明·基恩在《拉丁美洲史》一书中也提到了上述三点原因,特别是西班牙人先进的武器使他们对印第安人具有决定性优势。此外,他还将两个文明进行了比较:“西班牙人具有文艺复兴时期基本的世俗观念,而印第安人的世界观则十分原始,宗教仪式和巫术扮演了重要角色”,西班牙人视战争为“一门科学或艺术”,阿兹特克人和印加人的战争则具有浓重的宗教成分。这种文化上的差别也是导致印第安人失败的因素之一。斯塔夫里阿诺斯认为拉美印第安土著社会被快速征服是千百年来的孤立隔绝所造成的恶果,孤立隔绝造成印第安人在新来的欧洲人带来的疾病面前毫无免疫能力;使印第安人在军事上不堪一击,1500 年美洲印第安人的技术水平相当于公元前 1500 年的西欧人和公元前 3500 年的中东人的技术水平;还养成印第安人心理上的脆弱,一种带有宗教狂热的天真使阿兹特克的统治者蒙特祖马像对待神祇一般虔诚地迎接科尔特斯。马修·瑞斯多认为,疾病、土著社会的分散性和西班牙的钢铁武器在很大程度上决定了征服结果,缺少其中任何一项,科尔特斯、皮萨罗或其他人的征服很可能会失败。西班牙人的铁制武器使他们能够与对手相持一段时间,土著同盟的援助使敌对的印第安人失去了人数上的巨大优势，流行性疾病又摧毁了对手的抵抗，西班牙人的胜利是上述三个因素共同作用的结果。

——摘编自李博：《拉美印第安土著社会被快速征服原因研究综述》，载南开大学世界近现代史研究中心主编：《世界近现代史研究》第九辑，2012 年，北京：社会科学文献出版社，第 230—235 页。

材料十　古代印第安文明的遗产

在南、北美洲发展道路的比较研究中，往往有一个被忽视的因素，即南、北美洲印第安文明发展程度的差异。拉丁美洲是美洲三大印第安文明的故乡，在哥伦布到达之前，其文明程度远远高于北美，因而，当西班牙殖民者到来后，无力完全根除原有的社会经济结构，被迫采取了种族混血的政策，使大量的印第安人留存了下来，土著赖以生存的地理环境也没有大的改变，因此，印第安文明的遗产便成为一股不可忽视的影响力量，对后来的历史演变发挥了重要的作用，在那些至今还有着千百万土著人后裔的国度里（墨西哥、危地马拉、厄瓜多尔、秘鲁、玻利维亚等），这种作用非常明显，即使在土著血统极少或者几乎没有的那些国家，作为思维和行动方式的印第安文明遗产也因本土环境的影响而在经常地发挥着作用。

拉美印第安人创造了美洲最灿烂的古代文明，迄今为止所发现的北美印第安文明不可与之同日而语。而欧洲人到来后，无力将之完全同化，而是在经过与之短暂的冲突之后，对其采取了妥协和调和的态度，一方面，保留了作为文明载体的印第安村社和印第安人，另一方面，与印第安人发生了种族和文化上的混血，而绚丽多姿的美洲大自然本来就是土著文化赖以存在的土壤，因此，印第安文明虽遭到严重的摧残，但还是顽强地生存了下来，如前所述，其文明遗产对拉美近现代物质文明和精神文明的建设发挥了不容忽视的影响。特别是进入 20 世纪后，土著文明成为拉美民族主义的源泉。

但是，我们不容否认的是，拉美的前哥伦布文明明显低于当时欧洲文明的发展水平，这也正是欧洲殖民者何以能够打断印第安文明的进程，将自己的文明强加给美洲的原因。在处于优势的欧洲文明面前，一部分印第安人通过种族混血和文化混合，融入了主流社会，还有一部分印第安人顽强地抵御了欧洲文化的同化，保留了自己的社会组织形式、语言、宗教信仰和价值观念、原则、民间知识和独特的艺术风格等文化遗产，他们没有真正地参与所在国家的政治与社会生活，而是处于现代社会的边缘。据估计，这种类型的印第安人目前仍有 4 000 万人，分属于 400 个不同的印第安民族。从 20 世纪初开始在拉美国家形成的、并一直持续到现在的“种族一体化理论”，就是讨论如何将这部分印第安人融入民族国家现代化进程的。可见，印第安文明遗产也有其两面性，拉美现代化的艰难与土著遗产和如何对待土著遗产的态度不无关系。这也是理解拉美现代化落后于北美的一个关键所在。

——摘编自韩琦、史建华：《论拉美古代印第安文明及其遗产》，载《聊城大学学报（社会科学版）》，2003 年第 4 期。

第三单元

走向整体的世界

第一部分

单元教学设计

单元学习主题和单元学习目标

1. 课标要求与分析

课标要求：通过了解新航路开辟所引发的全球性流动、人类认识世界的视野和能力的改变，以及对世界各区域文明的不同影响，理解新航路开辟是人类历史从分散走向整体过程中的重要节点。

课标分析：新航路的开辟结束了中古世界各地相对孤立的状态，建立了世界各地之间的直接联系，进而引发了世界格局的演变。本单元的教学需要关注以下三个层次的问题：第一，学生在回顾第二单元内容的基础之上，通读课文，知道“走向整体的世界”就是指全球联系的建立和深化。第二，教师从新航路开辟所引发的全球性流动、人类认识世界的视野和能力的改变，以及新航路开辟对欧洲和美洲、非洲、亚洲产生的影响这两个层次来深度解析全球联系的内涵。第三，学生能够全面地、深层次地阐述新航路开辟的历史影响，培养全局思维和国际视野。

2. 单元学习主题

新航路开辟在世界历史中占据重要地位，主要是因为其建立了世界各地之间的直接联系。世界各地日益频繁的互动促成了欧洲社会的重大变革，而欧洲以外其他地区的历史发展也由此发生了不同程度的变革，学界一般认为新航路开辟拉开了近代世界的序幕。课程标准突出了“新航路开辟是人类历史从分散走向整体过程中的重要节点”，依据这一要求，本单元的主题可以确定为“整体世界的形成及其内涵”。新航路开辟的背景和过程即体现了世界各地建立直接联系，为整体世界的形成奠定基础；而人口与物种交换、商品的全球性流动、西欧殖民者的早期殖民扩张及其影响则构成了整体世界的基本内涵。

在教学过程中重点落实时空观念、历史解释等核心素养。例如，可以利用新航路开辟的影响、殖民扩张的影响等复杂历史问题的分析着重培养学生多角度、多层次解释历史的能力。首先，学生要回顾第二单元《中古时期的世界》的内容，尤其是欧洲部分关于封建经济解体、商品经济发展的内容。在本单元需要接续商品经济发展的知识，知道这是新航路开辟的最主要动因。其次，只有深度掌握新航路开辟的动因，才能理解西欧殖民者在殖民地的活动,以及由此带来的对西欧和殖民地的影响。正是在西欧与被殖民地区之间不平衡的互动中,整体的世界形成了,世界格局也随之发生了改变。

3. 单元学习目标

(1) 全面把握新航路开辟的动因和条件;对当时西欧探险家开辟的全球航路进行空间定位。

(2) 了解人口与物种交换的概况,阐述全球性商品贸易网络的建立过程,解释早期殖民扩张的内容及其在整体世界形成过程中的作用。理解"整体世界"的含义的两个层次——一是世界各地建立了直接的联系,互相之间形成了越来越密切的物种、人口、商品的交流;二是西欧国家开始殖民扩张,而美洲、非洲的一些地区沦为殖民地,亚洲也受到了冲击,西欧和殖民地之间形成了更密切的、但也是极度不平衡的相互关系。

单元学习重点与难点

1. 学习重点分析

从整个单元来看,新航路开辟的动因和新航路开辟的影响,即全球联系的建立与世界格局的演变,是两个重点问题。

第一个重点问题,只有全面分析了新航路开辟的动因,才能理解为什么当时西欧社会都热衷于远洋探险,进而理解殖民者在殖民地的行为及其产生的影响。

第二个重点问题是理解"整体的世界"的内涵。"整体的世界"的开始就是指全球联系的建立,以及由此开始的世界格局的演变。从单元结构分析,只有理解了什么是"整体的世界",即新航路开辟的影响,才能更深层次地理解新航路开辟的根本动因是商品经济的发展。从世界史的进程来看,正是因为新航路开辟以后,西欧国家的殖民扩张推动了资本主义经济的发展和西欧社会的变革,资产阶级的实力大大增长,为后来西欧的思想解放和资产阶级革命奠定了基础;也正是因为新航路开辟,非洲和美洲等地区开始被侵略,其自身的正常发展进程被打断,沦为西欧国家的殖民地。世界成为一个内部联系紧密但又不平衡的整体。

2. 学习难点分析

全面分析新航路开辟的动因;深刻理解新航路开辟的影响,即全球联系的建立与世界格局的演变,紧扣单元标题——走向整体的世界。

从课程内容结构来看,学生初中时学习过探寻新航路和早期殖民掠夺的相关内容,但更侧重于对新航路开辟的过程和早期殖民掠夺史事的了解,没有建构起新航路开辟的背景、过程及其影响的整体知识架构,更缺乏对于"整体的世界"内涵的全面、深刻的理解。分析新航路开辟的动因,需要多角度、多层次了解 14、15 世纪西欧的社会面貌,难度较大。理解全球联系的建立与世界格局的演变，学生首先要能解释“全球联系”，进而能阐述世界格局的演变，建立二者之间的关系。这一系列任务都需要学生阅读资料，分析教材内容，整合信息，进行整体知识体系的构建，对学生的时空定位、史料实证、历史理解和解释等能力提出了较高要求。

单元教与学设计

1. 单元知识结构

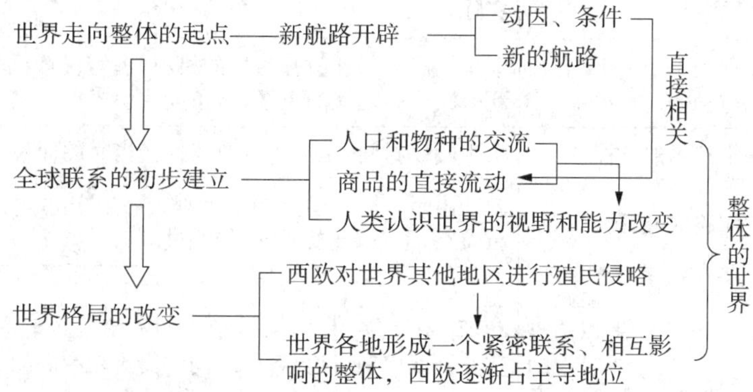

2. 主干知识与问题链

课时	主干知识	教材预设问题	问题链
1	全球航路的开辟 (1) 新航路开辟的动因和条件 (2) 新航路开辟的过程	〔思考点〕西欧人为什么要进行远洋探险、开辟新航路？ 〔学思之窗〕从上述材料中你能获得什么信息？ 〔问题探究〕概括梁启超的观点，尝试回答梁启超提出的问题。 〔学习拓展〕尝试理解马克思和恩格斯对“世界历史”形成的论述，并说明新航路开辟在世界历史形成过程中的作用。	(1) 如何理解西欧商品经济的发展？ (2) 东西方贸易的传统通道发生了什么变化？ (3) 民族国家的形成、教会与远洋探险有什么样的关系？ (4) 14、15 世纪欧洲科学技术的发展为远洋探险提供了哪些支撑？ (5) 除了迪亚士、达·伽马、哥伦布和麦哲伦开辟的通往东方和美洲的新航路之外，当时的远洋探险还涉及哪些地区？
1.5	全球联系的初步建立与世界格局的演变	〔思考点〕全球物种大交换对人类历史的发展产生了怎样的影响？分析新航路开辟对世界历史的影响。 〔学思之窗〕说说新航路开辟前香料贸易的主要路线，并与新航路开辟后的贸易路线进行比较。 〔问题探究〕新航路开辟和早期殖民扩张对当时西欧资本主义原始积累起了什么作用？ 〔学习拓展〕选择一个或两个亚洲国家，进一步查找资料，看看新航路开辟对它们有哪些影响。	(1) 新航路开辟之前世界各地的交流状况如何？ (2) 新航路开辟以后人口的迁移方向如何？人口和物种的交换产生了什么影响？ (3) 新航路开辟以后西欧商人的活动轨迹和内容是什么？ (4) 西欧国家早期殖民扩张的范围和特点是什么？ (5) 西欧国家的早期殖民活动分别给西欧和被殖民地区造成了怎样的影响？ (6) 新航路开辟后，世界格局发生了怎样的改变？

3. 教与学活动设计

<table>
<tr><th>活动流程</th><th colspan="2">主要内容</th><th>教与学的活动设计</th></tr>
<tr><td>单元导入</td><td colspan="2">内容简介与单元关联</td><td>教师引导学生解构单元标题、阅读单元导言，理清整个单元的基本结构。学生大致了解课与课之间的逻辑关系。</td></tr>
<tr><td rowspan="4">第 1 课时“全球航路的开辟”</td><td colspan="2">（1）新航路开辟的经济动因</td><td>学生阅读教材文本以及教师给出的材料，前后联系，深度理解核心概念——商品经济及其发展；明确传统的东西方贸易通道的实际含义。</td></tr>
<tr><td colspan="2">（2）新航路开辟的政治和宗教动因</td><td>学生阅读教材和教师给出的材料，理解民族国家的形成、宗教与新航路开辟之间的关系，多角度认识史事。</td></tr>
<tr><td colspan="2">（3）科学技术的支撑</td><td>学生阅读材料，全面了解西欧社会当时的面貌及技术发展状况。</td></tr>
<tr><td colspan="2">（4）新航路的开辟</td><td>教师出示地图。学生阅读教材，在地图上定位通向不同区域的新航路，了解新航路开辟的经过。</td></tr>
<tr><td rowspan="6">第 2 课时“全球联系的初步建立与世界格局的演变”</td><td rowspan="4">（1）全球联系的初步建立</td><td>① 新航路开辟以前世界各地的交流状况</td><td>教师出示相关材料，引导学生回顾第二单元学过的内容——新航路开辟以前，世界各地之间的交流是有限的、局部的。</td></tr>
<tr><td>② 人口与物种的交换</td><td>教师出示数据、文字材料，引导学生思考、阅读材料与教材，深入挖掘，了解新航路开辟以后人口的主要迁移方向，以及人口流动、物种交换对西欧和被殖民地区的影响。</td></tr>
<tr><td>③ 人们对世界认识的变化</td><td>教师引导学生观察教材所列地图，了解当时人们认识上的变化。</td></tr>
<tr><td>④ 商品的世界性流动</td><td>教师出示地图、数据、文字材料，设置问题如下：美洲所产白银主要流向了哪里？西班牙、葡萄牙的活动范围大致在哪里？学生阅读材料和教材，借助地图重现西班牙和葡萄牙的活动轨迹，理解正是这种商业活动将原来联系较少的大西洋、印度洋、太平洋区域连成一体；通过白银的流动了解中国在世界贸易中的地位。</td></tr>
<tr><td rowspan="2">（2）世界格局的演变</td><td>① 早期殖民扩张</td><td>教师出示材料，设置问题，引导学生思考西欧国家早期殖民的范围和活动特点。</td></tr>
<tr><td>② 殖民体系的形成</td><td>教师出示材料，引导学生思考殖民体系形成的基本过程。殖民活动深化了世界各地的联系。殖民扩张促进了西欧资本原始积累，带来了西欧社会的变革和发展，同时给被殖民地区带去了灾难，使得西欧和被殖民地区的关系从原来的相对独立转向了紧密联系，其中，以西欧为主导。</td></tr>
<tr><td>单元总结</td><td colspan="2">单元知识体系建构与认识提升</td><td>教师出示材料，引导学生全面回顾本单元知识，并概括最重要的问题，即整体世界的含义和世界格局的演变。强化学生对整个单元各部分之间关系的理解。</td></tr>
</table>

单元导入

教师设问：请找出单元标题"走向整体的世界"中的关键词。

学生回答：整体。

教师设问：回顾第二单元的内容，中古时期世界格局的特点是什么？

学生回答：各地区相对孤立，许多地区之间没有直接联系。

教师设问：那么，在这一单元，我们将要学习的就是世界如何走向整体化，以及"整体的世界"又是什么意思。观察本单元的两课标题，快速浏览这两课的内容，同学们可以思考两课内容之间有怎样的联系，建立这两课内容之间的大致关系。

学生活动：研究问题。

教师呈现：教师引导学生讨论以后，出示下面的示意图：

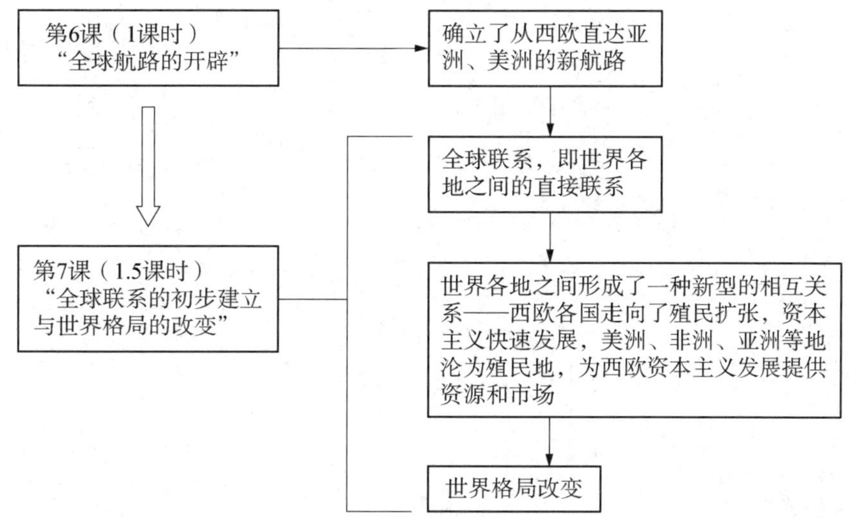

【设计意图】　引导学生回顾第二单元的内容，引发对第三单元主题的思考，初步建构本单元两课之间的关系。

教师总结：通过以上的分析，我们可以发现，正是由于新航路的开辟，世界各地之间才得以从相对孤立分散走向直接的联系；建立了直接联系之后，才能形成各地之间物种、人口、商品的直接流动，才有西欧向各地的殖民扩张；世界成为一个内部关系密切但又不平衡的整体。那么，这种不平衡的关系具体有什么表现呢？

材料一　全球经济关系的形成推动了国际劳动分工的发展。美洲和东欧（包括西伯利亚）生产原料，非洲提供劳动力（奴隶），亚洲提供奢侈品和一些日常用品，而西欧出口手工艺制品。这种劳动分工是以残酷的剥削为代价的，巴西、西印度群岛及英属北美殖民地南部的种植园经济为世界市场提供大宗原料品，但是这些原料品的生产是建立在黑人奴隶制上的。西欧是世界贸易的主要受益者，从贸易中获取了巨大的利润。西欧的商人组织和指挥着这些全球性的贸易，而国家给予他们支持。全球贸易为资本的原始积累提供了途径，不断扩大的海外市场对于欧洲制造品的需要持续增长，推动了欧洲的生产技术革新，西欧率先开始工业化的历程。

——徐蓝主编：《世界近现代史：1500—2007》，北京：高等教育出版社，2012年，第52页。

教师设问：材料所述的“国际劳动分工”的特点及影响是什么？

教师引导分析：特点：西欧主导世界贸易，生产和出口附加值较高的手工业产品。而美洲生产价格低廉的原料，非洲提供黑奴，亚洲提供奢侈品和一些其他的日用品。影响：在这个分工体系中，美洲、亚洲、非洲地区的资源和财富被大量掠夺，并成为西欧的商品倾销市场，本地的正常发展进程被打断；同时，大量的财富流入西欧，促进了西欧的资本原始积累，为后来的工业革命奠定了基础。

第二部分

课时教学设计

第6课　全球航路的开辟

一、学习目标

1. 能独立搜集相关资料，从经济发展、政治态势、科技发展等角度探究新航路开辟的背景，形成对新航路开辟这一重大历史进程的正确理解和解释，认识到经济的发展是推动历史进程的重要力量。

2. 通过地图、文字等多种材料，从时间和空间上准确定位迪亚士、达·伽马、哥伦布、麦哲伦等航海家的航海线路，知道他们开辟了从欧洲通往东方和美洲的新航道。了解英国、荷兰等国航海家向北冰洋和南半球的探险活动，体会航海家探险的艰辛。

二、学习重点

新航路开辟的动因和条件；全球航路的开辟。

三、学习难点

新航路开辟的动因。

四、教与学活动

【导入新课】

教师引导分析：新航路的开辟是世界历史上具有划时代意义的重大事件，是世界进入近代的重要标志之一。那么，为什么在15世纪末，西欧的探险者们开始寻找通往东方的新航路？接下来，我们一起来探讨。

【学习新课】

（一）新航路开辟的经济动因

1. 15世纪西欧商品经济的发展

教师引导分析：阅读教材相关内容，了解西欧从海外获取资源的传统，认识15世纪西欧商品经济发展的表现，以及由商品经济发展带来的对财富的渴望。

商品经济主要指的是商品的生产、交换和出售，而商品的生产主要依靠农业和手工业。所以，15世纪西欧商品经济的发展建立在农业和手工业生产变革的基础之上。

过渡：那这一时期的农业和手工业生产发生了什么样的变化呢？

材料一　西欧各国的农奴制度（庄园制）在12世纪—15世纪先后瓦解。农民得到人身自由，原来作为农奴时耕种的份地仍归农民使用，农民每年要按期向领主缴纳货币地租，数量固定不变。这类土地虽然在法律上属于领主，但却永不收回，故而实际永远归农民使用。领主们一般是将直接领地出租，绝大多数采取分成制（按土地收获物的比例缴纳地租）。随着商品经济的发展，还有不少领主将直接领地卖了，买主中有许多商人资产者，也有一些较为富裕的农民，这样就产生了资产阶级地产。

——刘宗绪主编：《世界近代史》，北京：北京师范大学出版社，1999年，第31—32页。

教师设问：① 回顾第二单元内容，中古时期欧洲的庄园经济是一种什么形态的经济？

② 根据材料一，庄园解体以后，农民获得了什么？领主怎样经营土地？

参考答案：①庄园经济是一种高度自给自足的自然经济。②农民获得了人身自由，为手工业和商业提供了自由劳动力；而领主整块出租或者出卖土地，出现了资产阶级地产和资本主义农业。

过渡：资本主义农业具体有什么特征呢？

材料二　14—16世纪租地农场的特征：

（1）承租大面积或整个庄园自营地；

（2）雇佣劳动力经营；

（3）为市场而生产。

具有以上特征，所以区别于家庭农场。

——摘编自黄春高：《14—16世纪英国租地农场的历史考察》，载《历史研究》，1998年第3期。

教师引导分析：这就是农业经营方式的转变——从庄园经营到资本主义经营，是西欧商品经济发展的基础。

接下来观察手工业。

材料三　中古时代欧洲手工业的基本生产单位是家庭作坊，内部分工不明显……发展十分缓慢。14到15世纪，分散的手工工场在意大利、弗兰德的一些城市已经出现。随后，向欧洲其他地区扩散。手工工场的出现意味着一种生产组织创新，即以分工为基础实现批量生产的企业组织的出现。手工工场在资本与劳动、生产与经营管理及监督、生产与销售或市场上面，在手工工场内部和家庭内部，在不同工匠之间，分工都是明确的。这样，商品生产的各个环节都走上了专业化道路。分散的手工工场只是一种过渡形式，它在经营管理方面的局限性（不便于直接监管、无法保证产品质量和规格、原料浪费严重等）必然使它走向集中。16世纪中叶以后，一些包买商建立了大型作坊，即集中的手工工场。

——摘编自马世力、滕海键著：《欧洲近代经济文化史论》，天津：天津人民出版社，2012年，第108—110页。

教师设问： 14—16世纪，欧洲手工业的发展出现了什么变化？这种变化和商品经济发展有什么关系？

参考答案： 分散的手工工场和集中的手工工场先后出现，各个环节的分工非常细致，生产形成了专业化。这种情况是生产力发展的结果，是商品经济发展的结果，也会反过来促进商品经济的进一步发展。手工工场也是工业化的准备阶段。

【设计意图】 此环节主要是引导学生通过分析材料，调动所学知识理解西欧近代农业、手工业经营的变化，理解这是西欧商品经济发展的基础内容。对核心素养的指向有：①时空观念水平二，能够将某一史事定位在特定的时间和空间框架下。②历史解释水平二，即能选择、组织和运用相关材料并使用相关历史术语，对具体史事作出解释。

2. 西欧对金银香料的渴求

教师引导分析： 商品经济发展，使得西欧社会对作为货币的贵金属的需求量大大上升，而西欧本身是不富产金银的。除了金银，西欧人也渴望到东方寻找香料。

材料四　黄金是一切商品中最宝贵的，黄金是财富，谁占有了黄金谁就能获得它在世界上所需要的一切，同时也就取得把灵魂从炼狱中拯救出来，并使灵魂重享天堂之乐的手段。

——《哥伦布致西班牙国王和王后书》（1503年），转引自郭守田主编：《世界通史资料选辑》中古部分，北京：商务印书馆，1981年，第304页。

材料五　香料是西欧中世纪社会的重要消费品之一，被广泛应用于饮食、医药、宗教活动等领域，甚至成为收藏对象、社交礼品和支付手段。从文化人类学的视角来看，香料的各种功用折射出西欧人对香料的文化解释：香料作为一种文化符号，是西欧中世纪等级社会中财富与地位的象征，为西欧基督徒提供了理解天堂的直观途径，并成为当时西欧人对神秘的东方进行想象与建构的媒介。

——田汝英：《西欧中世纪社会生活中的香料文化》，载《首都师范大学学报（社会科学版）》，2012年第3期。

教师引导分析： 从材料四、五，可以窥见当时的西欧对于黄金的渴望，了解香料在西欧的盛行。

【设计意图】 此环节主要是引导学生通过分析材料直观了解西欧对金银和香料的需求。对核心素养的指向有：史料实证水平二，认识到哥伦布的信属于原始文献，是西欧社会渴求黄金的直接证据。

3. 传统的东西方贸易通道被阻断

教师引导分析： 渴求金银和香料，为什么一定要开通新航路呢？因为旧的通道受阻了。

材料六　中世纪欧洲由于手工业发展不足，商品缺乏竞争力，对外贸易长期入超，只能靠开采和掠取贵金属以维持收支平衡。1250年至1500年，欧洲贵金属需求量持续上升。但

15世纪奥斯曼土耳其人占领巴尔干半岛后，控制了塞尔维亚和波斯尼亚的银矿，切断了欧洲贵金属的一个重要来源。12世纪以后，非洲的黄金成为欧洲贵金属的另一重要来源，但是这个来源始终受到穆斯林中间商的制约。加之随着商品经济发展，对货币的需求量也越来越大。这些都造成欧洲贵金属存储量严重短缺。如果能从海上新辟一条直达非洲黄金产地的航路，或者开发新的贵金属来源，那是欧洲人梦寐以求的。

——刘新成、刘北成主编：《世界史》近代卷，北京：高等教育出版社，2007年，第57页。

长期以来，欧洲从亚洲进口丝绸、瓷器等奢侈品，产自亚洲的香料更是生活必需品。香料输入欧洲的商路主要有两条：一条是传统的陆路“丝绸之路”，另一条是从印度洋经红海到东地中海的水路。前者在14世纪基本断绝，后者控制在穆斯林商人手中。奥斯曼帝国建立后，东西贸易的通道受其控制，亚洲的商品因加价而奇贵，西方人急于从海上开辟通往东方的新航路。

——摘自徐蓝主编：《世界近现代史：1500—2007》，北京：高等教育出版社，2012年，第47页。

教师引导分析：阅读材料六，知道欧洲人对贵金属需求的增加，以及获取贵金属的通道受阻。

【设计意图】 训练学生从时空准确定位传统的东西方贸易路线，并回顾以前学过的海上丝绸之路。

（二）新航路开辟的政治和宗教动因

教师引导分析：组织船队进行远洋探险，需要的人力和物力非常多，不是单靠商人所能支撑的。15世纪的西欧国家和教会也非常支持远洋探险，这是为什么呢？

材料七 15世纪，欧洲处于从领地制、分封制国家向中央集权国家转变的时期。到15世纪末，葡萄牙、西班牙、英国、法国发展成了君主制国家。君主们拥有的力量，源自于他们与新兴的商人阶级所结成的非正式联盟，商人的利益与君主们的利益是一致的。在这样的情势下，商人的经济力量、政治力量都在稳步增长，他们的利益得到社会和国家的大力支持。国家也有国家的利益，包括扩张势力、扩大版图、扩充臣民，这与商人利益不矛盾。统一的中央集权国家可以集中调配强大的人力、物力和财力进行探险，并有效地保卫新发现的地区，维护其获得的各种利益。政治动因与经济动因和文化动因共同推动了15世纪的地理大发现。

——萧国亮、隋福民编著：《世界经济史》，北京：北京大学出版社，2007年，第109页。

教师设问：① 15世纪末，欧洲的政治形态发生了什么变化？

② 这种变化和商业发展有什么关系？

参考答案：① 葡、西、英、法等国先后形成了中央集权国家，君主真正掌握了国家权力。

② 君主在控制国家及与别国进行竞争的过程中，需要大量的钱财，使得这些国家的君主支持商人的远洋探险。另外，也只有实现了中央集权的国家才有能力来支持如此规模的远洋探险。

过渡：材料的最后提到的“文化动因”又是什么呢？

材料八 一位叫克里斯托弗·哥伦布的热那亚人向罗马天主教（指西班牙）国王和王后

建议，派遣船队从这个国家的最西端出发去探索印度沿岸的群岛。他请求给他提供船只和航海所需的一切，并许诺说，他们此行将不但是去传播天主教教义，而且肯定能带回多得想不到的珍珠、香料和金子。

——殉道士彼得：《新世界》(1530 年)，转引自[澳]杰克·特纳著，周子平译：《香料传奇：一部由诱惑衍生的历史》，北京：生活·读书·新知三联书店，2007 年，第 19 页。

教师引导分析：材料的作者彼得是一名虔诚的教士，材料说明去东方传教是教会支持远洋探险的主要动力，这就解释了材料七最后所说的“文化动因”。

【设计意图】 教师引导学生深层次挖掘开辟新航路的社会背景。对核心素养的指向有：历史解释素养水平二，能够选择、组织和运用相关材料并使用相关历史术语，对具体史事作出解释。

（三）科学技术发展的支撑

材料九　社会生产力的发展，地理知识的扩大和科学技术的进步，特别是航海术、造船术等科技的发达，为新航路的开辟准备了必要而可能的条件。中国发明的指南针，经阿拉伯人西传后，14 世纪时在欧洲已被普遍使用，使远航有了依据而不迷失方向。海船的制造也有显著改进，出现了新型的轻便、多桅多帆(有直帆、斜帆)、快速、舱宽的大海船。古代托勒密著的《地理学》在 15 世纪初已译成拉丁文，地圆学说在欧洲日益流行。佛罗伦萨的地理学家托斯堪内里绘制的《世界地图》，把中国和印度画在大西洋对岸，推断从欧洲西航即可直达东方。此即哥伦布远航时所用的地图。远在欧洲人寻找新航路之前，亚非各国人民(中国、印度、阿拉伯人等)业已开辟了从中国、印度等地前往红海、波斯湾之间的航路。实际上，西欧人开辟新航路，是在世界各国人民航海技术、经验和成果以及新的地理知识的基础上进行的。

——刘明翰主编：《世界通史(修订版)》中世纪卷，北京：人民出版社，2017 年，第 412—413 页。

教师设问：我们知道了新航路开辟的经济动因、政治动因和文化动因，那么，实现这样规模的远洋探险，还应该需要什么样的条件呢？

参考答案：还需要科学技术和知识的支撑，比如材料中涉及指南针、航海技术、地理知识等。

【设计意图】 通过对新航路开辟条件的分析，一方面是引导学生多角度、全面思考问题，自主建构知识体系，另一方面是引导学生从社会文化层面了解当时的西欧。

（四）新航路的开辟

教师引导分析：充分利用教材文本，区分西班牙、葡萄牙的航行路线，知道英国、荷兰、法国从大西洋出发，向北、向南探寻航路的基本情况。

【课时小结】

设计新航路开辟动因和条件结构图，标明各个知识点之间的关系。

第7课　全球联系的初步建立与世界格局的演变

一、学习目标

1. 对比古代世界各地的联系情况与新航路开辟以后世界各地的直接交流；分析新航路开辟以后世界各地之间人口迁移、物种交换、商品直接流动和人们对世界认识的改变，理解“全球联系”的内涵。

2. 通过地图、文字等多种材料，从时间和空间上确定西方国家进行殖民扩张的史实，理解西欧发生的商业革命及随之而来的西欧力量的增长；了解被殖民地区的情况以及西欧殖民者在当地的活动方式，在此基础上解释殖民扩张对殖民地的双重影响——掠夺当地的资源，造成巨大的灾难，客观上也加速了欧洲文化技术在当地的传播。最后，学生能解释新航路开辟以后的世界格局变化，即世界各地从孤立均势到密切联系，以西欧国家为主导。

二、学习重点

全球联系的内涵；世界格局的演变；“整体的世界”的含义。

三、学习难点

全面分析全球联系的内涵；全球联系怎样改变了世界格局；解释“整体的世界”。

四、教与学活动

【导入新课】

教师引导分析：这一课论述的是新航路开辟的影响，和第6课共同组成一个完整的体系。这一课“全球联系的初步建立与世界格局的演变”就是对单元主题“整体世界”内涵的表述，那具体怎样解释二者之间的关系呢？我们下面就这些问题展开讨论。

【学习新课】

（一）全球联系的初步建立

1. 新航路开辟以前世界各地之间的交流状况

材料一　地理大发现以前世界各文明间的交流受各种条件和因素的限制，呈现十分明显的闭塞性。全面的文明交流是不可能的，局部文明交流的传播速度也十分缓慢，辐射的强度受到很大的限制。例如，中国造纸术的西传始于751年，此后经历500余年才从中亚传至意大利的那不勒斯(1276)，到1494年才传至英国，但是地理大发现以后，传播速度明显加快。1576年传至莫斯科，1586年传至荷兰，以后很快传遍世界各个角落。

在地理大发现以前，大海对于人类交往来说是天堑而非通途。骆驼、马驴、非机动车辆、徒步的陆上交往，是沟通各地区的主要途径。海上交往虽有一些，而且在有些地区还比较发达，如地中海地区、黑海到波罗的海的欧洲沿岸、阿拉伯海、南海等，但基本上都属近海近岸航行。

——萧国亮、隋福民编著：《世界经济史》，北京：北京大学出版社，2007年，第120页。

教师设问：当今学者普遍认为新航路开辟初步建立起了全球联系。那么，在此之前，世界各地之间难道没有交流么？如果有，那又是怎么样的呢？

参考答案：新航路开辟以前，世界各地之间的交流非常局限——区域的、局部的，文明传播速度慢，交通以陆路为主。

【设计意图】 对核心素养的指向是时空观念水平三，能够把握相关史事的时间、空间联系，运用特定的时间和空间术语对较长时段、较大范围的史事加以概括和说明。

过渡：回顾第6课学习的内容，新航路开辟以后，世界各地的交流发生了什么变化？新航路开辟以后，欧洲商人直接走海路到达美洲、非洲、亚洲和大洋洲，打破了交流的区域限制，此后世界各地的交流以海路为主。这样一来，各地交流的速度会提升，规模也会增大。那么，文明的交流与传播主要体现在哪些具体事情上呢？

2. 人口与物种交换

材料二

表1　近代以来全球人口迁移

时间	1500—1850	1850—1945
主要移出地	欧洲、非洲	欧洲、亚洲
主要移入地	美洲	美洲
人口迁移数量	至1850年，黑奴约为1 500万，为白人移民的4—5倍	1846—1924年，欧洲移出4 800万，1834—1941年，亚洲移出1 200—3 700万

——摘编自邬沧萍主编：《世界人口》，北京：中国人民大学出版社，1983年，第340—344页。

教师设问：结合表格和教材相关内容说明1500—1850年间，全球人口的主要迁移方向是什么？为什么会形成这样的迁移？

参考答案：从欧洲、非洲向美洲迁移。欧洲人主要是去美洲进行殖民掠夺，非洲人口大量迁移到美洲是因为黑奴贸易。

材料三　新大陆的猪、马、牛、羊等大牲畜，也都是从旧大陆引进的。当时人戏称：有三大动物引领着大征服——西班牙贵族、猪和马。哥伦布的船队里有猪，猪在新大陆上岸后，表现出极强的生命力。在土著人口纷纷死于病菌时，猪却大量繁殖。殖民者随处放养的猪，几乎是他们早期的唯一肉类来源，帮助他们渡过了难关。美洲第一批马随哥伦布于1493年登陆。马令印第安人感到异常惊恐，他们从未看见过这种高大而快捷的动物。马为欧洲人在与印第安人的战斗中赢得了一定的军事优势。据一位殖民者记载，一名骑在马上的士兵，一小时可以戳死2 000名印第安人。马作为畜力的使用，改变了新大陆以人力为主的劳动模式，这种影响是深远的。

——武寅主编：《简明世界历史读本》，北京：中国社会科学出版社，2014年，第345—346页。

教师设问：阅读教材相关内容，结合材料三，分析人口和物种交换造成的影响。

参考答案：改变了传入地的饮食结构，高产的玉米、甘薯、土豆等使得欧洲和亚洲人口大大增加，猪在美洲维持了殖民者数量的稳定；牛的传入改变了美洲的劳动方式；马提升了殖民者的军事优势；欧洲疾病传入使得当地人口大量减少，便利了欧洲人的殖民统治。

【设计意图】 学生知道新航路开辟所带来的大量的人口迁移，以及由此带来的物种交换的情况，能够对比此前世界各地的交流，进一步理解"全球联系"的内涵——世界各地之间直接频繁的交流以及交互影响的加深。对核心素养的指向是：①唯物史观水平二，知道经济基础与上层建筑之间的辩证关系；②历史解释水平二，能够选择、组织和运用相关材料并使用相关历史术语，对具体史事作出解释。

过渡：西欧人乘着远洋船只来往于世界各地，他们对于世界的认识也随之发生改变。

3. 人们对世界认识的变化

材料四 15世纪，西欧人获得了托勒密的《地理学》。托勒密把世界描述成球体，它被分割成相似的360度经度。托勒密认为世界是由三大洲组成的——亚洲、非洲、欧洲——和两大洋——印度洋和西洋(Western Ocean)。地图被人物环绕着，这些人物代表着众多气流，这对于航海世界而言是非常重要的。此外，在洲的数量上托勒密犯了两个主要的错误：他低估了海洋的面积，认为陆地占据了地球表面的四分之三，并且他错误地把地球大小计算成为真实面积的六分之五大。由于只有托勒密地图的指导，后来的探险家认为往东旅行的距离比真实距离短是可以理解的。然而在大发现时代，托勒密的理论在面对经验世界时逐渐淡出了。

——[美]丹尼斯·谢尔曼、乔伊斯·索尔兹伯里著，陈恒、洪庆明、钱克锦等译：《全球视野下的西方文明史：从古代城邦到现代都市》中册，上海：上海三联书店，2011年，第528页。

教师引导分析：通过阅读材料四与第7课导入部分，观察《15世纪的世界地图》和《16世纪的世界地图》可知，新航路的开辟改变了欧洲人的地理观念，托勒密的地理学说逐渐为人所抛弃。随着新大陆的发现，欧洲人新的世界观念逐步形成。

【设计意图】 通过文本阅读培养学生汲取信息解释历史事物的能力，通过观察地图并将地图中的信息转化成文字，培养学生的时空观念和阐释历史问题的能力。

4. 商品的世界性流动

材料五 根据官方的保守数据，在1521—1600年间，仅秘鲁和墨西哥的矿山就出产了1.8万吨白银和200吨黄金，这些金银以"合法"的途径涌入到西班牙，进而通过各种渠道进入到西欧几个重要国家。16世纪中叶欧洲在美洲殖民地采掘的金银比美洲被征服前的采掘量多4倍。

——萧国亮、隋福民编著:《世界经济史》,北京:北京大学出版社,2007年,第118—119页。

教师设问:新航路开辟后,世界真正连为一体,商品交易也不再局限于邻近地区,而是开始了世界性流动。从材料五及教材的《三角贸易示意图》中,我们可以看到这种现象吗?这种现象产生了什么影响?

参考答案:从教材中的《三角贸易示意图》中,可以看到欧洲的商品运到非洲,非洲的黑奴运到美洲,美洲的商品运到非洲和欧洲,不同地区的商品开始世界范围内的流动。从材料五可以看到,大量的白银和黄金涌入西班牙、葡萄牙等欧洲国家。新航路开辟后带来商品的世界性流动,促进了西欧资本原始积累,推动了欧洲资本主义的发展。

材料六 新航路开辟以后,西班牙人首先进入的是美洲的加勒比海地区。1496年,他们在伊斯帕尼奥拉岛(今该岛东部为海地,西部为多米尼加共和国)建立了第一个殖民据点——圣多明各;1508年到1509年,又占领了波多黎各和牙买加等岛屿。到16世纪上半叶,西班牙殖民者已经在美洲沿海基本站稳脚跟。至16世纪中叶,西印度群岛的主要岛屿完全沦为西班牙的殖民地。此后,西班牙人开始把殖民势力的触角从沿海伸向内地。到1550年为止,西班牙已经征服了除巴西以外的整个南美洲、整个中美洲以及北美洲的部分土地。

葡萄牙早期的海外殖民活动主要集中在非洲和亚洲,在美洲的殖民活动基本局限在今天的巴西。

葡萄牙人到达东方后,面对着当时亚洲人口众多、经济发达、军备完善的专制帝国,根本无法像在美洲那样拓土殖民,只好采取在亚洲各地建立商站的办法,以控制商路,垄断贸易。1510年,葡萄牙人占领了印度西海岸的果阿,其后又入侵锡兰(今斯里兰卡)。1511年,葡萄牙人控制了从印度洋通往东南亚的交通咽喉马六甲海峡……到16世纪中叶,葡萄牙建立的商站总数已经达到50多个。

1564—1571年西班牙对菲律宾群岛的入侵和征服,是西班牙在美洲殖民势力向太平洋西部的延伸。

——摘自徐蓝主编:《世界近现代史:1500—2007》,北京:高等教育出版社,2012年,第244—245、254—255页。

教师引导分析:西班牙的殖民地主要在美洲地区,还有亚洲的菲律宾。葡萄牙的殖民地主要在非洲和南亚、东南亚沿海地区。

材料七

表2 16世纪中期以后以澳门为中心的国际贸易主要航线

航线	主要商业活动	白银流动情况
澳门—果阿(今属印度)—里斯本	葡萄牙人将美洲产的白银经果阿运至澳门,换取从广州运至澳门的中国商品,如生丝、丝织品、棉布、瓷器、麝香、朱砂等	1570—1644年,美洲所产白银有大约一半流入中国

续表

航线	主要商业活动	白银流动情况
澳门—长崎	葡萄牙人夏季将中国商品从澳门运往长崎，秋季装载日本白银及特产返回澳门	1540—1644年，日本所产白银绝大部分流入中国，约7 500吨左右
澳门—菲律宾马尼拉—墨西哥	葡萄牙人及华商将中国的生丝等商品运至马尼拉，西班牙人将这些货物运至墨西哥，换取大量的墨西哥及秘鲁白银，其中的绝大部分又运回澳门，最后流入中国大陆	1570—1644年，美洲所产白银有大约一半流入中国

——摘编自王天有、高寿仙著：《明史》，北京：中信出版集团，2017年，第348—350页；万明主编：《晚明社会变迁：问题与研究》，北京：商务印书馆，2005年，第230—246页。

教师设问：阅读教材“商品的世界性流动”子目，结合材料七及教材中的马尼拉大帆船图片，概述西班牙、葡萄牙殖民活动的特点，分析中国在当时世界贸易中的地位。

参考答案：特点：在非洲和美洲欺诈抢掠，垄断从欧洲到东方的商路。地位：中国在当时的世界贸易中占有重要地位，中国的商品行销世界，全球所产白银大量地流入中国。

材料八　南洋地区是中国与西方贸易通道的中间段，中国很早就与这一地区有贸易往来。马来半岛很早就是东西方贸易的中转站和集散地。中国隋代曾派遣使节出访马来半岛，并进行贸易活动。宋代，马来商人直接到中国的广州和泉州贸易，用香料、象牙、犀角等来换取中国的丝绸、瓷器和米酒等。到了元代，由于东西方贸易的发展，马来半岛的新加坡和马六甲成了东西方航线的要冲，也是东西方商品的集散地。除了中国和南洋商人，还有来自开罗、麦加、亚丁、拜占庭、土耳其、亚美尼亚等地的商人。在马来半岛，中国商人还开辟了到印度尼西亚的航线……菲律宾是太平洋商路的中转站。

——高德步、王珏著：《世界经济史(第二版)》，北京：中国人民大学出版社，2005年，第170—171页。

教师引导：材料八说明在新航路开辟之前，东西方贸易是通过中转完成的。结合教材内容，可以发现新航路开辟后，西欧商人在世界贸易的主要活动轨迹——在大西洋进行三角贸易，把大西洋、印度洋和太平洋连成一体。

总体梳理下来，西欧商人通过新航路来往于世界各地之间，追逐巨额商业利润，这种利润是世界连成一个整体的根本动力，而各地之间直接的贸易往来也是全球联系的最主要表现。

【设计意图】　引导学生理解“商品的世界性流动”代表的即是世界性市场的形成，并且能够通过对比新航路开辟前后世界各地之间的商业贸易区别来深刻认识世界性的商业贸易网络。对核心素养的指向有：历史解释水平三，能够选择、组织和运用相关材料并使用相关历史术语，在正确的历史观和方法论的指导下，对系列史事作出解释。

过渡：那么在这种建立了全球联系的整体世界里，世界格局发生了怎样的变化？

（二）世界格局的演变

1. 早期殖民扩张

材料九　西班牙、葡萄牙最早走上殖民掠夺的道路，这时资本主义刚刚萌芽，它们的殖民政策带有浓厚的封建和半封建的色彩，它们对殖民地在政治上实行专制统治，国王任命封建贵族充任各殖民地的总督，执掌军事、民政和司法大权。在经济上推行种植园奴隶制，并强迫土著居民开采金银矿产，掠夺贵金属。1521—1600年间从美洲运到西班牙的白银有18 000吨，黄金200吨。

随后兴起的是荷兰、英国，由于此时资本主义比以前发达得多了，所以商业垄断公司是进行海外殖民的基本组织形式。英国从1553年到1680年间，组织了49个商业垄断公司，投资额由1558年的1万英镑增加到1695年的400万英镑以上。法国从1599年到1789年至少建立了75个商业垄断公司。荷兰最著名的垄断公司是1602年成立的"东印度公司"，它在1606年拥有军舰41艘、商船约3 000艘、雇员10万人，它不但垄断东印度的贸易，而且统治印度尼西亚和其他荷属殖民地。这些后起的殖民国家同样采取血腥的手段进行资本原始积累，如从事黑奴贸易、剿灭土著居民等。资本原始积累充满着腥风血雨，欧洲资本主义的发展建立在其他地区人民被殖民和奴役的基础之上。

——摘编自王斯德主编：《大学世界史》，北京：高等教育出版社，2011年，第177—178页。

教师引导分析：西方国家早期殖民活动的特点——兼具商业性和暴力性。

【设计意图】 学生能概括西欧国家早期殖民扩张的情况。对核心素养的指向有：时空观念水平三，能够把握相关史事的时间、空间联系，运用特定的时间和空间术语对较长时段、较大范围的史事加以概括说明。家国情怀水平三，能够表现出对历史的反思，从历史中汲取经验教训，更全面、客观地认识历史和现实社会问题。

过渡：西欧国家的这种殖民扩张，会对世界格局造成怎样的影响？

2. 殖民体系开始形成

教师讲述：新航路开辟、殖民扩张给西欧带来了商业革命，内容包括：第一，贸易规模扩大，商品种类增加；第二，股份公司和证券交易所出现；第三，欧洲贸易（商路）中心的转移；第四，贵金属流入，物价上涨和价格革命。我们可以通过以下材料了解价格革命。

材料十 新航路的开辟引起了"价格革命"。西方殖民者从殖民地，特别是从美洲掠夺和开采的大量贵金属，源源不断地流入欧洲，仅16世纪内，欧洲的黄金数量大约从55万公斤增加到119.2万公斤；白银从700万公斤增加到2 140万公斤。金银贬值，物价相应上涨，出现了价格的"飞跃"（"革命"）。16世纪末，西班牙的物价平均上涨四倍半，谷物涨价五倍，英、法、德等国也有不同程度的上涨。

在"价格革命"的过程中，新兴的工商业资产阶级以及和市场有关的或采取某些资本主义经营方式的贵族和富农都获得了暴利。反之，劳动人民因日用品价格上涨，实际工资下降而日益贫困化。例如16世纪时，法国的物价上涨120%，而工资只提高了24%。"价格革命"对于按传统方式征收定额货币地租的封建主是不利的，促使城乡阶级矛盾更加尖锐，加速了西欧封建制的衰落和资本主义的发展。

——刘明翰主编：《世界通史（修订版）》中世纪卷，北京：人民出版社，2017年，第419、421页。

教师引导分析：阅读教材"问题探究"中的两段材料，结合材料十说明，西欧国家的殖民扩张对西欧和被殖民地区分别造成了怎样的影响？

参考答案:对被殖民地区:奴役屠杀当地人,掠夺当地财富,阻断了当地经济和文明的正常发展;对西欧:从被殖民地区掠夺的大量财富流入欧洲,转化为资本,促进了西欧的资本原始积累,推动资本主义发展,进而有利于后来的社会变革。

过渡:这样的不同结果对世界格局会产生怎样的影响呢?

材料十一 大发现、大航海、大探险时代全面交往的结果之一,是国际劳动分工首次大规模地在人类历史上形成,世界由此逐步变成一个"经济单位";南北美洲和东欧(包括西伯利亚)生产原料,非洲提供劳动力,亚洲提供各种奢侈品,西欧则指挥这些全球性活动,并愈益倾全力于工业产出。世界地区经济联系的加强,给西欧带来无限的经济利益。西欧是世界贸易的指挥者和受益者。他们从奴隶贸易、甘蔗及烟草种植业以及东方贸易中获取最大的利润。最重要的是,新的全球贸易刺激了欧洲经济,正是在这个时期,欧洲在世界经济中跃居先进地位。而且,海路畅通所促成的全面交往除了物质文明以外,还有思想、制度、观念、宗教、文艺、科技等精神文明。因此,新的世界交往的广度和深度是以往的交往所无法比拟的。

——萧国亮、隋福民编著:《世界经济史》,北京:北京大学出版社,2007 年,第 120—121 页。

教师设问:新航路开辟以后,世界各地之间形成了怎样的关系?

参考答案:世界各地之间形成了直接的、深度的、密切的相互关系,这种相互关系最主要就是经济关系——西欧提供工业品,美洲和东欧提供原材料,非洲提供劳动力,亚洲提供奢侈品。西欧是全球贸易的最大受益者,其经济发展速度在世界开始领先,并开始了早期工业化的积累,而世界其他地区开始处于经济上依附于西欧的状态。除了经济之外,世界各地的制度、文化也在全面流动,深度、全面联系的整体世界开始形成。

【设计意图】 引导学生了解殖民者在被殖民地区的活动,知道殖民活动对西欧和被殖民地区造成的影响,进而理解世界格局的变化——从相对孤立、均势到相互联系、西欧实力上升并压迫被殖民地区。对核心素养的指向有:历史解释水平三,能够选择、组织和运用相关材料并使用相关历史术语,在正确的历史观和方法论的指导下,对系列史事作出解释。家国情怀水平三、四,能够表现出对历史的反思,从历史中汲取经验教训,更全面、客观地认识历史和现实社会问题。

【课时小结】

材料十二 美洲的发现、绕过非洲的航行,给新兴的资产阶级开辟了新天地。东印度和中国的市场、美洲的殖民化、对殖民地的贸易、交换手段和一般商品的增加,使商业、航海业和工业空前高涨,因而使正在崩溃的封建社会内部的革命因素迅速发展。

——《共产党宣言》,北京:人民出版社,1997 年,第 28 页。

教师设问:

① 材料所述"新天地"是什么意思?

② 如何解释材料提到的"革命因素"?

③ 新航路开辟以后,世界格局发生了怎样的改变?

参考答案:①指美洲、亚洲、非洲,也就是西欧资产阶级去掠夺财富的地区;②封建势力的衰落，资产阶级和资产阶级化的农场主势力上升，要求扩大政治权利。③从中古时期的相对孤立，逐渐形成关系密切的整体。西欧国家在这个整体中占据了主导地位，亚非拉美等很多地区的正常发展进程被打断，被西欧殖民者侵略和操纵。

单元总结

材料一　克里斯托弗·哥伦布和瓦斯科·达·伽马的这些航海壮举，是自农业在几千年前被缓慢发明以来世界历史上最重要的事件。葡萄牙人的航行，将世界上两个充满活力和财富，却没有通航的地区连接起来。西班牙的航行，则让两个曾有人居住，但远隔万里且互不知晓的世界发生了接触。

——[澳]杰弗里·布莱内著，李鹏程译：《世界简史》，上海：上海三联书店，2018 年，第 206 页。

教师设问：① 材料中提到的“最重要的事件”是指什么？

② 这个事件连接了哪两个“充满活力和财富”的地区？影响如何？

③ 这个事件使哪两个“远隔万里且互不知晓的世界发生了接触”？影响如何？

参考答案：① 新航路的开辟开启了近代世界的序幕。

② 欧洲和亚洲：欧洲获得了大量海外财富，加速了资本原始积累，资本主义快速发展，为社会变革打下基础。东南亚很多国家沦为殖民地，中国等国家越来越多地参与到国际贸易当中。

③ 欧洲和美洲：欧洲获得了大量海外财富，加速了资本原始积累，资本主义快速发展，为社会变革打下基础。美洲大量人口死亡，财富被掠走，自身的正常发展进程被打断。

第三部分

学习资源拓展

第6课　全球航路的开辟

材料一　新航路开辟以前世界各地的形势

拜占庭帝国在查士丁尼一世的统治下曾占据整个地中海流域，但在以后数世纪里，疆域不断缩小，只是个别时期里恢复过原状；到15世纪时，仅剩两个很小的立足点，一个在伯罗奔尼撒半岛，另一个在君士坦丁堡附近。北面，情况正好相反，俄罗斯人正在四处掠取土地。

在这同时，与欧亚大陆类似的发展正在非欧亚世界展开，只是其速度比较慢。农业和冶铁技术传入撒哈拉沙漠以南的非洲后，促进了当地经济、商业的发展和帝国的建立。在美洲，农业是独自发展起来的，而且非常成功，因为那里驯化、栽培了大量的植物。但是，由于美洲与世隔绝，冶铁技术从未像它从欧亚大陆传入撒哈拉沙漠以南的非洲那样，到达过美洲。不过，繁盛的农业为建立可与撒哈拉沙漠以南非洲的帝国相比的国家，提供了基础。

作为上述所描绘的历史发展的结果是，到1500年，也就是欧洲人开始海外扩张、第一次使所有地区相互发生直接交往之时，世界各地区已达到各种不同的发展水平。发展水平的不同具有根本的历史重要性，因为它决定了欧洲人在以后数世纪里进行扩张的路线和速度。海外地区的发展愈迟缓，欧洲人的侵入就愈迅速、愈具有压倒之势；相反地，海外地区愈先进，他们对欧洲人的抵抗则愈有效、愈持久。

——[美]斯塔夫里阿诺斯著，董书慧等译：《全球通史(第七版)》上，北京：北京大学出版社，2005年，第800页。

材料二　庄园制度

一般来讲，典型的庄园应与村子一致，即一村一庄。但事实上，有的村庄不止一个庄园，这是因为一个村庄的土地可能分别为几个领主领有。同时，领主的领地往往不是分布在一个村庄内，而是分散在许多村庄中，但一个庄园却不可能分散在不同的村庄。所以，庄园与领地也可能是不一致的。但最典型的庄园与领地和村庄应该是一致的，也就是说，一个村庄的土地大部分为一个领主领有，并在这个村庄建立起一个统一的经营单位，即庄园。庄园是封建地产的一个独立经营、独立核算的单位。

庄园是封建主经营地产的一种特定形式，其基本特征应是具有领主自营地和农奴份地这两种土地，领种份地的农民必须无偿服劳役以耕种领主自营地。为了强制农民从事这种劳动，封建主对农民具有行政、司法上的权力。庄园上还设置房屋、仓库、马厩，置办必要的农具，喂养牲畜家禽，还有一些初级手工业及农产品加工，以使它能供应封建主一应生活所需。

领主的自营地很少连成一片，而是以条田的形式与农民的份地交错分布。这部分土地主要依靠农奴的无偿劳役来耕种。农奴必须首先在领主的自营地上劳动，工作完毕才能在自己的份地上工作。这就是领地的优先权。

农奴的份地归农奴耕种，这部分土地的所有权是领主的，农奴只有占有权和使用权。所以，一般来讲，农奴在死后要将土地交还给领主，农奴的儿子要继续耕种这块土地，必须从领主那里再领有一次，而且要缴纳继承金。

——摘编自高德步、王珏著：《世界经济史（第二版）》，北京：中国人民大学出版社，2005年，第140—141页。

材料三　教皇子午线的划定

当西班牙人和葡萄牙人争夺东方香料的角逐全面展开的时候，葡萄牙人并不总是赢家……1494年6月在西班牙西北一个叫托尔德西里亚斯的小镇上签署了一个条约，就其划分星球地域的角度来说，这个条约可能是有史以来最宏大的外交条约。当哥伦布1493年远征归来之后，西班牙王室迅速行动起来，意在划清所有未来远洋航行的界限：哪些国家有权去开发哪些地方。这个问题被提交给世俗和宗教事务的最终裁判者罗马教廷。同年底亚历山大六世公布有关此事的教皇谕旨，它规定西班牙对跨越佛得角群岛以西100里格（约515公里）的那条经线以西的所有岛屿拥有主权。西班牙对哥伦布所造访的那些岛屿拥有主权，而葡萄牙对其所发现的西非沿岸拥有主权。

但是对葡萄牙人来说，这个规定不太令人满意。由于教皇是在西班牙出生的，葡萄牙国王若昂二世觉得这个规定带有国家的偏见，他于是要求修改，经过在托尔德西里亚斯的漫长谈判，终于达成了修改协议，结果教皇的地球划分线被向西挪了。根据修改了的新的规定，两个伊比利亚国家各分得距佛得角西端370里格（约1 907公里）的经线一侧的地带，葡萄牙占有东侧的所有岛屿，西班牙占有西侧的所有岛屿，这等于说它们两国协商瓜分了世界。

——［澳］杰克·特纳著，周子平译：《香料传奇：一部由诱惑衍生的历史》，北京：生活·读书·新知三联书店，2007年，第26—27页。

材料四　重商主义

新兴的民族国家和商业资本旨在获取货币的本性，使它们迅速结成联盟，这种联盟清楚地反映在当时西欧各国所实施的政策和信奉的学说上，这些政策和学说被称为重商主义。重商主义在其发展过程中经历了两个历史阶段，大约15世纪至16世纪中叶为早期重商主义，16世纪下半期至17世纪为晚期重商主义。

无论早期还是晚期重商主义，都把货币看作是财富的唯一形态，把货币多寡作为衡量国家富裕程度的标准，强调政府对经济生活的干预。

重商主义时代人们普遍认为世界财富的总量是既定的，国际市场是有限的，贸易就是常年的战争，谁在贸易中占据首位，谁就可以充当战争与和平的裁判者。因此，各国政府都致力于如何从大致固定的国际贸易额中获得最大利益，如何利用本国的条件造成贸易顺差，从而保证金银多进少出。商业原因引起的冲突集中表现为对海上霸权和海外殖民地的争夺。

在推行重商主义政策时，各国有不同的侧重点。西班牙和葡萄牙最重视控制金银的贸易。英国与其他欧洲国家相比，重商主义政策最明显的体现是实行对外扩张，为此政府进行商业战争和颁布一些列航海法令。法国则注重工场手工业的发展,法国的手工工场多为法国政府直接出资创办。

——摘编自高德步、王珏著:《世界经济史(第二版)》,北京:中国人民大学出版社,2005年,第195页。

材料五　近代香料贸易和西欧的航海技术

欧洲人开辟到东方新的航路的最主要目的是为了获得经济利益——寻求亚洲的香料和黄金。胡椒、肉桂、肉豆蔻和丁香都只能在东南亚热带气候下才能生长(丁香生长在摩鹿加群岛,肉豆蔻产于班达群岛,胡椒则主要产自苏门答腊),由于它们的防腐性质,这些商品在中世纪的欧洲非常珍贵而畅销。此前,亚洲的香料等奢侈品经伊斯兰教徒、威尼斯和热那亚中介人之手进入欧洲家庭,几经转手,价格很高。奥斯曼帝国兴起之后,他们控制了东地中海的贸易,传统的中亚商路被阻塞了,导致了欧洲香料的奇缺和价格的昂贵。

14、15世纪,欧洲发明了一种适宜在海上航行、具有一定的抗风浪能力的多桅快速帆船。这是一种小型船,重70吨左右,长仅60或70英尺(1英尺约合0.3米)。它有一条笔直的龙骨和一座安置在船尾上的舵,并配备大三角帆。这种船的特点是灵活且速度很快,哥伦布首次远航时使用的"平塔"号和"尼娜"号就是这种船。欧洲人将中国人发明的指南针运用到航海上,解决了在茫茫大海上航行的导航问题。

——王斯德主编:《大学世界史》,北京:高等教育出版社,2011年,第175页。

材料六　近代西欧地理知识的进步

西欧的一些国家和地区拥有优良的天然港口,其生活方式部分依赖于海上贸易和渔业,它们发展了海洋科学。13、14世纪"地圆学说"的发展为探寻新航路奠定了理论基础,15世纪以后佛罗伦萨的托斯堪涅里根据"地圆学说"绘制的世界地图,就已经将印度置于大西洋的西岸。此外,人们对地球的表面积、陆地和海洋的距离方位等有了新的认识。

此外,托勒密(公元2世纪的希腊天文学家)的地理学也从15世纪起享誉西方,它从数学角度来观察地球表面的问题,尽管低估了地球的圆周。红衣主教皮埃尔·戴利是15世纪最早引用托勒密《地理学》拉丁文译本的人之一。现代地图学诞生于葡萄牙。公元1418年,亨利王子在萨格里什创设了第一个地理研究院。他从地中海周围各地把具有不同信仰的学者网罗到萨格里什来,有地理学者、制图学者、数学家、天文学者以及会各种语言的手稿的专家。他的工作人员内有基督教徒、犹太人和穆斯林。他这种兼容并包的做法,吸取了各个文明对自然地理科学的成就,使葡萄牙处于这方面的领先地位。

——摘编自肖国亮、隋福民编著:《世界经济史》,北京:北京大学出版社,2007年,第110—111页。

材料七　圣塔菲协定(1492年4月17日,西班牙国王与哥伦布签订)

经过近3个月的谈判,朝廷和哥伦布达成了"伟大事业"的详细协议。共有7个主要文件,一是协议要项;二是委任授衔状;三是致外国君主的国书;四是护照;还有三份是关于准备探险船队的命令。有些史著和学者把它们统称为"圣塔菲协定"。圣塔菲协定授予哥伦布的职衔和权益有:在探航成功以后,一是授予他"唐"(Don)的贵族头衔,任命他为发现和取得的一切岛屿和大陆的海洋元帅(Admiral)。其后代可以世袭其一切爵位、职衔及权利。二是任命他为那些地区的副王(Viceroy)和总督,对下属官员有推荐提名权,朝廷从他提出的每三个候选人中选择一个。三是哥伦布拥有在那些领地内获得的各种财富的1/10,并一概免税。四是赋予他在新领地内的商务裁判权。五是他有权对开往新领地去的一切船只投资、控股、分红1/8。

……

圣塔菲协定和文件在航海探险方面也反映了朝廷和哥伦布的一些设想、态度和政策。一是此行不仅要开辟去东方的新航路,还要尽可能地发现一些岛屿甚至大陆。这显然是受西欧的一些传说和葡萄牙人的发现的影响。尽管哥伦布后来没有意识到他所发现的地区属于一个新大陆。二是要把新发现的无人地区或只有野蛮人的地区(如同西非沿岸)纳入西班牙的版图、殖民地或势力范围。这反映了西班牙的扩张要求。三是他们所说的印度地区是包括东亚的,这体现了当时的地理概念。四是对日本、中国、印度等已知的文明国家,他们还是比较客气的,所以才发护照,致国书,说明他们到这些国家来的原因和目的。可见,他们所谓"一定的原因和目的"就是如果无机可乘或见势不妙,便只是通商和交流。

——摘编自张箭著:《地理大发现研究》,北京:商务印书馆,2002年,第127—128、129—130页。

材料八　葡萄牙商业殖民帝国的建立

1498年,葡萄牙航海家华斯科·达伽马紧随其他勇敢的探险家之后绕过非洲,发现自己处于陌生的阿拉伯商业世界之中。他在马拉巴尔海岸(印度西南海岸)登陆,看到整日忙碌的、有着各种宗教背景的商人。这些人对欧洲的了解与欧洲人对印度的了解相比,简直有过之而无不及。但他们认识到葡萄牙人的来临会干扰他们已经建立的商业渠道。达伽马利用当地的竞争,成功地把他的船只装满了他垂涎的货物。在1502年第二次航行时,他准备得更充分,带了一支不少于21艘船只的作战舰队。葡萄牙人和阿拉伯商人之间爆发了一场恶战,后者得到埃及人、土耳其人,甚至远方的威尼斯人的各种支持,他们全都关心维护旧的商路。像西班牙人一样,葡萄牙人曾经受过在国内反对摩尔人的长期战争的锻炼,因而任何暴行都不会使他们惧怕。

随后几年,葡萄牙人在马拉巴尔海岸的果阿、红海口附近的亚丁、波斯湾口附近的霍尔木兹和东非设立了永久性的堡垒。1509年,他们到达现在新加坡附近的马六甲。他们从那里北上进入中国本土,东行到达新几内亚以西的香料群岛中心——安汶,从而创建了一个帝国,一个依靠火器和海上霸权威力,以及交替使用战争与掠夺贸易维持的欧洲第一个商业殖民帝国。

——[美]R. R. 帕尔默、乔·科尔顿等著,孙福生等译:《帕尔默现代世界史》01,北京:世界图书出版公司,2010年,第122页。

材料九　殖民者之间的争夺

在大西洋的各个地区,葡萄牙人都是西班牙人的竞争对手。1494年,这两个国家达成了一项特别协议,这项协议经《托尔德西里亚斯条约》认可后生效。这项条约以一条经线为界,将世界分成了两个部分,一部分归西班牙所有,另一部分归葡萄牙所有。这条经线穿过了两极和佛得角群岛(已经被葡萄牙人占领)以西的地区,把哥伦布发现的古巴岛和伊斯帕尼奥拉岛划归西班牙。后来,双方又对最初的协议进行了调整,葡萄牙人获得了巴西的大部分地区;之后,伊比利亚人又开始瓜分世界的另一边。1529年签订的《萨拉戈萨条约》又在远东地区划了一条线。

——[英]安德鲁·玛尔著,邢科、汪辉译:《世界史》,天津:天津人民出版社,2016 年,第 253—254 页。

材料十　向大洋洲的探索

欧洲人接受地圆学说后,开始尝试从地球的两极到达东方。一些人推测在地球南端一定存在大块陆地,并不断发起探索南方新大陆的活动。通过这些航海活动,大洋洲的面貌渐渐为西方人所了解。但真正促进西方人开发大洋洲的,是库克船长的航行。

库克船长,原名詹姆斯·库克(1728—1779)。他三次向大洋洲远航,成为第一个登上澳大利亚大陆的欧洲人。库克长期在英国皇家海军任职,具有航海经验和探险精神。英国政府选派库克出海远航,寻找带有神秘色彩的南方大陆。

1768 年 8 月 25 日,库克船长率领一艘重达 386 吨的陈旧的运煤船"努力号",从英国普利茅斯湾起航。他们沿着南美洲东岸航行,然后穿过合恩角,于 1769 年 7 月到达了南太平洋的塔西提岛。在这里进行了短暂的天文观测后,继续西行,到达并命名了社会群岛,然后又调头向东,到达新西兰的夏洛特皇后湾。到这时,库克船长开始失望,认为所谓"南方大陆"并不存在。于是船队开始返航。在返航途中,船队发现了澳大利亚北部的海岸线。船队尝试登陆,先后到达了魟鱼湾(后来更名为植物湾)、悉尼、昆士兰,以及澳大利亚的北端约克角。由于船员中出现严重疫情,船队被迫返航。1771 年 7 月 13 日,"努力号"经过 3 年的远航回到了英国。

接下来,在 1772—1775 年、1776—1780 年,库克船长又带队进行了两次远航。他的航线深入包括澳大利亚大陆在内的大洋洲众多岛屿、海峡。更为宝贵的是,他绘制了大洋洲的地形图,至此,欧洲人对大洋洲的轮廓有了清晰的了解。1779 年 2 月,船队在夏威夷与土著岛民发生冲突,库克船长被岛民刺死。余众率领船队返航,于次年返抵英国。库克船长被刺后俯身倒地、面部埋入沙滩的画面,后来被渲染成为西方绘画的常见素材。

——武寅主编:《简明世界历史读本》,北京:中国社会科学出版社,2014 年,第 341—342 页。

第 7 课　全球联系的初步建立与世界格局的演变

材料一　世界市场

世界市场形成于 19 世纪。在世界市场形成以前,世界贸易以区域性贸易为主。这是由于古代世界交通工具不发达,世界各个民族被各种地理屏障和距离所分割。所以,世界贸易必然首先是区域性的贸易,即邻近的国家和地区间的贸易。这种贸易往往形成一个区域。在古代的世界贸易中,这种区域性贸易一直占主导地位,致使世界形成几个繁荣的贸易圈。

一是地中海贸易圈。

二是东亚贸易圈(南洋是中国和西方贸易的中转站)。

三是波罗的海和北海贸易圈。

世界市场不是一个地理概念，而是历史性的经济范畴，其内涵随着经济的发展不断变化。狭义的世界市场是世界各国相互间进行商品交换的场所和领域，它突破国家的界限，把从事商品生产的国家和地区连成一体。广义的世界市场不仅包括商品市场，还包括国际金融、劳务、信息和技术市场等。早期世界市场的内容主要以各国之间的商品交换为主。在1450—1640 年这个时期世界市场开始了。

一是欧洲的贸易区（地中海、波罗的海、大西洋沿岸）。

二是太平洋贸易圈（主要是欧洲和亚洲的贸易）。

三是大西洋贸易圈（涵盖欧洲、美洲和非洲）。

——摘编自高德步、王珏著：《世界经济史（第二版）》，北京：中国人民大学出版社，2005 年，第 168—171、198 页。

材料二　商业垄断公司和黑奴贸易

英国从 1553 年到 1680 年间，组织了 49 个商业垄断公司，投资额由 1558 年的 1 万英镑增加到 1695 年的 400 万英镑以上。在这些公司中，比较著名的有“莫斯科公司”“利凡特公司”“东印度公司”“伦敦公司”等。法国从 1599 年到 1789 年至少建立了 75 个商业垄断公司，其中以“东印度公司”和“西印度公司”较为著名。荷兰最著名的垄断公司是 1602 年成立的“东印度公司”，它在 1606 年拥有军舰 41 艘、商船约 3 000 艘、雇员 10 万人，它不但垄断东印度的贸易，而且统治印度尼西亚和其他荷属殖民地。

黑奴贸易最初由葡萄牙人开创于 15 世纪 40 年代，16 世纪以后欧洲殖民者纷纷加入。1713 年《乌特勒支条约》签订后，英国确立了在贩奴贸易中的优势地位。到 1770 年，黑奴的半数由英国船只运载，贩奴近 5 万名；其次是法国人，贩奴 3 万名。利物浦运送奴隶的船只，1730 年为 15 艘，1751 年 53 艘，1760 年 74 艘，1777 年 96 艘，1792 年 132 艘。从 1750 年到 1795 年，利物浦贩卖的黑奴占英国奴隶贸易总额的 5/8，占欧洲奴隶贸易总额的 3/7。18 世纪末，奴隶贸易每年给利物浦带来约 30 万英镑的纯收入。

——王斯德主编：《大学世界史》，北京：高等教育出版社，2011 年版，第 178—179 页。

材料三　新航路开辟以后世界贸易的变化

1500 年以前，主要的跨区域贸易首推欧亚贸易，货物主要是奢侈品——香料、丝绸、宝石及香水；到近代早期结束之时，这种数量非常有限的奢侈品贸易已让位于生活必需品的大宗贸易。

大西洋贸易连接了欧洲、美洲和非洲。新航路开辟之处的贸易主要是葡萄牙和西班牙两国从美洲运回黄金、白银及可可、烟草、皮革等特产，同时从西南非洲运送黑奴到南美和加勒比海地区。17 世纪“三角贸易”兴起，并成为大西洋贸易圈中的典型模式。在此模式中，欧洲出口武器、甜酒、纺织品和金属用具，进口美洲的物产以及非洲的黄金和象牙；美洲出口蔗糖、咖啡、棉花、染料、烟草、毛皮以及黄金白银，输入武器、金属制品、呢绒用具以及黑奴；非洲进口欧洲的武器、金属用具和甜酒，输出黑奴、黄金和象牙。荷兰、英国和法国这些大西洋贸易的后起之秀扮演了更加重要的角色。

传统上由阿拉伯人主导的印度洋贸易也改变了格局，欧洲人凭借其载重量大、结构坚固、火力强大的商船使阿拉伯商人相形见绌。他们并不满足于欧亚之间的贸易，将势力扩展到了亚洲国家之间的贸易。欧洲对亚洲的贸易，与欧洲对美洲、西欧对东欧的贸易相比要小得多,其原因在于:西欧纺织业主反对进口竞争力很强的亚洲棉织品,如英国政府通过法律禁止进口印度棉织品,而欧洲也一直没有生产出可以大规模进入亚洲市场的日用品。因此,欧亚之间的大宗日用品贸易长期不振。

——徐蓝主编:《世界近现代史:1500—2007》,北京:高等教育出版社,2012年,第51页。

材料四　西欧殖民者的扩张范围

新航路的开辟建立起全球性的联系。通过贸易、传教等活动,商品、人员、物种实现了世界范围的流动,包括文化在内的不同文明之间的交流逐渐频繁;另一方面,全球联系的建立也为西欧的殖民者提供了更大的扩张空间。

15世纪,葡萄牙和西班牙率先在中美洲和南美洲建立殖民帝国。葡萄牙还在西非、南亚、东亚、东南亚建立了许多商站和殖民据点,西班牙则入侵了菲律宾。16世纪末和17世纪初,英国、荷兰及法国也走上殖民扩张的舞台,并与西、葡两国展开竞争。1588年,英国打败西班牙的无敌舰队,开始树立海上霸权并向海外积极扩张。1607年和1630年,英国在北美詹姆斯敦和马萨诸塞湾建立了永久性定居点,到18世纪上半期,英国在北美大西洋沿岸建立了13块殖民地,并夺取了西印度群岛的一些岛屿。荷兰于1623年开始在新阿姆斯特丹(今纽约)建立定居点。法国则于17世纪初在北美的新斯科舍和魁北克建立了永久定居点。英、法、荷在争夺殖民地的过程中争端不断,英国最终战胜法国和荷兰,成为新的殖民霸主。

在西欧各国海外殖民扩张的过程中,殖民者摧毁了多个文明,相对平衡的多元文明格局被打破。

——徐蓝主编:《世界近现代史:1500—2007》,北京:高等教育出版社,2012年,第55页。

材料五　西班牙帝国为什么衰落?

16世纪初西班牙经济一般说来可能比当时欧洲最发达的地区要落后一些,但它决不至于落后到无法对迅速增加的需求或经济发展机会作出反应的地步。早在15世纪后半期,西班牙与欧洲许多地区一样,也是原工业化兴起的地区之一。西班牙的造船业也能对迅速发展的航运业和海军作出反应。伊比利亚半岛的航海传统和能力不应低估,在16世纪下半叶,西班牙是船只拥有量居欧洲第二位的国家。西班牙和葡萄牙商船加起来至少与尼德兰的一样多,比英国的或法国的或德意志的要多得多。

西班牙也不缺乏企业精神。菲利普斯指出:“历史家经常指责西班牙商界缺乏其他民族的商人中所具有的商业技巧和企业家眼光,但他们正开始意识到这种指责的空泛性。在塞哥维亚和科尔多瓦,商界不仅提供投资的资本,也提供抚育制造业增长的企业家的技巧。”……黄金是15世纪以来欧洲居民的普遍追求对象,但对贵金属的掠夺和开发的具体过程是由伊比利亚人来完成的,所以黄金热只有在伊比利亚的居民中及侨居这里的外国侨民中才得到了最充分、最典型的表现。这种过度的追求造成大量人口外流,甚至连塞维尔这样的中心城市,16世纪二三十年代人口不仅不增加,反而减少,因大批居民都涌到美洲去了。人口外流的影响是严重的,许多熟练的或专业技术人才离开了。特别是,去美洲淘金能使不少人一夜间成为巨富,手工业生产相对说来受到了轻视。换言之,轻视工业生产不仅是贵族的观念，也是社会的一般思潮。而且，政府在这种心态和追求面前实际上是无能为力的。

——王加丰：《西班牙帝国为什么衰落》，载《浙江师大学报(社会科学版)》，1997 年第 6 期。

材料六 中国在世界贸易中占有重要地位

中国商人需要的并非只是追求块状金属，他们所要的是特定的金属：白银。在中国，白银具有比其他形式的金属货币更高的价值，这便是白银的利润来源。中国金银比价已由 14 世纪晚期谷底 1∶4—1∶5，上扬至 16 世纪初的 1∶6。相形而言，金银比价在欧洲一直在 1∶11—1∶12 徘徊，波斯是 1∶10，印度是 1∶8。因此，大部分从新大陆渗入欧洲的白银又继续向东流动，经由黎凡特、印度和马六甲，最后“没入”中国。16 世纪中期，随着外国白银的流入，白银在中国的价值开始下降，尽管如此，中国的金银比价仍然远远低于国际水平，这种情况一直持续到 17 世纪 40 年代……白银能在中国卖到高价使得中国市场成为全世界白银流动的最终目的地。葡萄牙退休商人 Gomes Solis 于 1621 年在里斯本出版的 *Arbitro sobre la plata* 中写道：“白银在世界各处漂流，最后汇聚中国，它们留在那里，好像是在天定的归宿。”

16 世纪以前，东亚之间的国际金属货币交易主要是中国铜钱外运日本以换回日本的黄金。但是 1530 年之后，日本银矿开采惊人的涨势从根本上改变了东亚金银流动的方向；此后，白银涌向中国，而黄金则颠倒了路线，流向国外。Ralph Fitch 1583—1591 年游历于东印度，他记述了当时白银从东(日本)西(印度)两个方向流入中国，而黄金的流动方向恰恰相反……

——[美]万志英著：《中国 17 世纪货币危机的神话与现实》，载国家清史编纂委员会编译组：《清史译丛》第十一辑，北京：商务印书馆，2013 年，第 130 页。

材料七 英国殖民扩张的特点

英国早期对外贸易多是以规约公司或辛迪加等私人团体形式进行的。商人们冒着被西班牙、葡萄牙和穆斯林海盗攻击的危险，航行到遥远的、未被其他列强殖民的地区从事探险活动。英国私人冒险活动活跃，在促进殖民扩张的过程中发挥了开拓性作用，这是葡萄牙、西班牙人无法相比的。英国商人为了避开危险而走向联合，他们把个人行为变成集体行动。规约公司是受共同规章约束的商人组织。商人组织参与海外贸易竞争，加强了民族国家的地位。16 世纪中期以后，推动英国海外贸易发展的私人组织，是经过都铎政府特许成立的商人股份贸易公司，其中主要有土耳其公司、威尼斯公司、几内亚公司、利凡特公司和东印度公司等。它们向北开辟东北航线，发展与俄罗斯、波斯等东方国家的贸易往来；向东恢复同东地中海地区的贸易关系，开始对远东地区的殖民探险活动；向南同非洲大西洋沿岸地区建立商业贸易关系。这些民间性商业冒险活动，为英国海外事业发展奠定了基础。民族国家形成时期，英国人在恢复个人主义传统和海盗精神的基础上，不懈地追求民族国家利益，民间自发的海盗行为就成为他们寻求这种利益的重要补充手段。为了摆脱来自天主教列强的威胁，伊丽莎白女王借助于商人追求财富的冒险精神和高涨的民族情绪，公开地或不公开地支持本国冒险家从事各种合法的和非法的殖民扩张活动……“闯入”为葡萄牙和西班牙所垄断的势力范围，公然挑战伊比利亚人的殖民垄断权。

——摘编自姜守明：《民族国家形成时期英国殖民扩张特点探析》，载《世界历史》，2004 年第 2 期。

材料八　英国在北美殖民扩张的宗教因素

16世纪60年代，英国完成了宗教改革，新教安立甘宗被确立为英国国教。虽然安立甘宗属于新教的一个重要派别，但它在教义和礼仪方面却保留了大量的天主教成分，因而遭到新教派别清教的诟病。尽管如此，随着包括英国国教和清教在内的新教的确立，英国人借助于殖民扩张，开始了向海外传播新教信仰的历程。

一方面，英国人向外传播上帝的福音，希望以新教思想教化其他民族。伊丽莎白一世时期，著名的殖民思想家理查德·哈克卢伊特在其著作《向西殖民论》中就表达："通过向美洲殖民，可以扩大上帝的福音，移植英国的教派和虔诚信仰。"在给北美殖民先驱汉弗莱·吉尔伯特的特许状中，伊丽莎白女王提出："去发现、探测、寻找和考察那些遥远的、异教的、荒蛮的并且未被任何其他基督教君主或人民占有的土地、国家和领地。"把基督的真理传播到那些地方。

另一方面，英国清教徒诸派希望在新大陆建立起体现清教理想的基督王国。清教徒主张因信称义，把《圣经》看作信仰的唯一依据。但是，由于安立甘宗的折中主义立场，这就给天主教信仰留下了余地。针对国教会所保留的大量的天主教残余，清教徒极为失望，因而在国教会占支配地位的情况下奔赴海外去实现自己的宗教理想。

——摘编自邵政达、姜守明：《近代早期英国海外殖民的宗教动因》，载《历史教学》，2012年第12期。

材料九　近代西欧大国崛起过程中的一些共性

第一，大国在崛起过程中都不同程度上拥有较为强烈的海洋意识，并把海洋方向的发展作为国家基本国策之一。从伊比利亚半岛国家的海外冒险到荷兰的海上贸易立国，及至俄国打通出海口的良苦用心，都渗透着各国对海洋重要性的认识……海洋在英国的国家发展中发挥着至关重要的影响。

第二，大国经略安全环境的方式无一例外地运用或试图运用强大的海上实力。在国家崛起过程中，伊比利亚半岛国家凭借商业冒险与劫掠式殖民扩张而成为近代最早的海上强国。后起的强国在对国家安全进行筹划时，均不同程度地运用或试图运用海上力量。

第三，大国海上安全的优势地位大多是在其他强国的合力打压下逐渐失去的……荷兰对西班牙的挑战还得到了英、法、丹麦等国的大力支持。1588年，"无敌舰队"覆灭，西班牙虽然尚没有完全丧失海上霸权地位，但这足以成为影响欧洲历史和西班牙兴衰的转折点，它极大地鼓励了英国、荷兰这样的新教国家，激起了它们抵御天主教的勇气和信心，从此也宣告西班牙人霸主地位走向终结。

第四，海权因素对国家获得和保持大国地位具有重要作用，但海权自身并不具有决定国家兴衰的"魔力"。海权是一国使用军事力量与非军事力量从海上对海洋活动的主体和其他政治实体意志行为施加影响的能力。海权不单纯局限于海洋空间内，而是一个国家总体战略能力的重要组成部分。英国之所以能占据世界霸主地位，海上的优势地位固然是其重要的因素，但如果没有国家生产方式和制度创新，其海上优势地位难以长久。

——摘编自郑雪飞：《近代大国崛起与海上安全环境辩证关系的历史启示》，载《史学月刊》，2008年第12期。

材料十　世界各地之间不平衡关系的形成

1 000 年来欧亚大陆各文明以陆地为中心的均势突然受到了挑战，并在 3 个世纪内倒转了过来。美洲与世界其余地方之间庇护性的海洋障碍突然被打破了，奴隶贸易把非洲大多数地方带到了文明的浸润之中。只有澳大利亚和太平洋上的小岛在一段时期还未被侵入，而在接近 18 世纪时，它们也开始感受到欧洲航海者和文明的力量。

当然，西欧是世界关系中这场非凡革命的主要受益者。墨西哥和秘鲁的美洲印第安人文明是新的世界均势最明显的牺牲品，在领导阶层被西班牙人毁灭或破坏后，突然下降到相对简朴的乡村水准。在旧世界中，当海路取代了陆路运输时，穆斯林各民族失去了他们在生存圈中的中心地位。只有在远东，世界关系新格局的影响起初是不重要的。从中国人的观点看，按传统形式规定的贸易，是通过穆斯林还是欧洲商人之手，是没什么差别的。一旦欧洲人扩张的力量威胁到他们的政治完整性，首先是日本，然后是中国驱逐了这些扰乱者，关闭了他们的边界，以防止进一步的入侵。但到 19 世纪中叶，同时还有非洲中部的原始文化，开始在新近工业化的欧洲(和欧洲之外)的西方影响下崩溃了。

——[美]威廉·H. 麦克尼尔著，孙越等译：《西方的兴起：人类共同体史》，北京：中信出版集团，2015 年，第 594—595 页。

第四单元

资本主义制度的确立

第一部分

单元教学设计

单元学习主题与单元学习目标

1. 课程标准要求与分析

课标要求：通过了解文艺复兴、宗教改革、启蒙运动与资产阶级革命的历史渊源，认识资产阶级革命的发生和资本主义制度的确立，是近代西方政治思想理念的初步实现。

课标分析：古代社会向近代社会演变，是经济领域的工业化、政治领域的民主化、社会领域的城市化以及价值观念领域的理性化的互动过程。本单元从思想解放、各国民主制度建立两个角度探讨世界近代化。课程标准要求理解近代思想解放运动在资本主义政治制度建立中的重要作用，认识资产阶级革命和改革是社会历史发展多种因素共同作用的结果，并能对其进行科学的评价与解释。

文艺复兴运动的核心思想是人文主义，表现为主张个性解放，反对中古欧洲的禁欲主义和宗教观；提倡科学，反对蒙昧主义，摆脱教会对人们思想的束缚；肯定人权，反对神权等。文艺复兴运动使长期受基督教禁欲主义压抑的人性欲望得到了释放，由此确立了一种以人为中心的文化模式，为后来西方启蒙思想的确立提供了基础。宗教改革运动最初的诉求只是革除天主教会的弊病，后来发展成反对教会控制的精神解放运动。人们获得自由思想的权力，有助于人们意识到持不同观点的人可以和平共处。此外，宗教改革改变了神权与政权的关系，对民族国家的形成具有重要意义。启蒙运动倡导的理性学说是对文艺复兴所宣传的人文主义的继承和发展，为后来的资产阶级革命或改革作了舆论上的准备。

在世界近代化的过程中，政治近代化比工业化更早起步，政治近代化的目标是结束专制制度。光荣革命后，英国政体从专制君主制向立宪君主制转变，营造出一种宽松、自由和开放的环境，为工业革命提供了适合的政治和社会环境。独立后的美国建立了共和国，采用一套新的原则立国，即平等、自由、民主、法制、权力制衡。美国不仅解决了独立和统一的问题，而且使源于英国的民主和自由原则得到进一步的发展。法国大革命对封建的土地所有制、等级制度和国家政体进行改造，确立了近代政治法律的架构，沉重打击欧洲各地的封建势力，具有世界性的影响。随着资本主义经济的发展，近代化进程进一步扩展，德国统一、意大利统一、俄国废除农奴制改革和日本明治维新等，都为经济发展创造政治条件。

思想解放、民主制度建立都有其自身发展的线索，首先应按照时序梳理它们各自的发展脉络，了解其递进关系，再理解它们之间的关联，进一步构建经济发展、世界各地联系加强与本单元内容的联系，进而勾勒出14—19世纪世界历史发展的整体轮廓。

课程标准要求理解社会意识与社会存在、近代思想解放历程与资产阶级政治制度建立之间的辩证关系，从时序和空间两个角度掌握资本主义制度建立和扩展的影响。

艺术、道德、政治思想、法律思想、宗教、哲学和科学等都是社会意识的重要组成部分，它们都依赖于一定的经济基础，并反作用于社会存在。因此，在学习近代思想解放历程时，要联系特定的经济发展、政治制度背景，并理解思想解放运动对二者的反作用。

资产阶级政治制度的建立是近代世界的发展趋势，政治、法律制度是其重要组成部分。资产阶级政治制度在不同国家又有其不同表现，这是由于走上资本主义道路时各国在历史传统、经济基础、政治状况、社会意识、国际环境等方面均有自己的特点。在探讨各国资产阶级政治制度特点时，应将其置于具体的时空框架下，作出合理论述。

通过本单元的学习，学生应了解世界历史发展的多样性，理解和尊重世界各国、各民族的文化传统，具有广阔的国际视野，表现出对历史的反思。

2. 单元学习主题

基于本单元两课内容及相互联系，本单元的教学设计需围绕“资产阶级政治思想及其实践”这一单元主题开展，在教学过程中重点落实唯物史观、时空观念、历史解释和史料实证等学科核心素养。文艺复兴、宗教改革和启蒙运动唤起人对自身解放的觉醒，推动了政治学说的发展，为新兴资产阶级取得政治、经济上的统治地位作了思想上的准备，了解其内容、影响有助于理解近代化的内涵和历程。各国资产阶级代议制是在反对封建统治、殖民统治的斗争过程中诞生的；这一过程也是西方政治民主化不断发展和完善的进程，各国依据自己的国情建立了各具特色的政治制度。学习本部分内容可以从历史的角度来看待不同政治制度的产生、发展及其历史影响，正确认识历史上的阶级、阶级关系和阶级斗争，认识人类社会发展的基本规律。

本单元与上一单元“走向整体的世界”及下一单元“工业革命与马克思主义的诞生”在时间上都有重叠关系，通过前后单元之间的联系引导学生把握相关史事的时间、空间联系，运用特定的时间和空间术语对较长时段、较大范围的史事加以概括和说明，在这一过程中提升时空观念素养。社会思想、政治制度随着经济基础的变化而变化并对经济基础起反作用，因此在本单元教学中，要注意人文主义的演进、资本主义政治制度的建立和扩展与资本主义经济发展、资产阶级力量逐渐壮大的关系，帮助学生从经济基础与上层建筑的辩证关系角度来理解历史上的发展变化和社会形态的演变过程，将唯物史观作为认识和解决社会问题的指导思想。欧美各国资产阶级政治制度的确立和发展有着共同的规律、性质和不同的民主化模式，在教学过程中，要注意结合欧美资产阶级代议制确立的背景和发展过程，分析其性质，归纳其共同特点，并结合各国国情，分析其建立方式和政治制度的异同。

3. 单元学习目标

（1）通过自主学习、史料研习、分析讨论等方式了解近代西方人文主义的复兴和发展，欧美、日本资本主义制度的建立，认识资产阶级政治思想的内涵及其对社会发展的影响。

（2）通过对文艺复兴、宗教改革和启蒙运动的学习，认识人文主义的发展历程，分析有关历史结论。通过对各国资本主义政治制度确立的学习，了解相关历史事件的背景、经过和影响，及重要历史人物的事迹，运用相关概念、史实解释资产阶级革命和改革的原因及影响。

（3）从生产力与生产关系、经济基础与上层建筑的辩证关系角度理解资产阶级政治思想及其实践的相关问题。认识从专制到民主、从人治到法治是人类社会一个漫长而艰难的历史过程。

单元学习重点与难点

1. 学习重点分析

单元学习重点：近代西方人文主义的复兴和发展，欧美、日本资本主义制度的建立。

文艺复兴、宗教改革开启了近代思想解放的进程，近代科学的兴起是启蒙运动的背景之一，启蒙运动继承和发展了人文主义传统，为将要取代封建社会的新社会提出了三权分立、人权自由、公民平等、法律至上、经济自由等原则，与“资产阶级革命与资本主义制度的确立”联系最为紧密。欧美、日本资本主义制度建立既包括以英、美、法为代表的早期资产阶级革命，也包括工业革命后资本主义制度的扩展，涉及众多国家、历史事件及人物，应从各国资本主义制度建立的过程中概括规律和共同性质，并分析不同的政治民主化进程的原因和影响。

2. 学习难点分析

单元学习难点：宗教改革，启蒙运动，资本主义制度确立与近代西方政治思想理念的关系。

本单元涉及文艺复兴、英美法资产阶级革命、俄国1861年改革、美国南北战争、明治维新等都是初中课程标准中涉及的内容，学生有一定认识；宗教改革、启蒙运动、意大利和德意志统一对学生而言都是新知识。本单元内容蕴含着阶级和阶级斗争、经济基础与上层建筑的辩证关系，有利于渗透唯物史观的教育。本单元两课分别从人文思想发展和资本主义制度确立两条主线进行叙述，学生认识资产阶级政治思想与其实践的关系需要将两课内容进行整合；中古时期欧洲的经济、政治、文化状况，新航路开辟和殖民活动的影响，工业革命等内容与本单元内容联系密切，但分布在其他单元，因此需要在教学中进行延展。

单元教与学设计

1. 单元知识结构

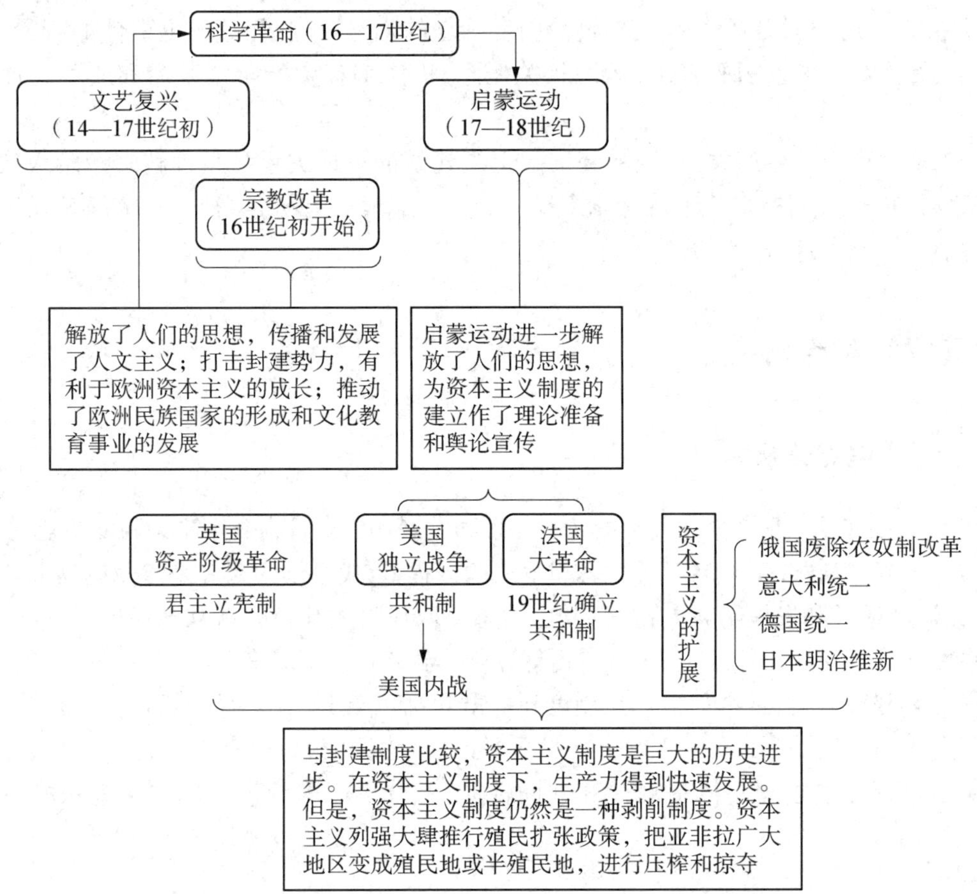

2. 主干知识与问题链

课时	主干知识	教科书预设问题	问题链
1	欧洲的思想解放运动 （1）文艺复兴 （2）宗教改革 （3）近代科学的兴起	〔学思之窗〕(《共产党宣言》选段)你如何理解这段话？ 〔思考点〕文艺复兴只是西方古典文化的“再生”吗？ 〔问题探究〕阅读以上材料，结合启蒙运动的相关史实，	（1）马克思、恩格斯认为但丁“是中世纪的最后一位诗人，同时又是新时代的最初一位诗人”，请结合材料谈谈对马克思、恩格斯这一观点的理解。 （2）以上材料对意大利文艺复兴的背景提出了什么新的观点？结合《神曲》《十日谈》及教材概括文艺复兴精神内核——人文主义的特点。

续表

课时	主干知识	教科书预设问题	问题链
	(4) 启蒙运动	谈谈你对“理性”的认识。 〔学习拓展〕查阅相关资料，了解启蒙运动代表人物如孟德斯鸠、伏尔泰、亚当·斯密等关于中国的论述。	(3) 综合以上内容，总结宗教改革对欧洲社会的影响。 (4) 恩格斯如何概括启蒙思想？ (5) 根据材料，指出伏尔泰的思想主张。伏尔泰和重农学派为什么推崇中国？ (6) 康德如何定义启蒙运动的地位？
1	资产阶级革命与资本主义制度的确立 (1) 英、美、法资产阶级革命 (2) 资本主义制度的确立 (3) 资本主义的扩展	〔思考点〕资产阶级革命和资本主义制度确立过程中，哪些方面初步实现了启蒙运动的政治理念？ 〔学思之窗〕思考德意志帝国君主立宪制的特点。 〔问题探究〕阅读以上材料，结合所学知识，分析资产阶级民主和人权的局限性。 〔学习拓展〕查阅相关资料，理解为何同为君主制，法国的君主专制制度成为资产阶级革命的对象，而君主立宪制度是英国革命的成果。	(1) 16—17 世纪英国议会与国王矛盾的实质是什么？ (2) 美国制宪会议代表对美国政治体制提出了什么样的设想？结合示意图，说明美国政治制度的特点。1787 年宪法还有哪些局限？ (3)《人权宣言》如何体现了对旧制度的否定？为新制度确定了哪些原则？ (4) 分析《法国民法典》与《人权宣言》的关系。 (5) 比较德意志帝国君主立宪制与英国君主立宪制。 (6) 根据图表对比，中国和日本应对西方的结局有何不同？结合图表和所学知识说明造成这种不同的原因。 (7) 19 世纪 70 年代有哪些国家建立了资本主义制度？将这些国家的政治制度进行分类。试以一个国家为例，说明政治制度与国情的关系。

3. 教与学活动设计

活动流程	主要内容	教与学的活动设计
单元导入	单元内容简介与单元关联	教师引领学生阅读单元导言，了解本单元主要问题及与前一单元的联系。
第 1 课时“欧洲的思想解放运动”	(1) 文艺复兴	阅读文本材料，归纳概括材料信息，分析文艺复兴发生的背景。分析《神曲》的特点，认识文艺复兴的特点。了解文艺复兴的代表人物及成就。 教师指导阅读方法，示范提取信息的能力，概括文艺复兴的特点及影响。
	(2) 宗教改革	阅读文本材料，归纳概括材料信息，分析宗教改革的背景。通过分析马丁·路德的观点及作用，认识宗教改革的影响。 教师提示历史解释的方法，引导使用相关历史术语，对系列史事作出解释。
	(3) 近代科学的兴起	阅读教材，归纳科学革命的影响。 教师指导材料阅读、信息概括、与课文知识建立关联、运用知识和信息说明问题的方法和技能。
	(4) 启蒙运动	阅读课文和文本材料，归纳概括材料信息，分析启蒙运动的背景和影响，构建相关知识的结构，用原因与结果、动机与后果等概念，对历史事实进行理解和判断。 教师指导阅读方法，分辨不同的历史解释，史论结合地论述历史问题。

续表

活动流程	主要内容	教与学的活动设计
第2课时“资产阶级革命与资本主义制度的确立”	(1) 英国资产阶级革命和君主立宪制度的确立	阅读文本材料,提取信息,分析英国资产阶级革命的背景。利用示意图,了解英国资产阶级革命的过程,概括其特点。阅读教材,依据其中信息绘制示意图,理解君主立宪制的运行情况。 教师指导使用示意图描述史事的方法,认识事物发生的来龙去脉。
	(2) 美国独立战争和1787年宪法	设计示意图,说明美国独立战争的经过。从示意图中提取信息,概括美国政治体制的特点。 教师提示比较方法,找准可比点,引导学生准确概括英、美政治体制的特点。
	(3) 法国大革命	阅读《人权宣言》《拿破仑法典》等法律文件,分析其中包含的启蒙运动理念。 在教师提示下阅读材料,提取信息,并与上一课内容联系,建立知识框架。
	(4) 资本主义的扩展	了解各国资本主义制度确立的过程,理解各国国情与政治制度之间的联系。 教师引导学生全面准确概括信息,指导学生在特定国情条件下分析政治制度特点的方法。
单元总结	知识体系建构与单元认识提升	梳理本单元相关历史事件及相互关系;补充经济方面重要事件及与本单元知识的关系,构建知识体系。 教师指导学生从经济基础与上层建筑关系的角度,解读以上关联。

单元导入

新航路开辟促进了西欧社会结构的变化,资本主义加速发展,封建制度濒于解体。在社会转型的过程中,思想文化领域出现了文艺复兴、宗教改革和启蒙运动,它们共同推动了思想的解放,冲击了封建专制制度和天主教会。在以上运动的影响下,从17世纪中期开始,欧美主要国家相继发生资产阶级革命(或改革)并建立资本主义制度,完成了从传统政治体制向新型政治体制的转变。这一波革命浪潮进一步影响了世界历史的走向。

简单了解了这个单元的主要内容,我们一起开始本单元的学习。

【设计意图】 通过以上设计使学生对本单元知识结构及与上一单元的联系有初步了解。

第二部分

课时教学设计

第8课　欧洲的思想解放运动

一、学习目标

1. 通过文字、图表等资料的研读，说明文艺复兴、宗教改革、启蒙运动概况，认识以上思想解放运动的特点。

2. 概括、说明人文主义发展、传播的脉络。

3. 通过学习《君士坦丁赠礼的证伪》的由来，了解文艺复兴时期史学的发展，理解探究历史问题时，应对史料进行整理和辨析。

二、学习重点

启蒙运动。

三、学习难点

宗教改革。

四、教与学设计

【导入新课】

新兴资产阶级开展了持久的反对封建主义的思想解放运动，从而为社会变革营造了思想舆论环境。

【学习新课】

(一) 文艺复兴

1. 意大利文艺复兴的背景

教学导入：

阅读教科书插图“15世纪的佛罗伦萨”及以下材料：

材料一 资本主义的发展要求消除小规模生产、教会干涉和行会限制三大障碍。中世纪手工业生产的规模很小，生产的目的主要是为了生存，而不是为了获取丰厚的利润。行会通过制订各种规章制度垄断了价格和原料供应，生产的规模、原料的尺寸、价格的高低行会都加以限定。资本主义发展要求实现自由投资和获取利润，就同行会产生了尖锐的矛盾。教会阻碍商品经济的发展主要表现在其独特的经济观上：教会宣扬经济活动的目的不是为了挣钱，而是为了灵魂得救。这样，它就视追求高额利润为一种犯罪。这种做法压制了业主和生产者的积极性，与资本主义水火不容。

早在12世纪，意大利的商人就有了明确的资本概念，依凭丰富的经商知识和地理上的便利，他们成了近东奢侈品贸易的中间商和西北欧洲原料的经营商。地中海贸易给他们提供了机会，他们就组织起来，用合股办公司的办法来扩大贸易。有的商人因为财力不足而雇佣船只。不久，价格也放开了，这是因为统一的价格并不适合远距离的商品贸易。如果股份公司经营得好的话，那么许多合同就容易续订下去。

——摘编自马克垚主编：《世界文明史》上册，北京：北京大学出版社，2004年，第450页。

教师设问：结合所学说一说，西欧封建社会末期意大利出现了什么发展趋势？这一发展趋势受到了哪些因素的阻碍？

参考答案：发展趋势：意大利城市发展，市民生活丰富多彩，世俗活动和个人发展受到重视。商品经济发展，出现股份公司，商品价格放开。资本主义萌芽出现。阻碍因素：手工生产规模小，行会限制生产的发展，教会的经济观念阻碍资本主义发展。

教师讲述：文艺复兴滥觞于意大利，这并非偶然，因为资本主义萌芽最早出现在意大利。意大利一些城市的商业和手工业十分发达，有雄厚的财力，为文学、艺术的发展提供了一个非常有利的物质环境。城市统治者和豪商巨贾崇尚文化，招揽、庇护来自各地的诗人、学者和艺术家。同时，意大利留有不少古代罗马的建筑遗址，可以引发人们对罗马的怀念。14世纪初期土耳其人开始入侵拜占庭，尤其是1453年土耳其人攻陷君士坦丁堡后，拜占庭学者携带古希腊、罗马文稿络绎来到意大利。对希腊、罗马古典著作及艺术的研究与鉴赏，在意大利学者中更蔚然成风。

2. 意大利文艺复兴代表人物及其作品

(1)“文学三杰”

材料二 但丁的代表作长诗《神曲》采用的是中古时期所特有的梦幻文学形式，通过但丁的自叙，描述了他在一座黑暗的森林里迷了路，被三只张牙舞爪的野兽拦住了去路，情势十分危急。这时，古罗马时代的伟大诗人维吉尔出现了。他受但丁青年时期所爱恋的对象贝阿特丽切的嘱托前来搭救但丁，然后又作为他的向导带他游历了地狱和炼狱。地狱中都是些形形色色的罪恶灵魂，罪孽越重，住的层次越靠下。值得注意的是，但丁把贪婪的教皇、主教、教士置于地狱第四层接受惩罚；当时还在世的教皇朋尼法斯八世被预先打入地狱第八层，头脚倒栽在深穴里，接受火刑。能够进入炼狱的，是那些生前的罪恶能够通过受罚而得到宽恕的灵魂。维吉尔带领但丁游览完炼狱后就离开了。之后贝阿特丽切引导但丁经过了构成天堂的九重天之后，终于到达了上帝的面前。这时但丁大彻大悟，他的思想已与上帝的意念融洽无间。

《神曲》中反映的都是现世的事物，这充分显示了但丁对于现世生活的兴趣和关心。诗中所写游历三界的所见所闻，广泛而深刻地暴露了当时的政治和社会现实。在批判封建主义的同时，他对作为西欧封建制度的精神支柱并垄断了当时全部文化的教会发动了猛烈的攻击。他认为人应当克服惰性，追求荣誉；应当以历史上的英雄人物为榜样，学习他们的伟大思想和坚强意志，从而掌握自己的命运。但丁在《神曲》中还反对中世纪的蒙昧主义，提倡发展文化、追求知识、追求真理。

——摘编自杨如月：《寓新思想于旧形式：比较视野中的〈神曲〉研究》，华中师范大学硕士学位论文，2004 年，第 7—8 页。

材料三 封建的中世纪的终结和现代资本主义纪元的开端，是以一位大人物为标志的。这位人物就是意大利人但丁，他是中世纪的最后一位诗人，同时又是新时代的最初一位诗人。

——《共产党宣言》，转引自《中外历史纲要》下，北京：人民教育出版社，2019 年，第 45 页。

教师设问：在《共产党宣言》中，马克思、恩格斯认为但丁"是中世纪的最后一位诗人，同时又是新时代的最初一位诗人"，请结合材料谈谈对马克思、恩格斯这一观点的理解。

参考答案：但丁《神曲》采用西欧封建时代梦幻文学形式，地狱、炼狱、天堂等概念都来自基督教，推崇天堂、上帝的地位，带有西欧封建时代观念的特点。同时他以古罗马诗人维吉尔及自己爱恋的对象贝阿特丽切为游览向导，反映了但丁心中爱情的崇高地位和对罗马古典文化的向往；他批判作为西欧封建制度的精神支柱的教会，肯定人的价值和尊严，重视发挥人的才智；说明但丁是人文主义者。

教师过渡：但丁辉映于前，彼特拉克和薄伽丘接踵其后。他们的文学创作以及对希腊罗马古典著作抄稿的探讨，推动了意大利早期文艺复兴的兴起。

教师讲述：比较薄伽丘的短篇故事集《十日谈》和阿拉伯故事文学书《一千零一夜》《一千零一日》，其中有九组大小故事，其地点、人物名称不同，而情节内容则完全相同。两部书中完全相同的故事，各自独立产生，这种情况几乎是不大可能存在的。那么究竟是谁影响谁呢？我们可以通过什么方法进行判断？

参考答案：确定《十日谈》和阿拉伯故事文学书《一千零一夜》《一千零一日》的成书时间。

教师讲述：从成书年代来看，《十日谈》的写作年代在 1350—1353 年之间，1471 年这部巨著在威尼斯出版，据认为这是《十日谈》的最早版本；一般认为，《一千零一夜》和《一千零一日》相似，大致成书于公元 8、9 世纪至公元 16 世纪。但是其中有些故事，如来源于印度的故事显然可能比《一千零一夜》的成书年代更早一些。因此我们可以判断，《十日谈》受到《一千零一夜》《一千零一日》等东方文学的影响或启发。

【设计意图】 通过以上设计使学生认识文艺复兴从东方汲取了大量文化养料。

材料四 意大利是文艺复兴的发源地，文艺复兴并不是简单意义上的古希腊文化的复活和再生，东方文化及其精神也成为人文主义思潮的重要来源之一。仅就《十日谈》取自《一千零一日》的故事来说，《真假戒指的故事》（《十日谈》第一天第三个故事）说明宗教信仰自由，不同信仰的民族应和睦相处；《法官与海盗的故事》（《十日谈》第二天第十个故事）和《小伙子与鹅的故事》（《十日谈》第四天的插曲）都说明人的本性难违，应尊重人性；《妻子的计谋》(《十日谈》第七天第六个故事)赞扬女性的智慧、机智等。所有这些富有东方情趣的故事,对处于宗教禁欲主义控制下中世纪的欧洲而言,无疑是奇异、新鲜、大胆的。包括薄伽丘在内的意大利文艺复兴时期的小说家,深谙这些东方故事的新奇感与冲击力,因而加以借用改编写入《十日谈》,借东方故事宣扬以人性反对神性为核心的人文主义新思想。事实上,正是由于东方文化及其思想引入欧洲,才使得欧洲走出漫长的中世纪。

——摘编自赵建国:《〈十日谈〉与东方故事》,载《哈尔滨师范大学社会科学学报》,2016年,第4期。

教师设问:① 以上材料对意大利文艺复兴的背景提出了什么新的观点?

② 结合《神曲》《十日谈》及教材第46页对彼特拉克及其作品的介绍,概括文艺复兴精神内核——人文主义的特点。

参考答案:① 东方文化的传入,促进了文艺复兴的产生和发展。

② 人文主义以人为中心而不是以神为中心,提升人的地位,肯定人的价值和尊严;反对禁欲主义,抨击教会腐败和守旧思想,崇尚理性;重视发挥人的才智和创造力,追求现世社会的幸福生活;提倡探索人与自然的奥秘。

(2)"美术三杰"

教师讲述:文艺复兴时期的美术作品体现了人文主义精神。艺术家开始张开眼睛看人和世界。尽管宗教仍是美术作品的重要题材,但艺术家们常常是按照现实中的人来刻画圣母、圣婴和其他宗教传说中的人物。例如,拉斐尔在他创作的几十幅圣母像中,以世俗的描写方法处理宗教题材,塑造的圣母纯朴善良、和蔼可亲,完全是欢乐的人间少妇形象,从而歌颂了普通女性的美,表现了世俗的理想。米开朗琪罗的绘画杰作西斯廷教堂天顶壁画《创世纪》中有许多宗教人物,但他们都不是教会所宣扬的逆来顺受的奴仆和罪人,而是具有强烈意志与力量的人;画中人物均以现实生活中的人物为模特,表现了对人的讴歌和现实主义精神。艺术家认为首要任务是描绘人和人存在的世界,于是出现了大量的肖像画和风景画。达·芬奇的《蒙娜丽莎》把一位生活中的普通妇女作为描绘的对象,她端庄娴静,显示出一种自在、怡悦的心情;拉斐尔所作壁画《雅典学派》中苏格拉底、柏拉图、亚里士多德等人物形象非常鲜明逼真,突出了"知识就是力量"的主题。文艺复兴时期的艺术与自然科学密切相关,不少艺术家同时也是科学家,达·芬奇就把透视法、解剖学的知识运用到艺术表现中,还曾设计飞行机器等。

3. 文艺复兴的拓展

材料五 以下是《世界文明史》部分目录:

第十八章 文艺复兴时期的文明(约1350—约1550年)……809
一、意大利的历史背景……812
二、意大利思想和文学的复兴……816
三、意大利艺术的复兴……824
四、意大利文艺复兴的衰微……840
五、北方的文艺复兴……843
六、文艺复兴时期的音乐发展……856
七、文艺复兴时期的科学成就……858

——［美］菲利普·李·拉尔夫等著，赵丰等译：《世界文明史》，北京：商务印书馆，1998年，第5页。

教师设问：① 依据所学，分别列举《世界文明史》第十八章子目二、三和五中可能涉及的文艺复兴的成就。

② 结合材料和所学，概括文艺复兴的发展趋势。

参考答案：① 子目二的成就：但丁《神曲》、彼特拉克《歌集》等；子目三的成就：达·芬奇《蒙娜丽莎》等；子目五的成就：莎士比亚的戏剧《哈姆雷特》《李尔王》等。

② 文艺复兴的领域从思想、文学艺术扩展到自然科学、音乐等；文艺复兴的地域从意大利扩展到欧洲其他地区。

教师讲述：15世纪后期，从意大利开始的文艺复兴运动逐渐传播到德意志、英国、法国等地。16世纪末，英国产生了几十个有成就的剧作家，其中以莎士比亚最为杰出。他的剧作《哈姆雷特》以12世纪丹麦的一个复仇故事为主题，在悲剧的中心人物哈姆雷特身上注入了作者人文主义的理想。作品揭露宫廷的仇杀，指出这是一个"整个时代脱榫"的问题，整个世界成了一座监狱，纵有重整乾坤的愿望，但已力不从心。这样一种悲剧的结局反映了人文主义者本身具有的软弱性。《李尔王》则表现了权威与爱的矛盾、权威与社会正义的矛盾以及人性善恶等问题。

文艺复兴以学习和恢复希腊罗马古典文化为号召，当时研究古典世界的历史与作品蔚为风尚，这一时期的史学既是对古典史学的继承，也有超越的一面。

材料六　《君士坦丁赠礼》，古代通常称为《君士坦丁诏令》。它最早公布在约847—852年出版的《伊西多尔教令集》中，11—15世纪一直是教皇声称理应依法享有更多教俗权利的法宝。根据《君士坦丁赠礼》，公元330年，罗马皇帝君士坦丁诏令各地诸侯和教会归顺罗马教皇昔尔维斯特及其后继者，并把"罗马城、全部意大利和（帝国）西部诸行省"都赠给了教皇。这意味着君士坦丁特许了后继教皇都可以兼领西部帝国的君权和教权。

1440年，洛伦佐·瓦拉发表了《君士坦丁赠礼的证伪》，推翻了"君士坦丁赠礼"的真实性。瓦拉指出，根据君士坦丁时期拉丁文的盛行，文件中有那么多的语法错误是不正常、也是不可理解的；并且，那时候的法律也不可能允许君士坦丁将元老院和罗马人民转让给他人，何况4世纪罗马历史学家记载了君士坦丁帝国是传给了皇帝的儿子们；另外，按理说，昔尔维斯特教皇受赠后，应该有一个昔尔维斯特教皇国，而历史上从没有这么一个王国；最后，文件中出现的"君士坦丁主教区"纯属虚构，根据当时基督教传播的情况，那时根本不可能有什么主教区，因为教徒的活动都还处于半秘密状态。

瓦拉的贡献不只是在于他证伪了这个文件，而在于深深刺激了历史学家们，使他们对历史真实更加重视，文献校勘学从此诞生，并且同时成为近代历史学当中一门不可缺少的工具学科。

——摘编自张广智著：《西方史学史》，上海：复旦大学出版社，2000年，第108页。

教师设问：① 瓦拉采取什么方法否定了《君士坦丁赠礼》的真实性？

② 这一史学研究成果有什么影响？

参考答案：① 文献考据方法，分析《君士坦丁赠礼》所使用的拉丁文语法，并与其他历史文件对照，从4世纪罗马政治、法律制度、基督教发展情况等进行考查，否定了《君士坦丁赠礼》的真实性。

② 打击了教皇和教会的权威;使人们在研究文献及历史问题时,重视对史料的考证和辨析,促进了历史学的发展。

【设计意图】 通过以上设计,帮助学生理解探究历史问题时,应对史料进行整理和辨析,提升史料实证素养。

4. 文艺复兴的影响

教师设问:依据以上教学内容,总结文艺复兴的影响。

参考答案:文艺复兴冲破了神学桎梏,将人从愚昧中解放出来,人们开始更多地关注自己、关注现实、关注周边的生活,这解放了人的思想,推动了文化和科学的进步。

教师讲述:文艺复兴时期硕果累累,一定程度上冲击了封建秩序,解放了长期被宗教戒律压抑和禁锢的人性,使人们开始更多地关注人本身与现世世界。但同时,由于对人文主义的过分推崇,造成运动后期个人私欲的膨胀、泛滥和社会混乱。

教师过渡:文艺复兴时期的艺术家、学者们虽然发扬人文主义精神,认识和揭露天主教会和教皇的腐朽、罪恶,但是他们还是对教会势力抱和解的态度,尚未走上宗教改革的道路。

(二) 宗教改革

1. 宗教改革的背景

材料七 15—16 世纪在欧洲范围内出现的宗教改革,不是一个纯粹的宗教事件,而是以往历史发展的结果,是随着经济的变化必然发生的改变现存封建关系的反封建运动和民族运动的表现。为什么矛头所向首先是罗马天主教会?一个原因为罗马天主教会乃是封建制度的巨大国际中心,它把神赐的圣光笼罩于封建制度之上。另一个原因,罗马天主教会本身是最大的封建领主,并因内部的腐败而变得更加贪得无厌。因此,它同每个民族国家内的各阶层都构成巨大的物质冲突。第三个原因则是科学的反叛。在这以前,教会从不允许科学跨出宗教信仰所限定的界线,现在科学成长起来反对教会了,新兴的市民阶级需要科学,因而参加了这个起义。

宗教改革为什么首先在德意志发难?在德意志,一大帮世俗诸侯和教会诸侯,分享着教皇的税收和出卖赦罪符交易中得来的那些收入。皇帝没有成为民族凝聚力的代表,在同教皇时而冲突时而勾结的过程中把自己降为一名诸侯,任由罗马天主教会向本国臣民征收税款和勒索。"德国"不仅成为罗马教皇的"乳牛",而且也成为天主教会充当欧洲精神权威的最后支撑。思想的、精神的、物质的、国家的和民族的矛盾,集中在德意志,日益尖锐,1517 年终于爆发了路德的宗教改革。

——摘编自丁建弘著:《德国通史》,上海:上海社会科学院出版社,2007 年,第 47—48 页。

教师设问:① 为什么 15—16 世纪欧洲社会斗争的矛头指向天主教会?

② 为什么宗教改革首先发生在德意志?

参考答案:① 随着欧洲资本主义萌芽的产生和发展,新兴资产阶级开始进行反对封建统治的斗争;天主教会是西欧封建制度的精神支柱和最有势力的封建领主,还是西欧国家完成统一的障碍。天主教会的腐败和搜刮,引起各阶层的不满。科学的发展打击了天主教会的权威。

② 德意志处于分裂割据状态,受到天主教会的盘剥压榨;德意志人民受到阶级压迫、宗

教压迫等，负担沉重。

2. 马丁·路德的宗教改革活动

教师讲述：修道士、神学博士马丁·路德对教会的腐败感到不满，认为天主教会的制度及其神学理论和实践已经背离了基督教的原始教义。他通过研究《圣经》，认定"信仰耶稣即可得救"，具体说来，第一，人要想自己的灵魂得救，要依靠个人虔诚的信仰，而不需要教会神职人员的干预；第二，信仰的唯一依据是《圣经》，而不是天主教会一手制定的神学，个人可以通过阅读《圣经》和上帝直接对话，理解上帝的意旨，个人理解是支配自身行为的唯一指南。实际上这就意味着上帝面前人人平等，否定教皇的权威。

教师讲述：1517 年教皇列奥十世借修缮罗马圣彼得大教堂之名，派特使到德意志兜售赎罪券；声称只要买赎罪券的钱一敲响钱箱，人们的罪恶便顷刻化为乌有，灵魂顿时比出生时还要纯洁。这种行为引起马丁·路德的强烈不满。马丁·路德于 10 月底写出《九十五条论纲》，张贴在维登堡教堂的门口，提出自己的观点与他人辩论。

材料八 5. 教宗除赦有凭自己的权力或根据教规所加之于人的刑罚以外，他无意也无权免除其他任何刑罚。

……

36. 每一个真诚悔改的基督徒，即使不靠赎罪券，也有权获得罪咎与刑罚的总赦。

——[德]马丁·路德：《九十五条论纲》，转引自高仁珠：《马丁·路德与早期德意志宗教改革运动》，哈尔滨师范大学硕士学位论文，2011 年，第 37 页。

教师设问：概括马丁·路德的主张。

参考答案：马丁·路德认为基督教徒只有通过虔诚的信仰才能得救，从而否定了教皇的权威。

教师讲述：马丁·路德的《论纲》是用拉丁文写的，但很快被译成德文，其内容迅速传遍德意志地区，并且引起了全民的讨论。此后，马丁·路德埋头写文章来宣传自己的观点，以争取群众的支持。

材料九 马丁·路德主张基督教贵族"应该发号施令，从此不准任何俸禄再落入罗马手中，并且以后一切委任都不得从罗马领受，所有的教士职位都应该脱离那暴虐的教皇，并且要恢复地方主教的职权"；"应该规定，凡属俗世的事都不应该送到罗马判决，只应该由俗世当局处理"。

——摘编自吴于廑、齐世荣主编：《世界史·近代史编》上卷，北京：高等教育出版社，1992 年，第 52 页。

教师设问：阅读材料推断，马丁·路德的主张可能会得到哪些人的支持？为什么？

参考答案：马丁·路德主张德意志摆脱天主教会的控制，以世俗权力取代天主教的权威，因此获得了反对天主教会压榨的德意志人和与天主教会争夺权利的贵族的支持。

教师讲述：（观察教科书相关插图）在 1521 年举行的德意志罗马帝国大会上，皇帝的代表在会上宣读教皇颁布的关于开除路德教籍的敕令，并且要求帝国议会宣布把路德置于法律保护之外。但是议会并没有照办，而是召唤路德本人出席议会，以便由议会听取他自己的申诉。路德担心出席议会吉凶难卜，但他还是勇敢地应召赴会，当他进入沃姆斯市时，受到了全市居民的热烈欢迎，在全市形成了一种反对教皇而同情路德的气氛，甚至议会也受到感染。教皇代理人在写给教皇的信里也证实了这一点，他写道："每一块石头和每一棵树都喊出'路德'的名字。"路德在议会上义正辞严地为自己申辩，拒绝认错。皇帝没敢逮捕他，只是在他离开后宣布他不受法律保护。

教师讲述：此后马丁·路德把《圣经》译成德文。他的德文《圣经》译本在德文发展史上占有重要地位，因为他在文章结构、词汇和文字表达等方面都有创新，为德文立下了规范，对于德文的发展起了巨大的作用。路德派鼓励人们阅读《圣经》，就是鼓励人们识字和阅读，有助于西欧文化教育的发展。

3. 加尔文派和英国国教

教师讲述：神学家约翰·加尔文创立了新教的另一派别。他与马丁·路德一样，都要求简化教会仪式；对教会的虚伪、奢靡、欺诈表示抗议。但与马丁·路德"因信称义"的主张不同，加尔文强调上帝的意志是绝对的权威，人类的一切都是由上帝预先安排好的，世界上只有两种人：上帝的选民和上帝的弃民，不可改变。但是他又提出，是否是上帝的选民并不为人所知，需要通过现世的努力去证明。因此，现实中的勤奋工作和良好品德都是十分重要的。新教的观点激励着西欧人不断进取，被韦伯誉为激发了资本主义精神的宗教伦理。

与德意志不同，英格兰的宗教改革与王权强化的过程相联系，是由国王借由民众反对教会的愿望发起的。英国宣布与罗马天主教会断绝关系，确立了英国国教。国王被尊为英国教会和教士的唯一最高元首和保护者，教徒必须宣誓效忠国王。

4. 宗教改革的影响

教师设问：综合以上内容，总结宗教改革对欧洲社会的影响。

参考答案：宗教改革进一步解放了人们的思想，传播和发展了人文主义，有利于欧洲资本主义的成长，推动了欧洲民族国家的形成和文化教育事业的发展。

教师讲述：宗教改革是一场在宗教外衣掩护下发动的反封建统治和罗马神权统治的政治运动，是人文主义在宗教神学领域的延伸。人们在宗教信仰的前提下，明确反对天主教会的宗教特权，提倡个性解放，强调个人与上帝的沟通；宗教改革摧毁了罗马天主教会的精神独裁，打击了罗马天主教会的专制统治，解放了人性，促进了资本主义发展。各国封建统治者的权力得到加强，《圣经》被翻译成各国文字，促进了欧洲民族意识的高涨和民族国家的发展。

（三）近代科学的兴起

教师讲述：通过文艺复兴和宗教改革，人们学会认识自我与肯定自我的存在价值，在自然界面前开始呈现出勇气和信心，相信凭借自己的意志能够对自然界有足够的认知。

材料十 1543年波兰天文学家哥白尼发表了一篇名为《天体运行论》的文章，推翻了托勒密的理论，为欧洲科学指引了一个新的方向。他认为宇宙的中心是太阳，而不是地球，包括地球在内的行星都围绕着太阳运动。与托勒密的地球中心说相比，太阳中心说能更好地与实际观测的数据相吻合，这意味着地球只不过是一个行星，人类并没有占据宇宙的中心。在传统的基督教思想中，地球与人类都是上帝独一无二的创造物，因此这种观点与基督教教义是格格不入的。

尽管哥白尼的理论受到冷遇，但它极大地激发了天文学家用新方法研究天文学的热忱。随着越来越多的证据涌现，天文学家将自己的理论建立在实际观测的基础上，依靠数学推理分析数据。到17世纪中期,精确观测和数学推理已经成为力学和天文学的主要研究方法。正是依靠观测与数学,人们逐渐改变了对自然界的研究模式,并由此引发了一场科学革命。

——摘编自[美]杰里·本特利、赫伯特·齐格勒著,魏凤莲等译:《新全球史》,北京:北京大学出版社,2007年,第693—694页。

教师设问:哥白尼提出日心说有哪些影响?

参考答案:改变了人对宇宙的认识,促进科学方法论的形成和科学革命的发生;打击了教会的权威。

教师讲述:科学家提倡科学实验,提倡研究自然界的客观事物。笛卡尔认为认识世界和取得知识的唯一方法是数学推理,培根则提出了从特殊到一般、从具体到抽象的归纳法。牛顿把哥白尼、伽利略等许多科学家所提供的大量资料加以综合,发现了宇宙的法则。在《自然哲学的数学原理》中,牛顿用大量的数据证明了万有引力定律。这一定律使他能够综合分析天文学与力学,运用这套理论解释很多貌似不相关的现象,譬如潮汐涨落是由月球引力造成的,行星和彗星非圆周的运动方式反映了太阳、地球和其他天体相互间的作用。

材料十一　牛顿以他对支配天地万物的寥寥数条规律的精美绝伦的概括,彰显了人的理性的伟大,暴露了宗教非理性主义的荒谬,促使人们由对牛顿和自然规律的崇拜发展出一种探询人类社会客观规律的热忱。

——摘编自马克垚主编:《世界文明史》上册,北京:北京大学出版社,2004年,第561页。

教师过渡:阅读以上材料,科学革命表明人可以运用理性认识自然规律,可以征服自然,这鼓励了思想家相信人类社会是不断前进的,并努力探寻人类社会发展的规律。这成为启蒙运动出现的重要背景。

(四)启蒙运动

1. 启蒙运动的背景

材料十二　文艺复兴和法国启蒙运动都是伟大的思想革新运动,但二者的任务有所不同。文艺复兴是新兴资产阶级为摆脱封建束缚、争取生存和发展而进行的斗争;启蒙运动是壮大、成熟的资产阶级为摧毁封建制度,确立自己的统治地位而进行的斗争。

反封建是两个运动前后相续的共同目标。启蒙运动所涉及的许多问题,是16世纪人文主义者曾经探讨的,启蒙运动继承了文艺复兴的优秀文化遗产。两个运动有一脉相承的东西,如抨击封建制度,批判宗教神学,号召人的解放,倡导发展科学和继承古代唯物主义哲学传统等。实际上,文艺复兴时期的那种明快的自由思想,为18世纪的启蒙运动做了准备。

——杨鹏飞著:《从传统社会到现代文明》,兰州:兰州大学出版社,2015年,第59页。

教师设问:文艺复兴与启蒙运动有哪些异同?

参考答案:相同点:都是资产阶级的思想解放运动,都包括反对封建制度、批判宗教等内容,都尊崇科学等。不同点:文艺复兴的背景为资本主义萌芽产生,新兴资产阶级出现;启蒙运动的背景为资本主义经济发展,资产阶级力量壮大。文艺复兴的目的是摆脱封建束缚;启蒙运动的目的是摧毁封建制度,建立资产阶级统治。

教师讲述:17世纪,启蒙运动发源于英国,代表人物约翰·洛克宣称,人们最初较为和睦地生活在自然状态中，对自己的生命、自由、平等和财产拥有一种自然权利。为了保护各自的财产，人们放弃了自然状态，依据契约建立政府。他还阐释了理想的政府形式，主张把国家的权力分为立法权、执行权和对外权，同时认为立法权处于最高地位，暗含了分权学说和相互制衡的思想。后来启蒙运动的中心转移到了法国，在18世纪后期达到高潮，并向欧洲其他国家和北美地区传播。启蒙思想超越国界，成为国际性的强大思潮。

2. 启蒙运动代表人物与思想

(1) 理性

材料十三 他们(指启蒙思想家)不承认任何外界的权威，不管这种权威是什么样的。宗教、自然观、社会、国家制度，一切都受到了最无情的批判：一切都必须在理性的法庭面前为自己的存在作辩护或者放弃存在的权利。思维着的知性成了衡量一切的唯一尺度……以往的一切社会形式和国家形式、一切传统观念，都被当作不合理的东西扔到垃圾堆里去了；到现在为止，世界所遵循的只是一些成见；过去的一切只值得怜悯和鄙视。只是现在阳光才照射出来。从今以后，迷信、非正义、特权和压迫，必将为永恒的真理，永恒的正义，基于自然的平等和不可剥夺的人权所取代。

——[德]恩格斯：《反杜林论》，载《马克思恩格斯文集》第九卷，北京：人民出版社，2009年，第19—20页。

教师设问：恩格斯如何概括启蒙思想？

参考答案：启蒙思想家认为判断是非的标准是人的理性；他们以此为武器批判教会的权威、专制统治和贵族特权，主张平等、人权等；相信进步。

(2) 伏尔泰

教师讲述：伏尔泰思想的主要内容和特征是与宗教和教会进行斗争。对宗教和教会的揭露、嘲讽和批判，贯穿于他的一生，并产生了巨大影响。伏尔泰认为，宗教迷信和教权统治是人类理性的主要敌人，是启蒙运动的主要敌人，基督教建立的基础是“最下流的无赖编造出来的最卑鄙的谎言”。他抨击宗教，但不主张取消宗教，认为客观世界之外还存在着一个上帝，并认为宗教是统治人民的有效方法。为了批判当时法国社会，伏尔泰提倡自然权利学说。在他看来，自然赋予人类自由平等的权利。

材料十四 伏尔泰是启蒙运动的代表人物……他说：“本身自由，周围的人与自己平等——这才是真正的生活，人们的自然生活。”

——《中外历史纲要》下，北京：人民教育出版社，2019年，第48页。

教师设问：根据材料，指出伏尔泰的思想主张。

参考答案：伏尔泰主张自由、平等。

教师讲述：伏尔泰反对当时法国的专制制度和贵族特权，但并不主张通过暴力进行革命，他甚至明确地告诫读者，不要指望他对君主制明确表态。不过，他对当时英国的君主立宪制度却赞赏有加，认为是一种最理想的政治制度。

材料十五 伏尔泰这位睥睨一切传统权威的批判家，对于中国的传统权威孔子却非但不敢小觑，反而推崇至极。他把孔子的画像挂在家里的礼拜堂里朝夕膜拜，并以儒家思想文化为武器，抨击欧洲基督教的一神教专制。在他心目中，奉行儒学的中国是开明专制君主制的典范，那里有真正的信仰自由，佛教、道教、喇嘛教都可以自由传道，大家相安无事，政府只管社会风化，从不规定国民的宗教信仰。他还说中国人是“所有人中最有理性的人”。显然，伏尔泰推崇中国的儒学文化，主要就是看到其中有一种他在当时欧陆现实中难得见到的“自由”精神（其具体表现就是宗教宽容）。启蒙运动的重农学派也推崇中国，因为“他们不仅憎恨某些特权，分等级也令他们厌恶：他们热爱平等，哪怕是奴役中的平等”；由于这种平等在四周无法找到，他们便把眼光投向了遥远的中国，结果发现那里早已有了这样的东西，表现在：中国的“专制君主不持偏见，一年一度举行亲耕礼，以奖掖有用之术；一切官职均经科举获得；只把哲学作为宗教，把文人奉为贵族。看到这样的国家，他们叹为观止，心驰神往”。

——摘编自马克垚主编：《世界文明史》上册，北京：北京大学出版社，2004 年，第 568—569 页。

教师设问：伏尔泰和重农学派为什么推崇中国？

参考答案：伏尔泰和重农学派认为中国宗教信仰自由，君主重视农业技术发展，实行科举制度，通过考试授予官职，没有享有特权的贵族阶层；以上状况符合启蒙思想家平等、自由的理想，因此他们推崇中国。

（3）孟德斯鸠和三权分立

教师讲述：孟德斯鸠提出划分国家的权力，把立法、行政和司法三个权力分开，使其分别属于三个不同的机构。如果不如此，国家就会落到暴政下面。他主张在君主国家立法权应该委托给人民代表机关，国王只应该是行政机关的首脑，司法权则应该属于陪审法庭。要求三权分立的同时，他还强调三个权力互相制约的重要性。三权分立原则的锋芒是指向君主专制制度的，因为在专制制度下，君主独揽立法、行政及司法大权，于是他就可以为所欲为，就可以任意压迫人民，实行暴政；而实行三权分立就意味着国王被剥夺了立法大权，他的权力就要受到很大的限制。因此，三权分立学说在当时的历史条件下有进步的意义。

（4）卢梭

材料十六 人是生而自由的，但却无往不在枷锁之中。

当人民被迫服从而服从时，他们做得对；但是，一旦人民可以打破自己身上的桎梏而打破它时，他们就做得更对。

唯有服从人们自己为自己所规定的法律，才是自由。

立法权是属于人民的，而且只能是属于人民的。

他们（执政者）仅仅是主权者（人民）的官吏，是以主权者的名义在行使着主权者所委托给他们的权力，而且只要主权者高兴，他就可以限制、改变和收回这种权力。

从政府篡夺了主权的那个时刻起，社会公约就被破坏了；于是每个公民就当然地又恢复了他们天然的自由，这时他们的服从就是被迫的而不是有义务的了。

正如主权是不能转让的，同理，主权也是不能代表的……因此议员就不是、也不能是人民的代表，他们不过是人民的办事员罢了；他们并不能作出任何的决定……英国人民自认为是自由的，他们是大错特错了。他们只有在选举国会议员的期间，才是自由的；议员一旦选出之后，他们就是奴隶，他们就等于零了。

——摘编自[法]卢梭著，何兆武译：《社会契约论》，北京：商务印书馆，2003 年，第 4、26、71—72、73、110、120—121 页。

教师设问：概括卢梭的政治主张。

参考答案:卢梭反对专制,主张自由、主权在民,人民享有立法权,可以任命和撤换官员,有反抗暴政的权力;他反对代议制,要求实行直接民主。

教师讲述:虽然伏尔泰、孟德斯鸠、卢梭等人在政权形式等方面有不同意见,但他们都反对专制统治,主张天赋人权、平等、自由等。

(5)启蒙运动的扩展

教师讲述:大卫·休谟是苏格兰哲学家、历史学家、经济学家,被誉为"道德科学界的牛顿",他研究了认识论问题,在哲学史上占有重要地位。

材料十七　亚当·斯密以启蒙道德哲学的基本原理为出发点,承认私利决定人类行为。他认为经济利己主义的自由运作将最大限度地带来国家的繁荣,如果政府不干涉人们自由追求自身的私利,就能够维护社会的整体福利。因此,他主张废除经济领域各种限制自由的法规。

《国富论》是亚当·斯密于1776年出版的政治经济学著作。它描述了工业革命中英格兰经济的实际运行状况,勾勒出一个理论框架,用整体的社会经济进步来为这些历史发展辩护。

——摘编自[美]彼得·赖尔、艾伦·威尔逊著,刘北成、王皖强译:《启蒙运动百科全书》,上海:上海人民出版社,2004年,第181—183页。

教师设问:① 亚当·斯密认为政府应实行什么样的经济政策?

② 亚当·斯密提出这一主张的背景是什么?

参考答案:① 亚当·斯密认为政府应尽量少干预经济事务。

② 英国开始工业革命,工业资产阶级力量壮大,希望加强并巩固自身的经济和政治地位。

教师讲述:康德系统地诠释了启蒙精神,是启蒙运动后期最重要的一位哲学家。他献身于欧洲建立共和政体的事业,热烈欢迎美国革命和法国革命。

材料十八　启蒙运动就是人类脱离自己所加之于自己的不成熟状态。不成熟状态就是不经别人的引导,就对运用自己的理智无能为力。当其原因不在于缺乏理智,而在于不经别人的引导就缺乏勇气与决心去加以运用时,那么这种不成熟状态就是自己所加之于自己的了……要有勇气运用你自己的理智!这就是启蒙运动的口号。

——[德]康德著,何兆武译:《历史理性批判文集》,北京:商务印书馆,1990年,第22页。

教师设问:康德如何定义启蒙运动的地位?

参考答案:康德认为启蒙运动促进人们独立思考,理性判断。

3. 启蒙运动的影响

材料十九　作为一场重要的思想文化运动,启蒙运动在世界历史上产生了深远的影响,留下了丰厚的遗产。启蒙思想家立足于理性主义,对于他们所栖身的世界展开了广泛深入的批判:现存的宗教组织、政治体制、社会结构、经济制度、司法体系、教育模式等均受到了质疑。这股强烈的批判精神首先有力地冲击了教权的束缚,驱散了宗教狂热与迷信蒙昧的迷雾,推动了宗教自由与社会世俗化的进程。其次,启蒙哲人在批判传统的同时力图以科学方法研究人类社会,解决实际问题,这直接导致了社会科学的诞生。政治学、经济学、社会史学、心理学、人类学等各门社会科学均脱胎于启蒙运动。最后,虽然绝大多数哲人都希望自上而下地改良社会制度,但是他们对于进步的信仰,对于自由平等的追求以及对于公共舆论的塑造，都促进了民主革命时代的来临。

——武寅主编：《简明世界历史读本》，北京：中国社会科学出版社，2014 年，第 369—370 页。

材料二十　现在我们知道，这个理性的王国不过是资产阶级的理想化的王国；永恒的正义在资产阶级的司法中得到实现；平等归结为法律面前的资产阶级的平等；被宣布为最主要的人权之一的是资产阶级的所有权；而理性的国家、卢梭的社会契约在实践中表现为而且也只能表现为资产阶级的民主共和国。18 世纪的伟大思想家们，也和他们的一切先驱者一样，没有能够超出他们自己的时代所给予他们的限制。

——[德]恩格斯：《反杜林论》，转引自《中外历史纲要》下，北京：人民教育出版社，2019 年，第 49 页。

教师设问：阅读以上材料，结合启蒙运动的相关史实，评价启蒙运动。

参考答案：进步性：启蒙运动冲击欧洲教会权威和封建专制统治，解放了人们的思想，传播自由、平等的精神；为将要到来的资本主义社会提出了政治、经济等方面的设想，为欧美的资产阶级革命做了思想和舆论的准备；促进社会科学的产生。局限性：启蒙运动标榜的人们为之斗争的自由、平等实际上只是资产阶级的自由、平等。

【课时小结】

文艺复兴、宗教改革和启蒙运动都是世界近代史上重要的思想解放运动，它们都继承和发展了人文主义精神，为资产阶级取得政治、经济上的统治地位做了准备。依据所学，完成以下表格：

	古希腊哲学	文艺复兴	宗教改革	启蒙运动
地位	人文主义起源 奴隶制城邦民主制度发展的产物			
积极作用	否定神的意志是衡量一切的尺度，树立人的尊严和权威；形成美德、求知等“希腊理性”；促进雅典民主政治发展			
局限性	—			

参考答案：

	古希腊哲学	文艺复兴	宗教改革	启蒙运动
地位	人文主义起源 奴隶制城邦民主制度发展的产物	人文主义复兴 欧洲近代第一次资产阶级思想解放运动	人文主义发展 资产阶级反天主教会神权的政治思想解放运动	人文主义进一步弘扬 规模空前的资产阶级思想解放运动

续表

	古希腊哲学	文艺复兴	宗教改革	启蒙运动
积极作用	否定神的意志是衡量一切的尺度，树立人的尊严和权威；形成美德、求知等“希腊理性”；促进雅典民主政治发展	冲击天主教会神学思想，弘扬人文主义精神；为后世留下大量文化遗产；催生近代自然科学；促进人们从封建愚昧中解放出来，更多关注人及人生活的世界；促进资本主义经济发展，为新航路开辟提供精神动力	打破对罗马教会的迷信，进一步传播人文主义思想；促进西欧各国民族文化教育事业发展；民族意识觉醒、民族国家发展；追求财富等新教伦理，促进资本主义经济发展	自由平等、人民主权等思想为法国大革命作最充分思想准备；沉重打击封建君主专制，奠定资产阶级国家和法治的理论基础；为未来资本主义政治制度构建蓝图；鼓舞欧洲及殖民半殖民地民族独立斗争；促进资本主义经济发展
局限性	—	社会上充斥着奢靡浮夸、享乐利己，造成道德水平下降与个人膨胀等	用一种新的宗教取代原来的天主教	实际上只是实现了资产阶级的自由、平等

第9课　资产阶级革命与资本主义制度的确立

一、学习目标

1. 通过对文字等资料的研读，了解各国资产阶级革命的背景、过程和影响，比较其共性和特点。

2. 解读示意图、时间轴等材料，并利用以上方式描述英美资产阶级革命的过程或所建立的政治制度。

3. 能够用经济基础与上层建筑的辩证关系来理解资本主义制度的确立，解释各国国情与政治制度的关系。

二、学习重点

各国资本主义政治制度的确立。

三、学习难点

各国资本主义政治制度的特点和共性。

四、教与学活动

【导入新课】

文艺复兴、宗教改革和启蒙运动唤起人对自身解放的觉醒，推动了政治学说的发展，为新兴资产阶级取得政治上的统治地位作了思想上的准备。英国是资本主义发展较早的国家。

【学习新课】

(一) 英国资产阶级革命和君主立宪制度的确立

1. 英国资产阶级革命的背景

材料一　英国乡绅形成于16世纪末，有一些骑士、商人、企业主等到农村抢购土地，进入到了乡绅阶层。这些人有了雄厚的经济实力，就不愿屈居于封建王权之下，积极寻求自己的政治地位。他们与市民一起进入到议会，成为下院的组成部分。他们的加入对英国议会的发展做出了重要的贡献，因为乡绅阶层是当时一个先进的阶层，具有强烈的商品经济意识，运用先进的资本主义生产方式。他们加入下院后，使下议院也具有了先进的资本主义色彩，指引了议会的前进方向，为革命的爆发奠定了基础。随着经济的繁荣，市民阶层也获得了独立的经济地位，政治地位也随之有所提升，他们取得了城市的自治权；并且他们的财富越多，可交给国家的税收就越多，因此政府对他们不得不重视。

私有财产权利的发展不允许人们去随意侵犯他人的财产和自由。人们为了保护自己的私有财产和个人权利，就会想办法来维护。最容易侵犯个人私有财产的就是国王的随意征税行为，所以需要议会来监督国王的行为。议会必须要代表民众的意愿，平民院的产生和发展是一个必然发生的事情，这是保护私人财产权利的有效途径。

——摘编自马林：《英国议会的历史发展再分析》，烟台大学硕士学位论文，2012年，第14—16页。

教师设问：16—17世纪英国议会与国王矛盾的实质是什么？

参考答案：随着英国资本主义经济的发展，资产阶级和新贵族在经济上日益强大，要求取得政治权利并保护自己的财产；他们以议会为基地，反对专制王权的压迫和盘剥。

2. 英国资产阶级革命的过程

教师展示英国资产阶级革命示意图：

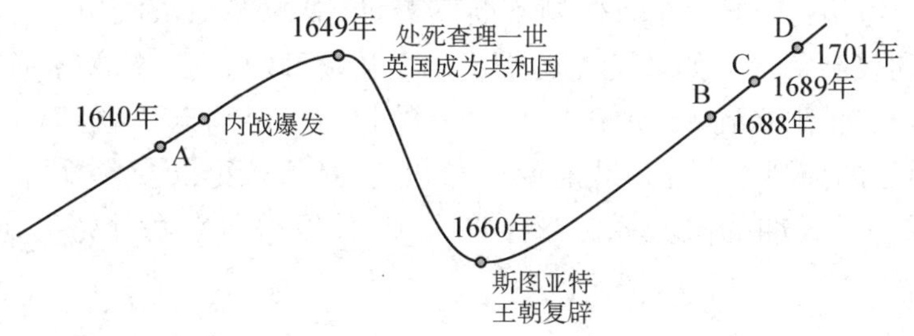

教师设问:① 依据所学,将适合的史实填入以上示意图。

② 将教科书第 50 页插图《马斯顿荒原战役》所表示的历史事件标识在示意图上。

③ 结合所学和示意图,概括英国资产阶级革命的特点和影响。

参考答案:① A: 英国资产阶级革命爆发;B: 光荣革命;C: 议会通过《权利法案》;D: 英国议会通过《王位继承法》。

② 示意图标注略。

③ 特点: 过程曲折,有斗争,有妥协。影响: 英国建立君主立宪制,资产阶级掌握政权。

【设计意图】 通过以上设计帮助学生梳理英国资产阶级革命中的重大历史事件,通过解读历史图表理解英国资产阶级革命的特点。

3. 英国君主立宪制确立

教师讲述:光荣革命确立了国家最高权力归议会所有的原则。1689 年议会通过了《权利法案》限制王权,规定英国的法律应由议会制定,国王无权废止;国王必须定期召开议会;未经议会同意国王不得征收新税和招募常备军。此后,议会又陆续通过了《王位继承法》等法案,奠定了英国君主立宪制的政治与法律基础。

教师设问:阅读教科书第 52 页"历史纵横"栏目"英国的内阁制",绘制英国君主立宪制示意图。要求:说明英国国王、议会、内阁、首相之间的关系。

参考答案:如下图所示:

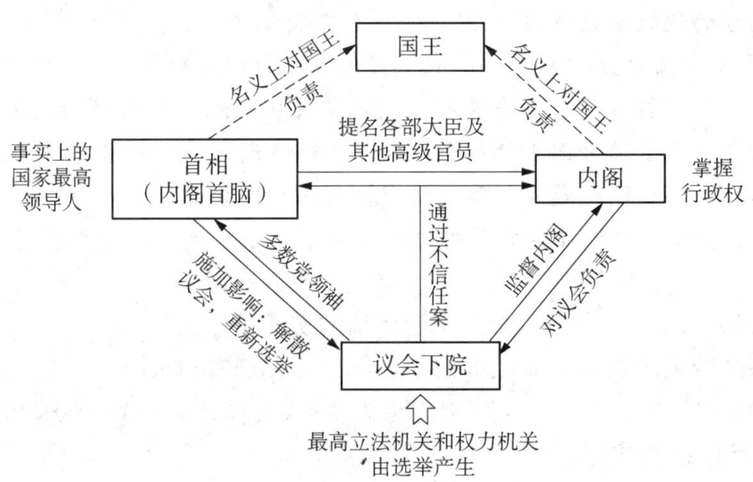

教师讲述:18 世纪,英国的宪政体制不断完善,形成内阁制,君主的实权逐渐削弱。政府由议会产生,向议会负责。如果说在光荣革命之初,行政与立法的关系尚不明确,国王与议会有可能各行其是;那么到 18 世纪中叶,国王的权力已经消退了,立法权已高出行政权,将行政权置于自己的控制下。任何政府要想存在,就必须取得议会多数的支持。实行君主立宪制的英国保持了长期的政治稳定与经济繁荣,并取得争夺海外殖民地与商业利益的胜利。

（二）美国独立战争和1787年宪法

1. 美国独立战争的背景

1763年英国取得七年战争的胜利，从法国手中夺得大片殖民地，一跃成为世界上最大的殖民强国。战后英国腾出手来，严厉执行过去长期未能实行的一系列限制殖民地经济的法律，并限制北美殖民地居民向阿巴拉契亚山脉以西迁移，使殖民地居民十分不满。

材料二　1763年后，英国政府的一些新法令发动并维持着对殖民地的一种改革的压力，这种压力是美洲以前未曾体验过的。英国议会和政府的法令均着意于加强帝国控制并且向美洲征税。力量强大的殖民地议会感到自己尤其受到英国议会的驳斥。美洲人认定英国政治家对美洲采取的新措施有践踏英国和美洲自由的嫌疑。例如，1764年3月弗吉尼亚的亚瑟·李就已撰文提到，“（英国）下院在未征得殖民地臣民的代表同意的情况下毫不迟疑地决定……向这儿的臣民征税，是一项用权力的铁手”压迫北美的决议；其他人则提出议会征税是否正当或合乎宪法的疑问。七年战争后商业的衰退严重影响了殖民地上层人物，对自由的侵犯发生在经济出现实际困难和不幸之际。他们这时发现自己在商业方面的行动自由进一步受到了英国法令的限制。

——摘编自[英]R. C. 西蒙斯著，朱绛等译：《美国早期史——从殖民地建立到独立》，北京：商务印书馆，1994年，第398—400页。

教师设问：依据材料，概括北美人民与英国政府矛盾的表现及实质。

参考答案：英国政府增加在北美的税收，压制北美经济发展；北美人民认为英国政府无权在北美殖民地收税。二者矛盾的实质是殖民地人民反抗英国的经济压榨和争取政治权利。

2. 美国独立战争

教师设问：设计美国独立战争时间轴。要求：包括重大事件及其历史地位。

参考答案：

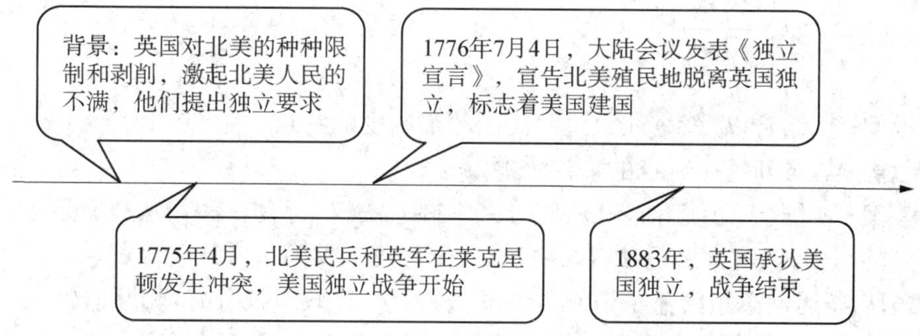

教师过渡：《独立宣言》以“美利坚合众国”代表的名义宣告：美洲13个殖民地正式脱离英国，成为独立和自由的国家。它用天赋人权和普遍的民主原则来阐述了“反叛”的理由，也阐述了新国家的基本原则；这是历史上第一份以国家的名义宣示启蒙原则的正式文件，马克思称之为“第一个人权宣言”。独立战争不仅是摆脱宗主国控制的斗争，而且也是一场社会和政治革命，美国由此确立了现代政治制度和法律的基本框架。

3. 1787年宪法

教师讲述：历史上，共和制只是存在于城邦国家，一旦疆域扩展，就会导致中央集权的帝制。古罗马就是18世纪启蒙思想家引以为鉴的例子。如何在一个大国里确保共和制，这是一个难题。美国制宪会议于1787年5月25日召开，9月17日结束，共计116天。各州代表在会议上进行了激烈的辩论。

材料三 对绝大多数代表来说……他们关心的更多的是如何建立一个有效力的但又受到约束的政府。代表们既想建立一个有足够权威的中央政府，又要竭力保护各州已经拥有的重要权力；他们既希望联邦政府的权威得到有效的施展，但又要防止不同利益集团对政府权力的垄断；他们既反对贵族或寡头政治，又害怕简单无序的"暴民政治"。正因为有这些忧虑，1787年的宪法格外注重权力的分割与制约。可以说，建立一个有效和有限的联邦政府是这部宪法的核心。

——王希著：《原则与妥协：美国宪法的精神与实践》，北京：北京大学出版社，2000年，第113—114页。

教师设问：美国制宪会议代表希望建立一个什么样的政府？

参考答案：美国制宪会议代表希望建立强有力的中央政府，同时保证各州的权力；政府既有权威，又体现民主原则，同时可以抵制人民群众对政府的影响。

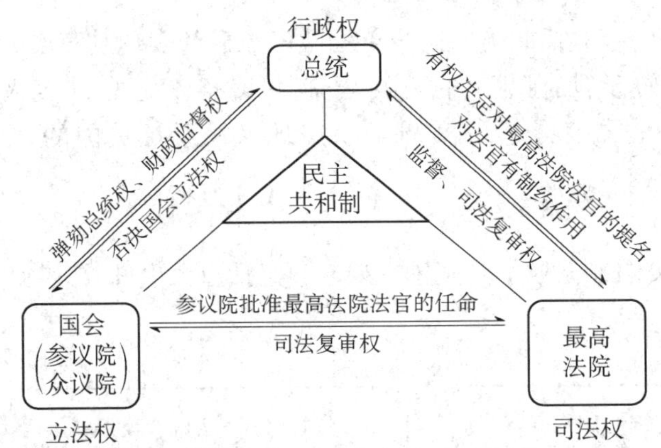

教师设问：① 结合以上示意图，说明美国政治制度的特点。

② 依据所学，推断这一特点的理论来源。

参考答案：① 国会、总统和最高法院分别掌握立法权、行政权和司法权，彼此制衡；体现"三权分立"的原则，以防止出现独裁，并且在一定程度上保障了资产阶级民主。

② 法国启蒙运动思想家孟德斯鸠强调立法、司法、行政三权分立，相互监督、制衡。

教师讲述：1787年宪法加强了中央政府的权力，又给各州保留了很大的自主权。主要权力如立法、征税、军事、外交等权收归联邦政府，但凡是没有明文列举给中央的权力还必须把它们保留于各州和人民。它是历史上第一部比较完善的资产阶级成文宪法，但也存在严重的隐患。最大的问题是奴隶制问题。制宪会议在奴隶制问题上的妥协保证了联邦宪法的产生，但却为宪政的发展埋下了一颗定时炸弹，由于南北经济发展模式的差异和不断加大的经济差距，围绕奴隶制与自由劳力经济的冲突逐渐升级。

材料四　联邦宪法以“我们,(美利坚合众国的)人民”一语开头,人民被描述成那些将把“自由的恩赐”作为与生俱来的权利、能将这些恩赐传延给“子孙后代”的人。人们也许认为,这里提到的“人民”指的是所有生活在美国境内的人。但接下来的文字却清楚地说明,情形并非如此。联邦宪法对当时美国境内居住的三种人口作了区分:印第安人,他们被看作是独立的部落民族,不是美国政治组织的一部分;“其他人”——即奴隶;还有就是“人民”。只有第三种人才有资格享受美国自由。

——摘编自[美]埃里克·方纳著,王希译:《给我自由!一部美国的历史》,北京:商务印书馆,2010年,第337—338页。

教师设问:1787年宪法还有哪些局限?

参考答案:印第安人、黑人奴隶没有取得政治权利。妇女、黑人也不具有和白人男子相等的公民权利。

教师设问:① 依据所学,比较英国君主立宪制与美国共和制的异同,完成表格。

② 英美政治制度有哪些异同?

		英国	美国
建立途径			
国家元首及产生方式			
政府首脑	职位		
	产生方式		
	权力		
议会	产生		
	权力		
政府与议会的关系			
国家元首与议会的关系			

参考答案:①:

		英国	美国
建立途径		资产阶级革命,光荣革命	独立战争
国家元首及产生方式		国王,世袭	总统,选举产生
政府首脑	职位	首相	总统
	产生方式	由议会中多数党的领袖担任	选举产生
	权力	事实上的国家最高领导人,掌握行政权力	掌握行政权力

续表

		英国	美国
议会	产生	下院成员由选举产生	议员由选举产生
	权力	国家最高立法机关和权力机关	掌握立法权
政府与议会的关系		内阁掌握行政权，受议会监督，对议会负责；首相也有权解散议会，重新选举	彼此制衡
国家元首与议会的关系		国王权力受到议会限制	彼此制衡

② 相同点：都属于资本主义代议制度，包含民主、法治、权力制衡等原则。不同点：英国是在“议会至上”原则下实行内阁制，美国则采取“三权分立”原则。

【设计意图】 通过以上设计引导学生初步分析资本主义政治制度的含义，并认识到各国政治制度有各自的特点。

（三）法国大革命

1. 法国大革命的背景

材料五 法国剧作家博马舍的喜剧《费加罗的婚礼》中，主人公费加罗和苏姗纳是阿拉玛卫华伯爵府的仆人，他们正在欢天喜地为婚事做准备，但却突然得知伯爵对婚礼怀有阴谋，于是各色人物开始登场，平民和贵族之间展开了较量，最终聪明勇敢的平民取得了胜利，虚伪荒淫的伯爵当众出丑。第三等级的普通平民成了戏剧中的正面人物，而传统戏剧中一直受到赞颂的贵族伯爵却成为了被嘲笑的对象。结尾处费加罗说：“由于他们家庭出身不一样，有的人做国王，有的人是奴仆，他们被命运安排成天渊之别；改变命运的安排只靠顽强的思想斗志。那些被人们朝拜的国王，死了，他们的荣耀也随之完蛋，只有永存于世的伏尔泰！”

1782 年博马舍的剧本被呈送给法国国王路易十六，国王立刻就下了禁令。人们不断上书请愿，才迫使当局让步。1784 年 4 月 27 日《费加罗的婚礼》首次公演，当天法国大剧院一清早就被人群包围起来，大门被冲开，门卫被赶走，铁栅栏被拆毁。这部喜剧从第一天公演起就获得了巨大成功，有的评论家还把这一天称为法国戏剧史上重要的里程碑。

——摘编自[法]约瑟夫·盖尔让：《博马舍与〈费加罗的婚礼〉》，载《世界博览》，1984 年第 12 期。

教师设问：分析《费加罗的婚礼》首次公演大受欢迎的原因。

参考答案：18 世纪后期，法国专制制度严重阻碍资本主义发展，力量日益壮大的资产阶级迫切要求摆脱封建专制统治和等级制度的束缚；第三等级与贵族矛盾尖锐；启蒙思想对民众产生了深刻影响。《费加罗的婚礼》赞颂了第三等级的聪明才智，反映了对封建等级制度的不满和对平等的要求，体现了对启蒙思想家的赞颂，因此受到法国人民的欢迎。

2. 法国大革命

教师讲述：为解决严重的财政危机，1789 年 5 月，路易十六召集已经中断 170 多年的三级会议筹款。第三等级的代表自称代表大多数国民，并宣誓要制定一部宪法，把三级会议改名为制宪会议。路易十六企图调兵逮捕这些代表。7月14日，巴黎人民闻讯爆发起义，攻占了象征专制的巴士底狱，轰轰烈烈的法国大革命由此爆发。在革命的氛围中，制宪议会掌握了国家实权。8月26日，制宪议会通过《人权和公民权宣言》(即《人权宣言》)，宣示了对旧制度的否定和新制度的原则。

材料六　《人权宣言》(部分)：

第一条　在权利方面，人们生来是而且始终是自由平等的。只有在公共利用上面才显出社会上的差别。

第二条　任何政治结合的目的都在于保存人的自然的和不可动摇的权利。这些权利就是自由、财产、安全和反抗压迫。

第三条　整个主权的本原主要是寄托于国民。任何团体、任何个人都不得行使主权所未明白授予的权力。

第六条　法律是公共意志的表现。全国公民都有权亲身或经由其代表去参与法律的制定。法律对于所有的人，无论是施行保护或处罚都是一样的。在法律面前，所有的公民都是平等的，故他们都能平等地按其能力担任一切官职、公共职位和职务，除德行和才能上的差别外不得有其他差别。

……

第十一条　自由传达思想和意见是人类最宝贵的权利之一；因此，各个公民都有言论、著述和出版的自由，但在法律所规定的情况下，应对滥用此项自由负担责任。

……

第十七条　财产是神圣不可侵犯的权利，除非当合法认定的公共需要所显然必需时，且在公平而预先赔偿的条件下，任何人的财产不得受到剥夺。

——转引自梅雪芹主编：《世界近代史资料汇编》，北京：北京师范大学出版社，2009年，第64—65页。

教师设问：《人权宣言》如何体现了对旧制度的否定？并为新制度确定了哪些原则？

参考答案：宣言第一条规定了公民平等；第二条提出公民具有自由、财产权和反抗压迫权；第三条肯定人民主权；第六条将立法权赋予全体国民；第十一条是关于言论自由、出版自由、著述自由的规定；第十七条再次强调了私人财产权利。《人权宣言》否定了专制王权、等级制度等旧制度，体现了天赋人权、平等、法治、人民主权、保护私有财产等原则。

教师讲述：1791年，议会颁布宪法，规定了国家的性质和体制——资产阶级的君主立宪制国家。法国封建势力进行反扑，同时法国革命遭到欧洲大批君主国的干涉，开始扩展为欧洲革命。面对动荡不安的政局，许多法国人盼望出现一个强人政权，对内实现秩序和稳定，对外实现光荣的和平。拿破仑趁机夺取了政权。

材料七　《法国民法典》(部分)：

第8条　所有法国人都享有民事权利。

……

第488条　满二十一岁为成年；到达此年龄后，除结婚章规定的例外外，有能力为一切民事生活上的行为。

……

第537条　除法律规定的限制外，私人得自由处分属于其所有的财产。

不属于私人所有的财产，依关于该财产的特别规定与方式处分并管理之。

……

第545条　任何人不得被强制出让其所有权；但因公用，且受公正并事前的补偿时，不在此限。

——李浩培等译：《拿破仑法典（法国民法典）》，北京：商务印书馆，1979年，第2、65、71、72页。

教师设问：分析《法国民法典》与《人权宣言》的关系。

参考答案：《人权宣言》旨在保障公民的基本权利，明确提出了人权、自由、平等、法治、人民主权和私有财产等原则，其中宣扬的自由和民主对此后法国的每一部法典的制订都有影响。《法国民法典》把《人权宣言》关于权利保障的部分移植到了民法领域，肯定了平等原则，保护私有财产不受侵犯，传承了《人权宣言》的精神。

教师讲述：《法国民法典》总结了革命10年的立法成果，确立了近代民法体系。作为资产阶级国家最早的一部民法典，这部法典在破坏欧洲封建制度和促进欧洲资本主义的发展上起过不容低估的示范作用。后来，世界各国在制定法典时，往往以它为范本。

3. 法国大革命的影响

教师讲述：法国革命和拿破仑战争前后延续了四分之一世纪，搅得整个欧洲尤其是相邻地区天翻地覆，因此法国革命享有“大革命”的专称。经过大革命，法国和欧洲都已不复旧貌。在法国，近代政治法律的架构确立下来了，在革命与战争中，法国人建立了统一的民族认同，民族国家也最终成型。法国大革命使人权和民族国家成为现代的核心价值，至今具有世界性的影响。

材料八　拿破仑在西德和西南德推行了资本主义改造，直接废除了这些地区的封建领地制度，废除了农民的代役租、徭役劳动和各种封建贡赋，在西德主要形成一种大块土地出租或租佃给农场主经营的资本主义大地产制；在西南德，主要把土地划成小块分给农民，农民成为小块土地的主人，并为市场从事独立生产。《拿破仑法典》在莱茵联邦各邦的普遍推行，使当地居民享受到在封建专制统治下从未享受过的自由和平等；法国资产阶级的法律思想，如建立陪审团，公开诉讼程序等，为德意志的现代立法提供了范例。贵族及教士特权遭到很大程度的削弱；经济领域中阻碍资本主义发展的因素基本消除；实行了自由贸易；行政权力集中化，设立了新式的职责分明的行政各部门。这样一来，资产阶级思想及行为方式找到了立足之点，并成为德意志境内最先转向资本主义发展道路的地区。

拿破仑战争和对德意志占领区的统治，还促成了德意志现代工商业资产阶级的出现。而拿破仑在关键时刻总是采取民族自利政策，只照顾法国资产阶级利益，抑制、限制德意志民族工业的兴起，或者以损害德意志民族工业来满足法兰西民族工业的利益。在拿破仑战争隙缝中成长起来的德意志民族工业和大多数出身于手工业者家庭的德意志现代工商业资产阶级就不能不反戈一击，站到德意志民族的立场上，参加德意志民族战争，反对拿破仑的异族统治。

——摘编自丁建弘著：《德国通史》，上海：上海社会科学院出版社，2007年，第150—151页。

教师设问:拿破仑战争对德意志发展有什么影响?

参考答案:拿破仑入侵德意志,在所占领地区推行《法国民法典》,废除封建贵族的特权,农民获得土地,农村商品经济发展;行政、立法、司法近代化,促进自由贸易,资本主义经济得到发展,资产阶级力量壮大。但拿破仑占领也激发了德意志的民族感情,受到拿破仑压制的德意志资产阶级参与反对拿破仑统治的民族战争。拿破仑战争促进了德意志的统一。

教师讲述:19 世纪法国的政治发展大起大落,政体多次变迁。1870 年 9 月,巴黎民众宣布共和,是为法兰西第三共和国。此后历经共和派的多年努力,法国终于稳定在共和政体的框架内。

【设计意图】 通过以上设计,说明法国大革命对欧洲各国的影响,并为学习德意志统一做好铺垫。

教师讲述:英、美、法资产阶级革命所处的时代,资本主义发展处于手工工场阶段。无论分散的还是集中的手工工场,都属于雇佣制的商品经济。资本主义经济的发展和封建自然经济走向瓦解是当时经济领域中的大趋势。环顾整个世界,当时建成资本主义制度的国家只有英国、美国和法国等 4 个,其余国家和地区都还处在封建主义或封建主义之前的发展阶段。从力量对比上看,资本主义所占的分量实在是微乎其微的。不过,作为人类社会发展史上的新生事物,它的生命力是强劲的,它终将取代旧制度的大趋势是无法阻挡的。

(四) 资本主义的扩展

教师过渡:19 世纪,工业革命逐渐从发源地英国扩散到欧洲大陆,甚至扩散到世界其他地区。由于工业革命和法国大革命的影响,资产阶级的经济、政治力量极大加强,推动资产阶级性质的改革和革命。一系列重要国家如俄国、德国、意大利、日本走上资本主义道路,已经建立资本主义制度的国家,如英、美、法等进一步完善制度,建立起全面完整的资本主义社会。

1. 德意志、意大利统一

教师讲述:1834 年,德意志关税同盟成立,到 1854 年已经涵盖了德意志大多数邦国。1860 年,德国铁路总长为 11 632 千米,已经将各地连接起来。德意志经济一体化基本实现,政治分裂状况愈益显得难以容忍。普鲁士是德意志经济最强大的邦国,也是关税同盟的创立者和支柱。普鲁士的宰相俾斯麦一上台就极力推进普鲁士的扩张,以此实现德意志的统一。通过王朝战争,普鲁士统一了除奥地利以外的德意志。1871 年,德意志帝国成立。

材料九 《德意志帝国宪法》(1871 年)摘编:

第五条　帝国立法权由联邦议会和帝国议会行使之。帝国法律应取得两个议会必要的和充分的多数的同意。

第十一条　联邦的主席职位属于普鲁士国王,普鲁士国王享有德意志皇帝的尊称。皇帝在国际关系上为帝国的代表,以帝国的名义宣战与媾和,同外国缔结同盟及其他条约,委派并接受使节……

第十二条　联邦议会与帝国议会的召集、开会、延会、闭会之权属于皇帝……

……

第十七条　建议并公布帝国法律及监督其执行之权属于皇帝……

第十八条　皇帝委派官吏，命令他们宣誓效忠帝国，并在必要情况下，命令他们退职……

……

第二十条　帝国议会由秘密投票的普遍和直接选举产生……

第六十三条　帝国的全部军事力量组成为统一的军队，在平时和战时受皇帝指挥……

——转引自梅雪芹主编：《世界近代史资料汇编》，北京：北京师范大学出版社，2009年，第306—307页。

教师设问：比较德意志帝国君主立宪制与英国君主立宪制。

参考答案：共同点：都是资产阶级性质的政治体制，都保留了君主，都由选举产生的议会掌握立法权；不同点：英国国王"统而不治"，议会是国家最高立法机关和权力机关，内阁掌握行政权，受议会监督，对议会负责；德国皇帝掌握外交、行政、军事等权力，并掌握部分立法权。

教师讲述：经过拿破仑战争，意大利人的民族意识已经开始觉醒。撒丁王国推行了一系列富国强兵的改革，增强了国力，成为意大利统一的核心，一步步推动了统一事业的完成。新的意大利王国实行君主立宪制。

2. 1861年俄国废除农奴制改革

教师讲述：19世纪中期的俄国仍实行农奴制，农业耕作方式原始落后，工业发展步履维艰，与西欧的差距越来越大。1853年，俄国和土耳其发生战争。随后，法国和英国加入土耳其一方，战争转到俄国的克里米亚半岛。俄国在本土作战，却遭到惨败，沙皇的权威受到动摇。战争的失败充分暴露了俄国军事和经济的落后，农奴制成为众矢之的。

1861年，沙皇颁布法令，废除农奴制度。农民获得人身自由，有权订立契约、从事工商业活动，拥有动产和不动产，还可以改变身份，成为市民或商人；农民可以按照规定赎买一部分土地，另一部分土地归地主所有。俄国农民获得了解放，但是付出了沉重的代价。地主有权决定自己"割取"哪些土地，而留给农民的通常是坏地。农民需要一次性支付约20%的赎金，其余部分由国家银行垫支给地主，农民分49年偿还贷款和利息；赎金成为农民的终身债务，甚至传给了儿子。

材料十　亚历山大二世在位时不仅废除了农奴制，还改革了地方自治制度，在俄国大部分地区建立了由选举产生的自治机构，在城市中建立起了由选举产生的无等级的城市自治机关，即城市杜马。在司法制度方面，俄国也效仿西欧各国进行了一定的改革。但亚历山大二世的改革局限于经济、行政、司法和文教等领域，而没有触及俄国的君主专制制度。地方自治机构的权限被界定在领导地方经济建设、教育和卫生保健等方面，严格限制讨论国家的政治制度等重大问题。

——马克垚主编：《世界文明史》下册，北京：北京大学出版社，2004年，第1080页。

教师设问：结合材料和所学知识，评价亚历山大二世的改革。

参考答案：亚历山大二世改革废除了农奴制，有利于俄国资本主义的发展，但没有触及沙皇专制制度，保留了大量农奴制残余。

3. 美国内战

教师讲述：19 世纪，美国资本主义迅速发展，并通过购买、武装颠覆和发动战争等手段，扩张领土。美国工农业资本主义的发展只限于北部和西北部，南部却是沿着另一条道路——奴隶制经济发展的。南北两种经济制度之间存在不可调和的矛盾。北部需要大量自由雇佣劳动力，南部奴隶主却把几百万黑奴禁锢在种植园内；北部需要大量的棉花等工业原料，南部奴隶制经济却具有殖民地经济性质，产品多数输往英、法及其他欧洲国家；北部需要南部作为商品销售市场，一贫如洗的黑奴却无力购买任何工业品；北部资产阶级需要提高关税以保护自己的工业，控制联邦政府的南部奴隶主却极力降低关税，以购买廉价的外国商品。南北双方的上述矛盾随着美国经济的发展以及领土的扩大、废奴运动的发展和黑人反抗斗争的加强而日益激化，奴隶制成为美国社会的矛盾焦点。南方奴隶主要求新建州中应有一定份额的蓄奴州；北方工商业集团和西进农民则要发展白人自由劳动制度，在新建州内禁止奴隶制度。反对奴隶制扩张的林肯于 1860 年年底当选总统，南方各州对此感到恐惧，立即采取了分裂行动，挑起内战。

教师讲述：1862 年，林肯颁布了《宅地法》，规定一切忠于联邦的成年人交付 10 美元登记费，可在西部领取 160 英亩土地，耕种 5 年后即成为这块土地的主人。《宅地法》极大地鼓舞了联邦军队中广大士兵的战斗热情。接着，林肯发表了震动世界的《解放黑人奴隶宣言》。

材料十一　自 1863 年 1 月 1 日起，凡当时仍在叛乱的任何一个州或地区，其境内所有奴隶都应永远获得自由……我现在命令这些被宣布自由的人们，除非是必须的自卫，不得有违法行为；我劝告他们，在任何可能的情况下，他们应当忠实地为合理的工资而劳动。我进一步宣告在适当条件下，这些人们可参加合众国的军事工作，驻守炮台、阵地、卫戍区域以及其他地区，以及在各种军舰上服役。

——[美]J. 艾捷尔编，J. 卡尔顿点评，赵一凡、郭国良译：《美国赖以立国的文本》，海口：海南出版社，2000 年，第 286 页。

教师设问：结合美国内战的背景，分析《解放黑人奴隶宣言》颁布的意义。

参考答案：《解放黑人奴隶宣言》宣布叛乱诸州的奴隶全部获得自由，可以争取人民群众的支持，推动南方奴隶逃到北方参加军队，还可以瓦解南方赖以维持战争的种植园经济。

教师讲述：美国内战实质上是美国第二次资产阶级革命。它粉碎了奴隶制种植园主的政治势力，使工业资产阶级掌握了全部国家政权，能够运用国家政权的力量迅速而全面地发展资本主义生产；内战扫除了严重阻碍社会生产力发展的奴隶制度，为资本主义的发展开辟广阔的道路。但是，内战后黑人并没有得到彻底解放，受到极其严重的种族歧视与迫害，他们争取真正解放的斗争一直延续到今天。

4. 日本明治维新

教师讲述：请同学们用结构图示整理明治维新的概念内涵。阅读清政府和日本应对西方的表格。

 慈禧太后 (1862—1908)	清政府 坚持传统价值观; 失去了许多领土; 使其他国家在中国的势力范围扩大; 最终接受改革的必要性	共同 维护传统价值观; 最初抵制改变; 反对西方侵略	日本 认为现代化是必要的; 借鉴和适应西方的方式; 加强对外军事力量; 成为帝国缔造者	 明治天皇 (1867—1912)

教师设问:① 根据上表对比,清政府和日本应对西方的结果有何不同?

② 结合上表和所学说明造成这种不同的原因。

参考答案:① 中国丧失主权,逐步沦为半殖民地半封建社会。通过明治维新,日本迅速走上了发展资本主义的道路,实现富国强兵,开始跻身资本主义强国之列。但是,明治维新保留了大量旧制度的残余,军国主义色彩浓厚。日本强大起来后,很快走上了对外侵略扩张的道路。

② 清政府仅学习西方科技,没有改变专制制度和封建思想。日本从政治、经济、思想、文化等方面向西方学习。

【课时小结】

教师设问:19 世纪 70 年代有哪些国家建立了资本主义制度?将这些国家的政治制度进行分类。

参考答案:19 世纪 70 年代,英、美、法、德、意、日、俄等国建立了资本主义制度。

实行共和制的国家包括美、法等;实行君主立宪制的国家包括英、德、意等国;俄国仍实行专制制度;日本在 19 世纪 90 年代建立君主立宪制度。

单元总结

教师设问:① 设计一个示意图,要求:包括本单元的主要历史事件,并能说明这些事件的关系。

② 在以上示意图中,加入资本主义经济发展及科技进步的相关内容,并说明示意图中事件的关系。

参考答案:(略。)

材料一　政治、法、哲学、宗教、文学、艺术等等的发展是以经济发展为基础的。但是,它们又都互相作用并对经济基础发生作用……在这些现实关系中,经济关系不管受到其他关系——政治的和意识形态的——多大影响,归根到底还是具有决定意义的,它构成一条贯穿始终的、唯一有助于理解的红线。

——《恩格斯致瓦·博尔吉乌斯》，载《马克思恩格斯选集》第四卷，北京：人民出版社，1995 年，第 732 页。

教师设问：运用本单元的相关史实，论证上文的观点。

参考答案：上文中恩格斯认为，经济基础对上层建筑起决定作用，上层建筑在被决定的前提下，又具有反作用。政治制度、法律、哲学、文学艺术等上层建筑相互影响。

西欧中世纪晚期资本主义生产关系的萌芽是文艺复兴运动产生的根本原因；随着资本主义经济的发展，资产阶级力量壮大，为了维护自己的利益，建立了适合资本主义经济发展的政治制度，如英国君主立宪制度、美国联邦共和制度等。这说明经济基础对上层建筑起决定作用。

14—16 世纪，天主教会的禁欲主义思想阻碍意大利、德意志资本主义萌芽的发展；18 世纪，法国专制制度严重阻碍资本主义发展；宗教改革解放了人们的思想，传播和发展了人文主义，有利于欧洲资本主义的成长。这说明上层建筑对经济基础有反作用。

宗教改革推动了欧洲民族国家的形成；启蒙运动进一步解放了人们的思想，为资本主义制度的建立作了理论准备和舆论宣传，为未来社会提出了一些基本的政治思想，如天赋人权、平等、自由、法治和权力制衡等，这些思想在美国“三权分立”政治原则、法国《人权宣言》中得到体现。这说明政治制度、法律、哲学、文学艺术等上层建筑相互影响。

第三部分

学习资源拓展

第 8 课　欧洲的思想解放运动

材料一　佛罗伦萨的经济状况——文艺复兴的背景

在 1338 年,佛罗伦萨可居全欧最大的五个城市之列。全城人口的相当大一部分是直接靠毛织业为生的,该业雇工达 3 万余人,年产毛呢价值达 1200 万佛罗琳(按本书写作时 1 盎司等于 35 美元的黄金价格折算,约值 500 万美元)。由舶来毛呢加工业行会的作坊精制的外销呢绒每年价值达 350 万佛罗琳。在国外经商贸易的佛罗伦萨人数可达 300 以上。经办金融和法律事务的有约 80 家银行、钱庄以及 600 名律师。

——摘编自[美]坚尼·布鲁克尔著,朱光华译:《文艺复兴时期的佛罗伦萨》,北京:生活·读书·新知三联书店,1985 年,第 61 页。

材料二　人文主义

人文主义是欧洲文艺复兴时期流传广泛的资产阶级思潮,它是资产阶级最早的反封建的新文化运动。因为这个思潮的代表人物从事活动的领域或研究的对象是“人文学科”,即与宗教神学相对立的世俗文化,又因为他们在各个文化领域中所贯彻的基本思想是以“人”为中心,提倡“人”或“人道”精神,故称。人文主义于 14 世纪发源于意大利,15—16 世纪发展为遍及整个西欧的思想文化思潮。人文主义并不是一个有组织的学术流派,人文主义者所研究的领域、学术观点和政治倾向也不尽一致,但它作为新兴资产阶级反封建反神学的文化思潮和运动,则具有一些共同的基本思想。主要有:反对神权对人的侵犯,反对神性至上,极力抬高人的地位,热烈歌颂人性的完美,要求肯定人的价值,恢复人的尊严,保障人的权利,公开宣称:“我是人,凡是人的一切特性,我无不具有。”否定教会宣扬的禁欲主义,要求享受现世的幸福,主张顺应人的自然本性,过世俗的快乐生活。反对盲目迷信权威,批判经院哲学和蒙昧主义,推崇人的感觉经验和理性思维,提出运用人的感觉和理性,认识自然,研究自然,掌握科学文化知识,造福人生。反对封建专制主义和等级制度,提出个性解放,要求个性自由,主张人人平等。人文主义是资产阶级世界观的最初表现,它反映了资产阶级的利益和要求,它用世俗文化去代替封建神学,用人道主义去否定神道主义,把人的眼光从神转向人,从天国转向尘世,启发了人的理性,揭开了新兴资产阶级反封建斗争的序幕,为资产阶级在未来夺取政权作了舆论准备。同时,它也为近代科学文化和唯物主义哲学的产生和发展,开辟了道路。

——摘编自李鹏程主编:《当代西方文化研究新词典》,长春:吉林人民出版社,2003 年,第 253—254 页。

材料三　文艺复兴的历史地位

马文·佩里认为:“文艺复兴是一个变革的时代,它目睹了人们对中世纪一些传统观念的否定”,同时“文艺复兴也标志着近代的诞生——无论是它的艺术观、对个人在历史和自然之中作用的认识,还是社会的、政治的、战争的和外交的观念都是近代思想的开端”。实际上,文艺复兴时期人本主义最伟大的成就就是对“人的发现”,对人的价值和尊严等的肯定,这一核心价值理念体现在社会生活、人文科学的方方面面。

文艺复兴时期产生了众多学识渊博、多才多艺的巨人,以无可辩驳的事实证明了人自身所能发挥的无穷潜力。恩格斯对这个时代给予高度评价,指出文艺复兴是一个“需要巨人而且产生了巨人——在思维能力、激情和性格方面,在多才多艺和学识渊博方面的巨人的时代”。资本主义生产方式兴起的时代需要“巨人”,同时也给“巨人”成长提供了各方面的物质和精神条件。科学技术的发展、知识的增加、地理大发现、商品种类的日益增多和商品交换的扩展,人们从几百年的宗教神学思想禁锢下获得精神解放,促使了多才多艺的人的形成。

——摘编自何海燕:《马克思人的解放思想的哲学研究》,中共中央党校博士学位论文,2016年,第17—18页。

材料四　德意志宗教改革中的市民要求

《法兰克福条款》是1525年4月法兰克福市民向市政会提交的,它要求“市政会和公社有任命和罢免城市教区教堂和其他教堂的牧师的权力”,教区牧师“只能宣讲纯正的上帝之道和神圣的福音,不能掺杂人定的法律,如教会法”;城市所有居民都应承担市民的义务,并“服从市民法庭”,教士不应有特权;“由城市慈善机构向牧师会提供的所有捐赠,应由市政会移交给那些关心市民并能以上帝之道指导人民的虔诚的、正直的、有知识的人”;“所有遗赠或者施舍都只能以上帝的名义为救济穷人设立的公库”;废除小什一税(基督教会向农副产品征收的宗教捐税)。

——摘编自王梅梅:《1525年农民战争视野下的德意志市民意识》,湘潭大学硕士学位论文,2010年,第19页。

材料五　宗教改革和资本主义经济发展

在传统天主教观念之中,宗教生活就是最为理想化的生活,能够对人们的世俗追求起到一定的引导作用。就世俗的生活态度来说,应当要保持冷漠,而不是过分热衷,如此才能够实现精神境界的发展。

路德认为,教徒的隐修生活是无法获取到上帝关注与拯救的,世俗活动以及义务就是对上帝派发任务的一种劳动与履行。解决世俗工作以及宗教信仰间的矛盾,有利于资本主义的更好发展。

加尔文教认为上帝对基督教徒存在着一定的要求,认为他们需要获取到一定的社会成就才能够获取到上帝的恩宠,其原因就在于,上帝是依据自身戒律来实现社会生活的。所以尘世中,基督徒的社会活动与上帝荣耀之间有着一定关联性。因此人们必须努力地工作,为上帝增添荣耀。营利不再被看作可耻的;虽然人可以无限制地谋取财富,却不可以利用钱财过奢侈的生活,追求财富是为了荣耀上帝。

——摘编自张大雯:《马克斯·韦伯宗教经济伦理思想研究》,南京林业大学硕士学位论文,2016年,第20—22页。

材料六　宗教改革的政治影响

1517 年，从马丁·路德将其"九十五条论纲"张贴于维登堡教堂大门上那一刻起，此前基督教长达 1 300 年的统一被打破了。神圣罗马帝国统辖之下的大小国家有的支持一方，有的支持另一方，互相之间展开斗争，直到 1555 年才暂时达成和解。信奉新教的城市和国家赢得了信仰自由和进行宗教改革的权利，教随国定的原则得以确立，即臣民要以统治者的信仰为自己的信仰。这样一来，"大致说来，路德对政治世界所做的贡献就是：把此前主要是教会特权的神圣光环转移到了世俗统治者身上，把人们的敬意从圣徒的道德转移到公民的道德；把他们的理想从修道院生活转移到家庭生活"。

——摘编自[英]塞缪尔·E. 芬纳著，马百亮译：《统治史：早期现代政府和西方的突破——从民族国家到工业革命》，上海：华东师范大学出版社，2014 年，第 219 页。

材料七　牛顿力学体系与启蒙运动

启蒙运动中被高扬的"理性"旗帜，与上个世纪新物理学即牛顿力学的建立大有关系。在伽利略—笛卡尔—牛顿的数理世界里，处处充满着井然有序的理性规律和法则。万有引力定律是它们的一个象征。在引力定律的支配下，行星无一例外地做椭圆运动，人类可以准确地预言它们在任一时刻的位置和速度。这给当时的知识界以深刻的印象。他们相信，不仅在物质世界有如此的自然规律，在人类社会的发展中，也应该有类似的规律。只要掌握了社会发展的规律，人类就可以掌握自己的命运。理性不仅是对待自然界的正确态度，而且应该是对待一切事物的恰当原则。

——吴国盛著：《科学的历程(第二版)》，北京：北京大学出版社，2008 年，第 266 页。

材料八　孟德斯鸠的分权学说

孟德斯鸠三权分立的理论前提假设是，绝对权力导致腐败在政权中滋生，所以，国家权力应当分立并由此相互制衡。立法权，是制定、修改和废止已经制定法律的权力。孟德斯鸠认为立法权应该"由人民集体享有"，"在一个自由的国家里，每个人都被认为具有自由的精神，都应由自己来统治自己，所有立法权应该由人民集体享有"。所以，在一定意义上，这样的立法权行使具有进步意义。行政权是掌握议和或宣战、派遣或接受使节、维护公共安全、抵御侵略的权力。孟德斯鸠认为国王应享有行政权，"因为政府的这一部门几乎时时需要急速的行动，所以由一个人管理比由几个人管理好些"；他可以否决立法，但不得参与辩论；他受立法机关审查，但不受它控制。国王的权力在此受到了限制。司法权是惩罚犯罪或裁决私人诉讼的权力。孟德斯鸠认为司法权作为裁决私人争讼、惩罚犯罪的权力应由法院来行使，司法权不为某一特定阶级所专有，也不为某一特定职业所专有。如果三种权力全都掌握在同一个人或同一个机构手中，权力必被滥用，人们毫无政治自由。

孟德斯鸠再三强调，专断或滥用权力是保障政治自由的最大敌人，如果不实行三权分立的制度，公民的政治自由就得不到任何保障。这是因为："当立法权和行政权集中在同一个人或同一个机关之手，自由便不复存在了；因为人们将要害怕这个国王或议会制定的暴虐的法律，并暴虐地执行这些法律。"如果没有一种能够有效地防止掌权者滥用权力的政治制度的话，公民的政治自由和生命安全就根本无法保证了。孟德斯鸠认为，要保证政治自由，要防止滥用权力，就必须"以权力约束权力"。

——摘编自史晴雯：《孟德斯鸠三权分立思想及其现实启示研究》，江西师范大学硕士学位论文，2011 年，第 10—11 页。

材料九 启蒙思想的传播

启蒙运动的作家们——他们称自己为哲学家——勇敢地撰文以弥补他们的缺失。孟德斯鸠在他的《波斯人信札》(1721 年)中,机敏地讽刺了宫廷上流社会;继而在他博大精深的《论法的精神》(1748 年)一书中,提出了一种自由主义政治前景。伏尔泰则一生致力于进行社会批评。他对社会、宗教和政治罪行进行了机智而俏皮的讽刺,这给他带来了一次牢狱之灾和一段时期的流放。

狄德罗编撰的 35 卷《百科全书》(1751—1772 年),可谓启蒙运动的圣经。该书还是一个用尖锐的理性思想对物质和社会世界进行有条不紊的探索的一个尝试。他在给伏尔泰的信中写道:我们应该采用这样的策略:不给任何迷信者、盲从者、无知者或愚昧者、罪人和暴君以容身之所。我希望看到我们的同胞为追求真、善、美而团结起来。我们不仅要知道比基督教更多的东西,我们还必须显示出我们更好,显示出科学带给人类的恩泽远远胜过神的恩惠。

对哲学家而言,重要的不仅是他们说他们做什么,而是他们所说的有人听,而且是越来越多的人听。经济增长和不断扩大的社会流动性,伴随着更广泛、更多样的文化活动。这个世纪里,受教育率增加了一倍,尽管全国只有大约 50%的男人和 25%的女人受过教育,但这些平均数掩盖了在大城市中高得多的比例。上世纪的科学家与成百上千的同行对话;哲学家把“光辉”传播给更多的民众。《百科全书》和毕封的《自然史》拥有成千的读者,而伏尔泰的短篇小说和让-雅克·卢梭的教化小说则被几十万读者所阅读。印刷成为当时最具经济活力的行业,传统的书刊行业也分化为周刊、杂志和各种短命的读物。

——摘编自[英]科林·琼斯著,杨保筠、刘雪红译:《剑桥插图法国史》,北京:世界知识出版社,2004 年,第 168—171 页。

材料十 卢梭《社会契约论》

《社会契约论》是启蒙哲学家卢梭的政治理论著作,探讨人类在文明社会中的问题,重在革除政治弊端。

《社会契约论》描述了一种政治社会模式,人们可以自觉建立这种模式以取代现行的堕落秩序。卢梭认为,要解决建立一个美德社会的难题,当务之急是制定真正的社会契约,一旦全体人民一致同意联合成一个政治单位,道德社会也就诞生了。每一个人都欣然把所有财产权和其他个人权利让与新的政治单位。在此过程中将形成“公意”,体现出社会的共同愿望赋予社会的成文(人为的)法律以合法性。卢梭并不认为这一过程让渡了个人自由权,因为他把自由权定义为在自愿接受的法律下生活的自由。在他所设想的社会中,法律得以产生的过程将保障这种自由。

按照卢梭的观点,社会契约一旦制定,社会就形成了共同的“公意”,这种意志势必体现于一系列成文法之中。这些成文法将由一个正直的“立法者”制订,这个极其敏锐的立法者既能理解人民的感情,也超越于人民之上。这个立法者将把人类的激情转化为公正的法律。

卢梭所说的公意是一个抽象概念,他力图清晰地加以界定,但自《社会契约论》首次出版以来,人们就不断对这个概念做出各种互相矛盾的诠释。

卢梭认为,要建立他理想的政治社会,必须具备一些外部条件:人民必须已经由某种共同的纽带联合成一个整体;他们不再迷信,不至遭受侵略,能够在没有外来援助的情况下生存。不仅如此，还必须实现一定程度的经济平等，从而消除贫富悬殊造成的分化。

——摘编自[美]彼得·赖尔、艾伦·威尔逊著，刘北成、王皖强译：《启蒙运动百科全书》，上海：上海人民出版社，2004年，第279—280页。

第9课　资产阶级革命与资本主义制度的确立

材料一　英国资产阶级革命爆发

1641年11月，英国议会草拟204条《大抗议书》，其中列举了查理一世统治以来国家遭受的一切灾难，涉及财政、法律等各个方面，但它并没有把种种诟病都归咎于查理一世，而是强调了王党、大臣等所起的消极作用。尽管如此，抗议书还是浸透着反专制主义的精神，如要求政府对议会负责，国王只能从议会所信任的人中选择官员；废除封建特权，自由发展工商业等。围绕这一问题，议会争论严重，到11月22日夜，下院才以11票的微弱多数通过《大抗议书》。查理一世拒绝签署《大抗议书》并且撤销国会卫队，国王与议会矛盾升级。

——摘编自钱乘旦主编：《英国通史》第三册，南京：江苏人民出版社，2016年，第107页。

材料二　英国君主立宪制确立的影响

在英格兰，首先是由于17世纪40年代国王与议会之间的内战，以及在1688—1689年发生的一场宫廷政变，这场政变确立起了一个新的相对软弱的君主政体，它适应了那些财产新贵和议会需求。而这个君主政体的建立为日后英国投射到世界各地的经济与技术的革命奠定了社会政治基础。

——[美]约翰·R.麦克尼尔、威廉·H.麦克尼尔著，王晋新、宋保军等译：《人类之网——鸟瞰世界历史》，北京：北京大学出版社，2011年，第217页。

材料三　《王位继承法》

“第二，此后凡非英格兰人登上王位者，未经议会同意，本国国民不负防御不属于英国领土而从事战争的义务。”汉诺威家族作为英国统治者，仍有权继承和拥有其在德国相应的领地和权力，为了避免英国陷入不必要的战争，防止国王滥用英国的本土资源，通过上述限定使英国人正当地摆脱被动的局面。

“第六，凡在王室担任官职和领取薪俸者，不得同时担任议会下议院的议员。”该条文意在阻止王室对于下议院的不当影响，虽然之后颁布了一些免责条款限制着该条文的实施，但它至今仍然有效。

“第七，法官在正当执行职务期间，有权获得确定的薪金和报酬，法官任职终身制，只有在上、下议院同时在法律规定的前提下才能撤销其职务。”该条文被后人誉为是英国司法独立的重要开端，甚至很多人认为它是整个《王位继承法》中最为重要的条款。

“第八，国王的赦免权对议会下院的弹劾案无效。”议会对国王的赦免权作出了限制。

——摘编自顾婷：《从〈王位继承法〉看英国王位继承制度》，华东政法大学硕士学位论文，2010年，第21—23页。

材料四　《独立宣言》解读

反叛一个既定的权威总是一件严重的事情。在那个时代，君主们都声称他们是根据神授的权力来进行统治的，按照这种观点，反叛的"权利"是不可能存在的。《宣言》的制造者们很清楚，无论把英王罪行的清单列得有多长，把英王的行为说得有多暴虐，都还得再设法向全世界证明：他们从大不列颠分离出来，并不是在反叛一个正当的权威。他们所需要的，除了开列某一个国王的特定的罪名以外，还要找到一个根本性的前提来反对一般的国王。他们需要一种有关政府的理论来给反叛提供依据，使得反叛在某些情形下应当受到人们的尊重乃至褒奖。

因而杰斐逊在列举英王的种种具体的暴行之前，先着手阐述一套普遍性的政治哲学——殖民地的情形是能够以这套哲学为坚实依据的。《宣言》第二段的第一节就阐述了这一论证：一个民族有权建立和推翻她自己的政府的哲学。

我们认为这些真理是自明的：人人生而平等，他们从他们的造物主那里被赋予了某些不可转让的权利，其中包括生命、自由和追求幸福的权利。为了保障这些权利，才在人们之间成立了政府。政府的正当权力来自于被统治者的同意。无论何时当某一形式的政府变得是危害这一目的的，人民就有权改变或者废除它，并建立新的政府。新的政府应当建立在这样的原则的基础上，并以这样的方式来组织它的权力机关，使得在人民看来那是最能够促进他们的安全和幸福的。

这就公然地肯定，当"人民"信服地认为现存的政府已经变得是危害在人们中间建立政府的目的的时候，他们就有革命的权利。

——摘编自[美]卡尔·贝克尔著，彭刚译：《论〈独立宣言〉——政治思想史研究》，南京：江苏教育出版社，2005 年，第 45 页。

材料五　美国"三权分立"

按联邦宪法规定，中央政府权力是分立的，即立法权归国会、行政权归总统及其内阁，司法权归最高法院，立法又分参众两院。不过，国会虽掌握着立法大权，行政部门不得向议会提出议案，但法案须由两院分别通过方能成立，不仅总统对已通过的法案有否决权，最高法院也可判其"违宪"。掌握司法权的最高法院，拥有裁决中央和地方及政府各部门之间纠纷的权能，并有权裁决联邦宪法之下所发生的"一切案件"，其大法官"如无行为不当"即可终身任职，但大法官要由总统任命并经参议院同意，国会则有权规定法院的管辖权。总统既是国家元首又是实际的行政首脑，由于总统不是由立法机关而是由人民选举产生的，以总统为首的内阁得以独立于立法机关之外；总统虽然权力很大，但作出的否决还可由国会以 2/3 多数票再否决，甚至行政经费的使用也须遵守限制。这样，分掌某一权力的该部门同时又混合了不同的职能，从而达到相互制衡的目的。

——摘编自何顺果著：《美国史通论》，上海：学林出版社，2001 年，第 70 页。

材料六　法国大革命的背景

18 世纪时期，法国各式的社会和政治参与者，相互均势发生了重要改变。资本主义经济日益增长，提高了生产效率，导致物质财富和法国资产阶级的剧增。就重要性而言，这些经济变化却比不上同时发生的思想运动。关于人权和平等的启蒙思想，在欧洲迅速扩散，获得突如其来的胜利。18 世纪 80 年代重开三级会议，开会原因完全不同于先前：三级会议限制国王权力的权利，不再基于封建习俗的古老起源，而基于它们能代表享有平等权利的广泛公众。一般认为,法兰西王国的财政制度已变得非常可怕,既复杂又不公平。早先数代财政部长,使用各式花样来赖债和搜刮债权人,现在取而代之的是新见解:征税应该统一和公平,合法性来自法国人民推选的代表。

——[美]弗朗西斯·福山著,毛俊杰译:《政治秩序的起源:从前人类时代到法国大革命》,桂林:广西师范大学出版社,2012年,第340页。

材料七　法国大革命的影响

路易十八和查理十世的复辟君主制,也完全不像他们那位殉难的哥哥的君主制。从很多方面看,他们继承的不是哥哥的王位,而是拿破仑的王位,这也的确是常见的说法。旧制度的任何政府体制都没有被恢复,《民法典》仍然是法国法律体系的支柱。在复辟王朝的大部分时间里,国家不得不依赖皇帝手下的官员。虽说旧贵族被再次确认,但帝国贵族头衔依然被接受。另一方面,路易十八于1814年发布的宪章一直到1848年时仍是宪法的基础,浸润着1789年的精神。在实践中,复辟君主制是遵守宪章的:两院制立法机构的下院议员定期选举,个人自由和出版自由得到保障,法律和税收面前人人平等。宪章明文确认革命期间的土地调整,就像拿破仑上台伊始一样,这一点也许最为重要。教会和流亡贵族被没收并被出售的土地,将不会归还原来的所有者。1825年,查理十世政府对那些失去土地的人提供补偿,这实际上是不经意间承认了这一损失。随后的各个政权,虽然也对大革命的结果深表遗憾,但都确认并保障了其造成的大规模的财产转移。

重建一个像以前一样破绽百出的旧制度已经一无用处。实际上,真正的复辟已无可能,尽管君主制、贵族和教会都可以在革命者企图毁灭它们过后重现,但它们与1789年以前的同名事物不存在实质上的类同。尽管有表面上的相似性,但经过大革命的洗礼,很少存在能原封不动地延续下去的事物。可以相当严肃地说,已经没有什么东西是神圣的了。所有权力、所有权威、所有制度,现在都是临时的,只有能从理性和效用的角度得到证实时,它们才有效。从这个意义上说,法国大革命真正代表着启蒙精神的胜利,并开创了一个新的精神世界——我们至今仍生活在这个世界中。

——摘编自[英]威廉·多伊尔著,黄艳红译:《法国大革命》,南京:译林出版社,2017年,第79、81页。

材料八　俄国废除农奴制改革

(1861年改革)分配给以前的农奴的土地严重不足。理论上他们应该获得1861年以前他们自己耕种的所有土地的面积,实际上他们得到的土地少了18%。据霍德斯基统计,有13%的农奴获得了足够的自由土地;40%的农奴获得的土地可以维持自己家庭的生计;42%的农奴没有获得足够的土地。

改革令那些原本坚信有权无偿获得所有自己耕种土地的广大农民们感到失望。在废除农奴制以后,一连串农耕骚动风潮席卷而来。农民的痛苦、绝望、愤怒的情绪对于沙皇俄国来说是个巨大的威胁,这种威胁一直持续到沙皇统治的结束。

——摘编自[美]尼古拉·梁赞诺夫斯基、马克·斯坦伯格著,杨烨等译:《俄罗斯史(第7版)》,上海:上海人民出版社,2007年,第343—344页。

材料九　德意志的统一道路

最迫切要求德国统一的是资产阶级,首先是普鲁士的资产阶级。工业革命的开展与资本主义的繁荣，创造了一个现代的、经济强大的工商业资产阶级，它要求在德意志兰(Deutschland)最终贯彻资本主义的生产关系。作为上升的阶级，它不能放弃也不曾放弃反对封建官僚主义和分离主义的斗争，不能放弃也不曾放弃争取商业自由的努力，因此统一德国、建立强大的民族国家这一历史任务便首先落在资产阶级的肩上。推动经济的进步和不断要求统一，正是德意志资产阶级的历史功绩，是它的历史作用的进步面，但统一的要求在这以后的年月愈益迫切之时，以民族协会为代表的要求民族统一的组织却是在走下坡路。究其原因，就是德意志的资产阶级自己没有提出一条独立的统一道路。1848 年后德意志资产阶级最终放弃了政治上单独统治的要求，也就是放弃了通过“清除家里的王朝老爷们”的革命道路统一德国，建立起资产阶级专政的历史使命，它的兴趣集中于现存社会，希望同贵族结成同盟。在奥地利，就是屈从于哈布斯堡家族和贵族阶级的领导；在普鲁士，就是同霍亨索伦家族和容克结盟。它只希望用合法的手段，如通过拒绝或否决政府预算来为自己争得某种优势。

这正是德意志资产阶级的不幸：它出世得太晚了。在它兴盛的时候，无产阶级运动已日趋活跃。它害怕同无产阶级和人民结成同盟。在它手中既无有组织的国家暴力，又抛开人民群众这一无组织的暴力。留在它这里的只有一个目标——国家统一，并且拱手请容克贵族阶级来实现这个目标。为了追求这种阶级妥协的利益，德意志资产阶级甚至准备在民族国家的政治形态和宪法生活的种种问题上，基本上放弃它最切身的自由主义要求。这是德意志资产阶级的历史保守面。它没有提出自己的统一道路，却去热烈支持统治阶级统一德国的道路。

——摘编自丁建弘著：《德国通史》，上海：上海社会科学院出版社，2007 年，第 200—202 页。

材料十　福泽谕吉的文明论

作为一种思想即启蒙思想的文明开化，首先由被誉为“民教师”的福泽谕吉所倡导。在福泽谕吉发表于庆应三年(1867 年)的著作《西洋事情》中，福泽谕吉首次采用了与 civilization 对应的“文明开化”概念，并在明治八年(1875 年)发表的《文明论概略》中首次对文明开化进行了全面论述。这本论著不仅是当时体现启蒙思想的代表作，而且是构成福泽谕吉一系列政治主张的基础。

福泽谕吉具有浓厚政治色彩的文明论，可以被概括为四个方面：一是以基佐和巴克尔的学说为范本的主智主义文明史观。按照福泽谕吉的定义：“所谓文明，就是指人的安乐和品行的进步。由于能获得这种安乐和品行的是人的智慧和道德，因此所谓文明，归根结底就是人的智慧和道德的进步。”二是智慧和道德进步的差异，使人类历史可以被分为三个阶段：野蛮、半开化、文明。非洲等属于第一阶段；土耳其、日本、中国属于第二阶段；欧美诸国属于第三阶段。因此，要取得智慧和道德的进步，必须“脱亚入欧”。三是人类所有善的东西均归因于有智，所有恶的东西均归因于无智，因此必须加强学习，并为此撰写了《劝学篇》。在该书中，福泽谕吉开宗明义地指出：“天不生人上之人，也不生人下之人”，人与人之间之上下贫富差别，皆因学与不学造成。学而为贤为智，不学而为愚。亚细亚和欧罗巴文明所以不同，主要就是由于学习精神不同。四是国家由政府和国民组成。政府和国民是契约关系。但“日本唯有政府而没有国民”，因为日本文明程度不高，缺乏能当好主人的国民。“主人”必须有智识，但日本由于文化程度不高，因此只能施行“君民同治”的君主立宪制，不能施行“万民共治”的民主共和制。毋庸赘言，福泽谕吉倡导的文明开化，不仅指智识和道德的进步，而且涉及内政外交建设，并直接导向“殖产兴业”和“富国强兵”。

——摘编自冯玮著：《日本通史》，上海：上海社会科学院出版社，2008 年，第 403—404 页。

第五单元

工业革命与马克思主义的诞生

第一部分

单元教学设计

单元学习主题和单元学习目标

1. 课标要求与分析

课标要求： 通过了解工业革命带来的社会生产力的极大发展以及所引起的生产关系的深刻变化，理解工业革命对资本主义世界体系的形成及对人类社会生活的深远影响。通过了解马克思主义产生的时代背景以及马克思、恩格斯的理论探索与革命实践，了解《共产党宣言》的主要内容，理解马克思主义产生的世界意义。

课标分析： 工业革命在人类历史上有极其重要的地位。工业革命使机器生产代替手工生产，社会生产力飞速发展，生产组织形式也发生历史性变革，人类由传统的农业社会进入到工业社会，从根本上改变了人类文明形态。工业革命加速了人类从地域历史向世界历史的跨越，基于强大的生产能力和对利润的追逐，以西欧为中心的资本主义世界市场体系建立起来，世界各地联系日益紧密，并在 19 世纪末 20 世纪初建立起资本主义世界体系。

伴随社会生产力空前发展，社会贫富分化越来越严重，工人阶级和工业资产阶级的矛盾日益尖锐，工人阶级从破坏机器厂房、要求提高工资等经济斗争发展为争取政治权利的政治斗争。无产阶级作为独立政治力量登上历史舞台，是马克思主义诞生的阶级基础。马克思和恩格斯在广泛吸收空想社会主义、德意志古典哲学和英国古典政治经济学的基础上，将理论探索与实践斗争相结合，提出了科学社会主义理论，还提出了唯物史观和剩余价值学说。《共产党宣言》揭示了人类社会历史发展规律，为无产阶级解放斗争指明了道路。第一国际与巴黎公社是马克思主义诞生后无产阶级进行的革命实践。

工业革命和马克思主义诞生作为重大历史事件，有自身的发生发展逻辑，明晰其发展时序，了解它们与其他重大事件之间的关联，有助于学生理解 19—20 世纪世界历史发展的趋势。

探讨工业革命的发生与发展以及马克思主义的诞生与传播，要在特定历史条件下分析背景、原因，梳理历史进程及影响，还需要跨地域从空间上找到重大事件间的联系，还要从社会生活各个领域，如经济、政治、对外交流、思想文化和科学技术等方面进行梳理。认识历史事件发生发展有多个原因和推动力，认识重大历史事件对历史发展的影响也是多元的，从而认识其对世界历史发展的推动作用。

进行单元整体设计时，要理顺本单元两件大事之间的联系。马克思主义的诞生和传播是在工业革命的大背景下进行的，这两个重大事件分别在生产方式和思想理论两个方面推动了人类历史的进步，涉及经济和思想两大领域，最终也影响了世界文明的发展。同时，这两个重大事件也都推动了人类从地域历史向世界历史的发展——通过世界市场、资本主义世界体系，在经济政治方面增强了联系，也用科学的社会发展理论将人类发展的命运与前景紧紧地联系在一起，为人类实现自身解放提供了理论武器。

通过本单元的学习，学生需要感受“学习—积累”“实践—创新”等观念的现实意义，找准时代发展的主旋律，增强立足实际为社会进步作出贡献的责任感和使命感。

2. 单元学习主题

本单元包括工业革命和马克思主义两个重要内容，单元学习主题确定为“工业革命与马克思主义理论创新推动世界历史发展”。

在教师解析知识、学生建构知识结构时，要理解学习内容的结构及其相互关联。工业革命使人类社会从农业社会向工业社会转化；马克思主义的诞生与传播，揭示了人类社会历史发展的客观规律，推动了世界无产阶级以及全人类的解放事业。这两件大事在人类历史上都有着极其重要的地位，产生了巨大的影响。

学习这两课内容，要注意引导学生思考技术创新、理论创新、制度创新等对社会的进步意义。利用地图、数据、图表等不同类型的材料，分析工业革命在世界范围的影响以及对生产发展的巨大意义，增强学生的时空观念，提升学生对于不同类型史料的分析能力，最终提升对工业革命的认识。工业革命的发展，增强了世界在物质生产和交换方面的联系；马克思主义的诞生和传播，把世界无产阶级寻求解放的命运联系在一起。

学习工业革命和马克思主义诞生，需要掌握历史事件发展的历程，在分析和解释历史发展时，要注意“多因一果”“一因多果”，引导学生多角度思考问题，多维度评价历史事物。

结合两课的内容，需要提升学生对历史的认识，并从中获取营养以解决未来陌生情境下的问题。无论是技术创新还是理论创新，都是杰出的历史人物学习、积累和创新实践的过程，创新成果都具有实践性和人文性。在实践中创造理论，用理论指导实践，都针对实际问题较好地处理了继承与创新发展的关系，最终用新技术、新方法、新理论去思考解决人类面临的重要问题，从而推动历史的发展。在设计历史问题时，需注意运用唯物史观的基本原理，特别是生产力与生产关系、社会存在与社会意识等原理，帮助学生养成良好的思维习惯，突出“创新”“发展”等关键词，引导学生提升认识水平。在认识发展的过程中，注意结合学生的实际，有意识地渗透学生人生发展规划的引导，紧扣学生需要发展的关键能力，通过学习活动来提升历史认识水平。

3. 单元学习目标

（1）能在阅读材料的基础上概括工业革命率先在英国发生的原因。能通过时间轴、思维导图、知识列表等方式梳理两次工业革命的发展历程，理解两次工业革命的特点及其带来的社会变化。能结合史实说明技术创新、产业革命给人类社会带来的变革，认识世界联系加强的历史意义，能够客观评价资本主义世界体系的形成。

（2）能在阅读材料的基础上，概括马克思主义诞生的背景，能简述马克思、恩格斯在实践中创立科学理论的过程，了解科学社会主义的基本原理，认识唯物史观和剩余价值理论的进步性，说出马克思主义的理论创新价值。能结合第一国际和巴黎公社的史实，分析马克思主义对于无产阶级实现自身解放的实践意义。

单元学习重点与难点

1. 学习重点分析

本单元学习重点是：工业革命的影响和马克思主义的诞生。

工业革命推动世界联系空前加强，可从纵向发展和横向联系两个维度上建构知识结构。工业革命是继新航路开辟后，推动世界历史发展的重大事件，各文明区域之间联系增强，形成了资本主义世界体系。人类在经历了石器时代、青铜时代（金石并用时代）、铁器时代之后，进入到蒸汽时代、电气时代。其中，蒸汽时代、电气时代出现的科学技术创新成果，至今仍影响着我们的生活；科学创新、技术创新逐渐成为人们的重要理念，科学技术推动生产发展的作用也越来越巨大。突出这一重点，可以加深对世界经济联系加强、全球化不可逆转等方面的认识，而要解决当今面临的各种问题，仍应在继承和创新中寻求办法，方能促进人类文明的进步与发展。

马克思主义诞生，揭示了人类社会发展规律，阐明了资本主义社会的本质，号召全世界无产者联合起来争取自身解放，为无产阶级解放事业指明了方向和道路。认同马克思主义的理论和实践意义，用唯物史观理解和认识历史发展，有利于增强历史使命感和责任感。

突出学习重点，既要加深对课本文本内容的理解，还需要通过对不同类型材料的阅读分析，梳理工业革命发展历程和马克思主义诞生历程，思考解答指向不同思维层次的问题，逐步提升学科素养，树立正确的价值观念。

2. 学习难点分析

本单元学习难点是：理解工业革命的历史影响，理解马克思主义诞生的意义。

工业革命带来了生产力的巨大进步，改变了人类社会的面貌，创造了巨大的物质财富和精神财富，使人类社会出现又一次飞跃。伴随着工业文明的进步，问题随之而生：环境污染，贫富分化日益严重，机器的使用使人成为机器的附属品，人被异化，社会财富并没有被所有成员共享，无产阶级处于被压迫被剥削的政治经济地位没有改变，等等。工业革命推动了资本主义世界市场的形成与发展，各个地区文明的联系前所未有地加强。然而，西方主导着资本主义世界体系，形成了东方从属于西方的局面。在特定历史条件下辩证地评价工业革命后世界的变化，需要学生充分调动所学知识，有相当高的学科的能力水平并有正确的价值观引导，才能正确认识历史，从历史中借鉴有益于解决现实问题的经验和智慧。

马克思主义的诞生和传播，经历了继承学习、革命实践、理论创新、指导实践的过程，理解马克思和恩格斯理论的创新，认识马克思主义对无产阶级解放事业发展的推动作用，是本单元学习的另一个难点。《共产党宣言》宣告了资本主义必然灭亡和社会主义必然胜利，用历史唯物主义揭示历史发展规律，用剩余价值的理论揭穿资本主义剥削的秘密，用马克思主义哲学改变了人类认识世界、认识社会和认识自身的思维方法，用科学的理论指导了无产阶级和殖民地人民的解放斗争，具有重要理论意义和实践意义。

从内容结构上看，初中学生已经学过工业革命和马克思主义的诞生等内容，侧重于学习具体史事，学生对工业革命的主要成就、马克思和恩格斯的革命斗争历程等都有所了解。高中强调史料研习式教学，学生需要通过材料研读来分析工业革命带来的影响，理解马克思主义诞生的世界意义，能力要求更高，提升历史认识的要求也更高。因此，引导高中学生在材料阅读中建构立体的知识结构，培养学科关键能力，形成正确的历史认识，在单元教与学设计中要重点关注。

单元教与学设计

1. 单元知识结构

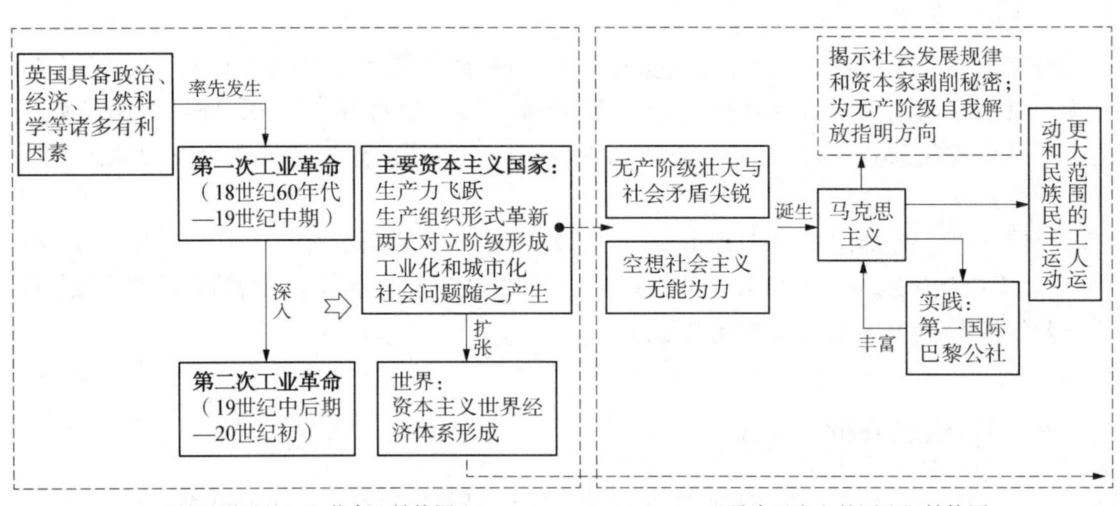

“影响世界的工业革命”结构图　　“马克思主义的诞生”结构图

2. 主干知识与问题链

课时	主干知识	教科书预设问题	问题链
1	影响世界的工业革命 (1) 工业革命的背景 (2) 工业革命的进程 (3) 工业革命的影响	〔思考点〕两次工业革命各有什么特点？ 〔学思之窗〕在第二次工业革命中，科技创新起到什么作用？ 〔问题探究〕工业革命是如何改变世界的？ 〔学习拓展〕能从工业革命的历史中获得哪些启示？	(1) 工业革命在英国首先发生的条件有哪些？ (2) 梳理工业革命进程，“蒸汽时代”和“电气时代”是怎样到来的？ (3) 概括第二次工业革命的特点。 (4) 工业革命从哪些方面改变了世界？ (5) 工业革命如何使世界联系更加紧密？如何理解资本主义世界经济体系？ (6) 能从工业革命的历史中获得哪些启示？
1	马克思主义的诞生与传播 (1) 早期工人运动与社会主义思想的萌发 (2) 马克思主义的诞生 (3) 国际工人运动的发展	〔思考点〕马克思、恩格斯在《共产党宣言》中表达了怎样的思想？ 〔学思之窗〕如何理解巴黎公社的措施及意义？ 〔问题探究〕概括上述材料的主要观点，并谈谈你对这个观点的理解。 〔学习拓展〕查找资料，了解马克思主义哲学对德国古典哲学的继承与超越。	(1) 工业革命带来的财富是否被社会成员共享？工业革命后欧洲工人的现实处境是怎样的？ (2) 欧洲工人阶级为改变自身生活状况进行了怎样的斗争？ (3) 空想社会主义思想的内容有哪些？为何说它是空想？ (4)《共产党宣言》的主要内容是什么？剩余价值论的提出有何意义？ (5) 如何理解马克思主义的理论创新及其实践意义？ (6) 如何理解巴黎公社的措施及意义。 (7) 结合材料阅读，怎么理解马克思主义哲学对人类认识及思维方法改进的意义？

3. 教与学活动设计

活动流程	主要内容	教与学的活动设计
单元导入	单元主干知识及单元关系	教师引导学生阅读单元导言，明确单元学习的主干知识结构。提示学习过程中注意本单元内容与新航路开辟、早期殖民扩张之间的联系，明确本单元中工业革命与马克思主义诞生的关系。
第1课时“影响世界的工业革命”	(1) 工业革命的背景	阅读课文和文本材料，归纳概括材料信息，分析工业革命发生背景，构建相关知识的结构，认识历史事件的发生是多重因素共同作用的结果。 教师指导阅读方法，示范提取核心信息的能力，回顾新航路开辟、早期殖民扩张等内容，引导学生分析工业革命发生的背景。
	(2) 工业革命的进程	阅读教材及文本材料，梳理工业革命进程，对比两次工业革命，概括工业革命的特点。 教师提示比较方法，找准可比点，准确概括工业革命的阶段特征。

续表

活动流程	主要内容	教与学的活动设计
	(3) 工业革命的影响	阅读教材,归纳工业革命对世界历史带来的影响;阅读文本材料和数据表格,说明工业革命给社会带来的进步并说明社会财富未被全体社会成员共享;阅读文本、图表材料,概括关键信息,认识工业革命促使世界市场的进一步发展,以及世界市场建立在西方霸权的基础之上。 教师指导材料阅读、信息概括、与课文知识建立关联,提升运用知识和信息说明问题的方法和技能。
第2课时"马克思主义的诞生与传播"	(1) 早期工人运动与社会主义思想的萌发	阅读材料,说明工业革命后无产阶级的悲惨处境;阅读教材,提炼空想社会主义者的主张,认识其思想观点对马克思主义诞生的影响;阅读文本材料,概括早期工人运动的发展特点,认识马克思主义诞生的阶级基础。 教师引导学生构建知识结构的基本框架,引导学生思考理论创新过程中"学习与实践""继承与创新"的关系。
	(2) 马克思主义的诞生	阅读课文内容和《共产党宣言》的引文,概括其主要内容,准确理解马克思和恩格斯揭示人类历史发展的规律,理解《共产党宣言》发表的意义;阅读教材历史纵横"剩余价值论",知道剩余价值论的基本观点,认识资本主义社会的不平等;结合对科学社会主义、剩余价值论和马克思主义哲学的理解,概括马克思主义的理论创新意义。 教师引导全面准确概括信息,指导在特定历史条件下分析历史事物的方法。
	(3) 国际工人运动的发展	阅读课文,梳理第一国际和巴黎公社的史实,理解马克思主义对无产阶级运动的指导;阅读巴黎公社革命措施的材料,了解巴黎公社在实践中应用并丰富了马克思主义理论的意义。 教师引导材料阅读概括的方法,解释巴黎公社的措施,从"理论与实践"的角度引导学生认识巴黎公社的意义。
单元总结	建构知识结构,提升历史认识	阅读文本材料,从世界市场角度理解工业革命影响,明确工业革命与马克思主义诞生的内在联系。

单元导入

请同学们阅读下面的材料,思考问题。

材料一 如马克思和恩格斯所说:"大工业……首次开创了世界历史,因为它使每个文明国家以及这些国家中的每一个人的需要的满足都依赖于整个世界,因为它消灭了以往自然形成的各国的孤立状态。"这一工业文明时代的历史大约发端于16—18世纪,目前仍在延续、发展。

——王斯德主编,李宏图等著:《世界通史:工业文明的兴盛》,上海:华东师范大学出版社,2009年,前言。

教师设问:材料中的"大工业"指的是什么?为什么说"大工业"开创了世界历史?

【设计意图】 提高史料实证素养;通过阅读材料,提升信息概括能力。

参考答案:"大工业"是指工业革命后新的生产方式,标志着人类进入工业文明时代。在工业文明时代，世界各地之间的联系日益密切，进一步打破了在农耕经济和游牧经济下各地文明相对孤立发展的状态。

教师设问：为什么说这一工业文明时代的历史大约发端于16—18世纪？

【设计意图】 提高历史解释素养；通过对材料的阅读与思考，结合所学知识，加深对跨单元知识间联系的理解。

教师引导学生分析：16世纪新航路的开辟，世界开始走向整体。在16—18世纪，西欧发生的思想解放运动、资产阶级革命以及对外的殖民扩张等，为工业文明的诞生准备了知识基础、制度环境和经济条件。因此，工业文明发端于16—18世纪是有道理的。

教师设问：通过问题分析，同学们可以理解为何以1500年前后作为世界近代史的开端。接下来请大家阅读"单元导言"，找找本单元工业革命和马克思主义诞生两课内容之间有什么关系。

【设计意图】 阅读单元导言，提升信息概括能力，加深对单元内容结构的认识。

教师引导学生分析：工业革命促进了世界现代化进程。在这个过程中，扩大了社会的贫富差距，形成了工业资产阶级和无产阶级的尖锐对立，在此背景下，马克思和恩格斯对不公平的社会制度开展了理性的批判，创立了解放无产阶级和全人类的科学理论，推动工人阶级和劳动群众开展反抗压迫和剥削的斗争。因此，工业革命是马克思主义诞生和传播的社会背景。

了解了这个单元内容的逻辑关系，我们一起进入本单元的学习。

第二部分

课时教学设计

第 10 课　影响世界的工业革命

一、学习目标

1. 通过材料阅读能够阐释工业革命率先在英国发生的背景和条件。

2. 梳理工业革命的发展进程，认识蒸汽时代和电气时代的特点；通过对比两次工业革命的不同，说明第二次工业革命是第一次工业革命的深入，阐释科技创新的历史意义。

3. 能多角度阐释工业革命对世界历史发展和社会生产带来的变化和影响。

二、学习重点

工业革命导致生产方式和社会生活的巨大变化。

三、学习难点

理解工业革命的历史影响。

四、教与学活动

【导入新课】

教师讲述：“工业革命”最显著和直观的特征是机器在生产劳动领域的广泛使用。资本主义生产从手工生产向机器生产的过渡是如何实现的？经过上一个单元的学习，同学们已了解工业革命前西欧范围内普遍孕育着一场社会变革，如商业、科学以及思想领域的变化等。然而，工业革命为何在英国率先发生呢？

【学习新课】

（一）工业革命发生的条件

材料一　资本主义大工业的产生和发展，必须具备两个先决条件：第一是自由劳工的出现，即这时的雇佣劳动者已经脱离了封建义务的束缚，具有人身自由，得以把劳动力当作商品出卖给资本家；第二是资本家已经用原始积累的方法掠夺了大量的资金，能以之投入到工业生产里面去。在18世纪中期，这两个条件在英国都已经很成熟了。

——郭圣铭著：《世界文明史纲要（近代部分）》，上海：上海社会科学院出版社，2013年，第108页。

教师设问：这则材料认为英国具备了工业革命发生的哪些条件？有史实证据可以支撑这个观点吗？

参考答案：材料认为，英国具备了工业革命发生的条件，即自由劳动力的出现和资本原始积累的完成。15世纪末英国开始的圈地运动使大量农民失去土地，成为无产者，大量自由劳动力由此产生。同时，在相当长的殖民扩张和圈地运动中，英国完成了资本原始积累，为其提供了充分的资金准备。

材料二　在英国资产阶级革命后，圈地运动被注入新的活力。由于得到资产阶级政府的认可，它已经从“私人的暴行”变为可以向国会提出请求并得到国会批准的合法行动了。国家权力的推波助澜，使圈地运动在18世纪达到高潮。经国会批准的圈地法案，1717—1727年共15件，1728—1760年共226件，1761—1769年达1 482件，1797—1820年达到1 727件。圈地运动使英国农村土地高度集中，同时造成农村人口向城市迁移。……资本主义大农场经营方式的采用，系统选种制的采用，耕作方法的改进，土壤的改良，新肥料的施用，农机的推广……满足不断扩大的非农业人口的市场需求，从而为大工业的建立提供了坚实的物质基础。

——王斯德主编，李宏图等著：《世界通史：工业文明的兴盛》，上海：华东师范大学出版社，2009年，第64—65页。

材料三　亚当·斯密曾描述英国一个制扣针手工工场内的分工：

一人抽丝，另一人拉直，第三人切断，第四人削尖，第五个人磨光顶端以便安装针头……装针头是一项专门的业务，把针刷白，甚至将针装进纸盒中也是一项专门职业。这样，扣针的制造约分为18道工序。在一些工厂，这18道工序分由18个专门工人担任。……因此，10个人每天能制针4.8万枚……如果他们全部独自分别工作……或许连一枚也造不出来。

——［英］亚当·斯密著，崔瑞泽编译：《国富论》，长春：北方妇女儿童出版社，2015年，第3页。

【设计意图】　概括历史现象反映的本质，并能结合所学知识多角度分析工业革命率先在英国发生的原因。

教师设问：大家能否结合自己所学知识从更多角度分析工业革命在英国发生的原因？你也可以利用老师提供的材料，给自己的观点提供支持。

参考答案：英国建立君主立宪制度后，颁布有利于资本主义发展的政策和法规；农业技术改革及资本主义生产方式的采用，提高了农业生产力和市场化程度，为工业革命提供物质基础；手工工场的发展，尤其是细致的分工使劳动操作大大简化，为工业革命提供了技术基础。

教师讲述：请大家综合前面的材料，从不同角度归纳英国率先完成工业革命的原因，然后和同学们进行分享。

归纳:

政治前提:英国资本主义制度的确立和发展
经济条件:英国在市场、资本、技术、劳动力上有较好基础。
a. 海外贸易和殖民掠夺积累大量资本。
b. 广阔的海外市场扩大了市场的需求。
c. 手工工场的发展提供了技术基础。
d. 农业发展提供物质基础;圈地运动,提供了大量自由劳动力和市场原料等。

【设计意图】 ①指向史料实证素养,能够提取史料中的关键信息,与自己所学知识建立联系,结合所学知识,说明英国具备了工业革命发生的条件。②指向历史解释素养,阅读史料关键信息和表述角度,能够运用史料作为证据从政治、经济等角度阐释英国率先发生工业革命的原因。

教师讲述:可见,英国发生工业革命是综合因素共同作用的结果,上述每项原因都无法单独发生作用,但是综合在一起可以解释工业革命为何会首先发生在英国。

(二)工业革命的进程

教师讲述:工业革命常常被分为两次,即第一次工业革命和第二次工业革命。如果把工业革命作为一个整体,则可以将其划分为两个阶段,第二阶段是第一个阶段的深入。

关于工业革命的进程,我们在初中已经学习过了,课前也请同学们阅读教材第 58 页内容,以思维导图的形式梳理工业革命的进程。

引导学生展示自己绘制的思维导图。例如:

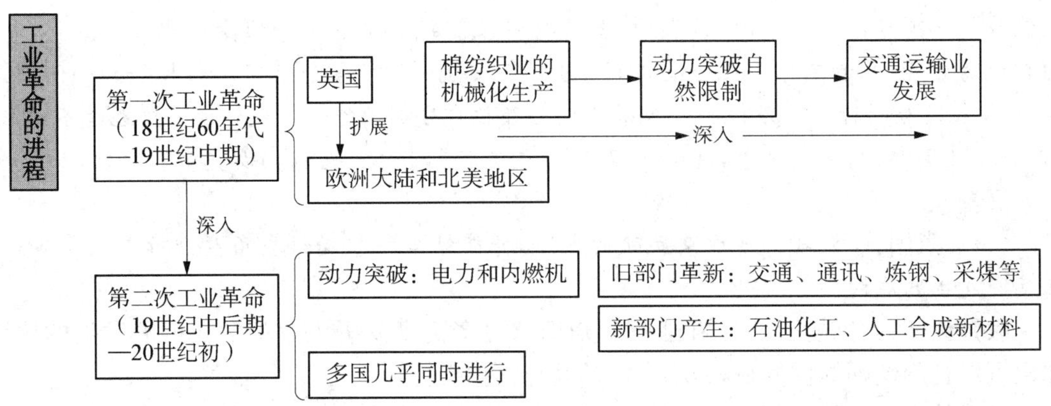

【设计意图】 本部分内容初中已经学过,因此并不作为教学重点,该环节的设计目的在于提升学生能够提取史料中的关键信息的素养,希望学生能够理清工业革命关键信息之间的逻辑关系并以结构图的形式呈现出来。指向时空观念素养,通过这一活动使学生能够分阶段地表述工业革命发展历程和成就,能够从空间角度说出工业革命开始和扩展的历程。

教师讲述:两次工业革命并非简单的延续,第二次工业革命是第一次工业革命的深入发展。请大家阅读以下这则材料，填写下列表格，提炼第二次工业革命的特点；思考：第二次工业革命中，科技创新起到了什么作用？

材料四　在第一阶段的工业革命中，科学、技术和生产尚未真正结合，发明者主要是工匠。大致从19世纪中叶以后，科学、技术和生产开始大规模结合，第二阶段的工业革命是在近代科学理论的指导下兴起和发展起来的，它也因此取得了比第一阶段更多、更重要的成果。第二阶段的工业革命几乎是在主要的资本主义国家同时发生，从一开始就具有范围更广、规模更大和进展更迅速的特点。第一阶段的工业革命开始于英国，然后逐步向外扩散……工业革命的进展缓慢而不平衡；第二阶段的工业革命在多国同时展开，英国人、德国人、法国人和美国人等都有重要的发明和创造。

——徐蓝主编：《世界近现代史：1500—2007》，北京：高等教育出版社，2012年，第89页。

现象		第二次工业革命特点
第一次工业革命	第二次工业革命	
科学、技术和生产未完全结合	科学与生产结合，并带动新兴工业部门兴起	
	几乎同时在几个先进的资本主义国家开展	

参考答案：

现象		第二次工业革命特点
第一次工业革命	第二次工业革命	
科学、技术和生产未完全结合	科学与生产结合，并带动新兴工业部门兴起	科学先导
原发于英国，向外扩展	几乎同时在几个先进的资本主义国家开展	多国同时展开，规模更大

【设计意图】　目标指向历史解释，能够通过对两次工业革命现象的对比，概括出第二次工业革命的特点。运用两次工业革命中相关史实作为证据，阐释自己的观点。

（三）工业革命的影响

教师讲述：工业革命使生产力得到巨大的飞跃。我们常用人类进入蒸汽时代、人类进入电气时代以概括巨大的变革。今天，我们一起对材料进行研读，分析工业革命带来的具体影响。我们将就以下几个主题进行讨论。

① 阅读教材“工业革命的影响”这一子目相关内容概括，工业革命到底给社会哪些方面带来了进步？（结合史实，从不同角度进行阐释。）

讨论结果：从经济角度看：工业革命带来了生产力的巨大进步，在生产组织上实现了工场手工业向工厂制度再向垄断组织的转变，推动了生产科学化管理的同时，生产社会化程度大大提高；从政治角度看：工业革命造成了工业资产阶级和无产阶级成为两大对立阶级，形成了适应生产力发展水平的社会阶级结构；从社会生活看：工业革命推动了城市化和工业化发展，提升了社会整体的生活水平，大众休闲随之发展等。

【设计意图】 对于工业革命的积极影响在初中历史学习中已经涉及，因此这一设问关注的是学生能否有逻辑地从生产力、生产关系、阶级结构、社会生活等角度归纳工业革命带来的进步。

② 你如何理解工业革命给社会带来的进步？（可以从有哪些进步以及这些进步是否被社会全体成员所共享的角度展开思考。）

材料五 1755—1851 年英国男性工人实际工资指数

指数	1755 年	1781 年	1797 年	1805 年	1815 年	1827 年	1835 年	1851 年
A	47.5	46.2	52.5	51.7	57.8	70.2	86	100
B	56.3	48.3	46.7	42.6	52.2	66.4	78.6	100

注：A 类，包括矿工、棉纺工、非农场普通工人等。
B 类，包括造船工匠、工程工匠、建筑工匠、印刷工匠等。

——徐滨：《工业革命时期英国工人的实际工资》，载《世界历史》，2011 年第 6 期。

材料六 托克维尔 1835 年访问英国城市曼彻斯特时对于工业“殿堂”的气氛深为厌恶，“这些巨大的建筑物……高耸于人们的住所之上，隔绝了空气和阳光，它们像不散的浓雾一样包裹着人们。城市的这一边住的是奴隶，那一边住的是老爷，那一边属于富裕的少数人，这一边属于贫穷的绝大多数人……这里的人性获得最为充足也最为残忍的发展：这里创造了文明的奇迹，文明之人却几乎沦落回野蛮人的境地。……男人、女人和儿童都被绑在永不疲倦的机器上”。但是“从这里肮脏的下水道里却淌出了足赤的黄金”。

……在 19 世纪下半叶，企业改革家抛出新的应对之策：“公共卫生”……政府加快了为民服务的步伐。也许是在马克思理论和受其影响爆发的社会运动的警醒之下，也许是受到市场的驱动，雇主们开始提高工资……企业和政府的行为并非纯粹出于仁慈，国家想要征召大批有战斗力的军队，雇主们意识到有吸引力的工资和身体健康的劳动力可以提高产出和增加消费需求。

——[美]菲利普·费尔南德兹-阿迈斯托著，叶建军等译：《世界：一部历史》，北京：北京大学出版社，2010 年，第 924—925 页。

答案示例： 首先，工业革命给社会带来的整体进步。从材料中能够看到，英国男性工人工资虽然在一定时期有所下降，但是整体呈上升趋势，这和社会的发展有一定关系。雇主提高工资，政府开始着手加强公共卫生等，这些都是社会进步的表现。

其次，工业革命带来的进步并没有被所有社会成员共享，整个社会形成工业资产阶级和无产阶级两大对立阶级，工人工资的提高只能说明在 1755—1851 年生活得到改善，但不能说明他们不再生活困苦。社会贫富分化日益严重，无产阶级没有摆脱被剥削和被压迫的社会地位。政府关注公共卫生等，一方面是工人阶级斗争的结果，另一方面是资产阶级维护自身统治，最大程度实现自身利益的客观需要。

【设计意图】 目标指向历史解释，能够在认识工业革命影响过程中，在正确的史观指导下，认识到工业革命给社会带来的进步，也发现社会进步下掩盖的不平等。

材料七 这是个到处都是机器和高耸的烟囱的市镇，无穷无尽的长蛇般浓烟，一直不停地从烟囱里冒出来……镇上有一条黑色的水渠，还有一条河，这里面的水被气味难闻的染料冲成深紫色，许多庞大的建筑物上面开满了窗户，里面整天只听到嘎啦嘎啦的颤动声响，蒸汽机上的活塞单调地移上移下，就像一个患了忧郁症的大象的头。

——[英]狄更斯著：《艰难时世》，转引自《中外历史纲要》下，北京：人民教育出版社，2019 年，第 60 页。

教师讲述：在分析工业革命影响时，老师注意到教材中引用了这样的一段材料（呈现历史纵横内容）。这段材料来自于狄更斯的小说《艰难时世》，你认为我们能否用这段材料来说明工业革命的影响？如果能，它反映了什么影响？

参考答案：狄更斯本人生活在工业革命凯歌行进的年代，他所写的这个片段，也是在描写某工业市镇的生活。关于环境的这一段文字可以一定程度上反映时代的真实性。这段材料反映出工业革命带来的严重的环境污染问题。

【设计意图】 目标指向史料实证，能够认识文学作品作为史料时所具有的价值。学生可以从狄更斯生活的年代、小说的史料价值等方面阐释自己的观点。

教师讲述：对于工业革命的影响，还需要从更广泛的空间范围进行观察，可以尝试通过不同的材料加以分析。

3. 工业革命对世界的影响

材料八 资产阶级，由于开拓了世界市场，使一切国家的生产和消费都成为世界性的了。……古老的民族工业被消灭了，并且每天都还在被消灭。它们被新的工业排挤掉了，新的工业建立已经成为一切文明民族的生命攸关的问题；这些工业所加工的，已经不是本地的原料，而是来自极其遥远的地区的原料；它们的产品不仅供本国消费，而且同时供世界各地消费。

——《共产党宣言》，载《马克思恩格斯选集》第一卷，北京：人民出版社，2012 年，第 404 页。

材料九 世界制造业产量份额（1750—1900 年）：

	1750	1800	1830	1860	1880	1900
欧洲	23.1	28.0	34.1	53.6	62.0	63.0
中国	32.8	33.3	29.8	19.7	12.5	6.2
印度	24.5	19.7	17.6	8.6	2.8	1.7

——摘编自[美]菲利普·费尔南德兹-阿迈斯托著，叶建军等译：《世界：一部历史》，北京：北京大学出版社，2010 年，第 912 页。

教师讲述：通过这两则材料，可从世界角度看工业革命带来了哪些影响呢？

参考答案：首先，工业革命促进了国际分工的发生，也使世界各地更紧密地联系在一起。在资本主义世界经济体系建立的过程中，印度和中国等被侵略和殖民的国家和地区，传统经济遭到破坏。工业革命后资本主义经济体系是建立在西方殖民扩张和霸权的基础之上的。

【设计意图】 指向历史解释，在工业革命对世界所造成影响这一问题的探究过程中，能够运用史料进行论述。

教师讲述：工业革命给人类文明带来跨越式发展的同时，也激化了世界的分裂和对抗。正如狄更斯在《双城记》中所言，“这是一个最好的时代，也是一个最坏的时代……这是一个光明的季节，这是一个黑暗的季节；这是希望之春，这是失望之冬；人们面前应有尽有，人们面前一无所有；人们正踏上天堂之路，人们正走向地狱之门”。透过这段文学化文字描述的背后，展现了一个正在被撕裂的传统世界。世界的现代化和工业化在带来巨大的物质财富和精神财富的同时，也酝酿了世界性危机。关于工业革命带来社会进步的同时，也带来了严重的社会问题，先进的觉悟者进行了理性批判，寻找能够实现全人类解放的道路，对此，我们将在下节课和各位同学继续探讨。

【课时小结】

本课我们学习了工业革命。工业革命的发生，是各种因素共同作用的结果。第一次工业革命率先在棉纺织领域展开，随后推进到动力、冶金、交通运输等领域，从空间上也从英国扩展到主要资本主义国家。第二次工业革命作为第一次工业革命的深入发展，体现出科学先导的特色，空间上也呈现出各主要资本主义国家几乎同时展开的特征。工业革命推动社会生产力的巨大进步，从蒸汽时代到电气时代，人类文明实现了跃升。然而，伴随工业发展而来的一系列问题也接踵而至。工业化带来的污染、城市化带来的公共卫生等问题成为摆在人类面前的新挑战，同时，社会进步和社会财富并没有被所有社会成员所共享，无产阶级作为劳动者和社会价值的创造者，却在政治和经济上依然处于无权的地位，资产阶级和无产阶级尖锐对立。从世界范围看，工业革命加速了国际分工的形成，加强了世界各地区的联系，资本主义世界市场进一步发展。然而，东方从属于西方的世界格局也随之形成，国际分工呈现“工业欧美日，原料亚非拉”的特征，殖民地和半殖民地地区沦为列强的原材料产地、商品市场和资本增值场所，世界各地文明裹挟在工业文明的洪流中，西方霸权处处显现。

第11课　马克思主义的诞生与传播

一、学习目标

1. 通过材料阅读，阐释马克思主义产生的时代背景和理论来源。
2. 梳理马克思、恩格斯理论探索和革命实践的史实，通过阅读《共产党宣言》，理解其主要内容，说明其理论创新在人类历史上的意义。
3. 结合第一国际和巴黎公社等史实，理解马克思主义的实践意义。

二、学习重点

马克思、恩格斯创立科学社会主义。

三、学习难点

理解马克思主义诞生的世界意义。

四、教与学活动

【导入新课】

教师讲述： 16 世纪，英国有一部世界名著《乌托邦》，讲述了类似于我们古人想象中的"桃花源"的故事：

材料一　如果人人对自己能取得的一切财物力图绝对占有，那就不管产品多么充斥，还是少数人分享，其余的人贫困。在一般的情况下，穷人倒很应该享有富人的境遇，因为富人贪婪、肆无忌惮、毫无用处，而穷人则正派、直率，终日辛勤劳动，牺牲自己为国家作出贡献。我深信，如不彻底废除私有制，产品不可能公平分配，人类不可能获得幸福。私有制存在一天，人类中绝大的一部分也是最优秀的一部分将始终背上沉重而甩不掉的贫困灾难担子。

——[英]托马斯·莫尔著，戴镏龄译：《乌托邦》，北京：商务印书馆，1996 年，第 44 页。

教师讲述： 该书作者莫尔所处的时代，正是英国资本原始积累时期，疯狂的圈地运动上演着"羊吃人"的残酷现实，英国统治者制定一系列法律，将富人掠夺劳动者生产资料的行径以法律形式加以保护。在这本著作中，作者向读者讲述了自己对人类社会的思考和求索。他认为只有废除私有制才能让人类免除苦难和剥削，才能实现社会的公平，但是他也知道，这不过是镜花水月，因此他将这本书命名为乌托邦。这个词是作者根据希腊语杜撰出来的一个名词，意为"美好而不存在的地方"。

几百年后，大约是 18 世纪晚期，西欧社会发生了两场革命，其一是工业革命，其二是法国大革命。工业革命将人类从农业型的前现代社会拉入现代工业社会，1789 年的法国大革命则塑造了现代政治的框架。那么，这两场革命后，世界变好了吗？

【学习新课】

（一）早期工人运动与社会主义思想的萌发

1. 工人阶级的社会境遇与空想社会主义

材料二　前工业化时代 1700—1780 年，英国年增长率仅为 0.7%；工业化初期 1780—1800 年间，该数字增加到 1.8%；工业化全面深入的 1801—1831 年间，该数字增长到 2.7%。

——齐世荣、钱乘旦等主编：《15 世纪以来世界九强兴衰史》上卷，北京，人民出版社，2009 年，第 129 页。

材料三　虽然穷人不再挨饿，但他们住在拥挤的房屋里，靠吃单调的食物生活，被限制在教堂或酒店里寻求娱乐和休息。中产阶级才买得起较好的住房和食物，能上戏院和参加音乐会，能使子女受到充分的教育。在社会顶层的富人则享有市内住宅和乡间宅第，拥有艺术收藏品，能参加被广泛宣扬的娱乐活动和出国旅行……1895年出版的一本小说里这样描绘当时的富人与穷人的差别："(他们)之间没有往来、没有同感；他们好像是不同地带的居住者即不同行星上的居民。"

——马克垚主编：《世界文明史》下，北京：北京大学出版社，2004年，第1000页。

材料四 在18世纪末法国大革命的鼓舞下，(英国)资产阶级激进派组织起来，提出了……给新兴工业城市以选举权以及实行普选制的要求。……(1830年)城市资产阶级、工人和市民在伦敦等地举行大规模的群众集会和示威。1832年终于通过了《国会改革法案》。

(1832年法案)降低了选民的财产资格限制，规定凡拥有年价值10镑以上的房产或地产的都有选民资格，从而扩大了中产阶级的选举权。改革后的选民人数几乎增加了一倍，大约1/5的成年男子获得了选举权，然而，法案却没有赋予妇女、工人阶级和其他劳动人民以选举权。

——摘编自汝信主编：《西欧文明》下，北京：中国社会科学出版社，2002年，第819—820页。

教师设问：阅读材料，归纳材料反映出的工业革命后的社会状况。

参考答案：工业革命带来了生产力的巨大进步，但所带来的社会财富并没有被社会所共享，贫富分化严重；资本主义政治制度建立后，民主化程度逐渐加深，但截至1832年，工人阶级依然不能享有政治权利。

【设计意图】 目标指向史料实证，学生能够从材料中提取关键信息，能够对这些信息进行归纳整理，并解释工业革命后的工人经济贫困、政治无权的处境。

教师讲述：19世纪的第一次工业革命引发了生产力的巨大进步，却没有给工人的生产生活带来幸福。广大的工人和劳动者面临着经济贫困、政治无权、生产和生活条件恶劣、缺乏基本保障、大量妇女和儿童卷入劳动力市场等问题。正如马克思所说，"工人生产的财富越多，他就越贫穷"。机器提高了劳动生产效率，而工人却无法在完成一件件工作时获得成就感，他们像机器一样重复同一个动作，日以继夜地工作所得仅能勉强维持一家人的生存。作为掌握资本和机器的资本家，通过付给工人工资的方式掩盖对劳动者的剥削。社会贫富分化严重。

资本主义弊病的日益暴露，一些空想社会主义者提出新的社会构想，其中圣西门、傅里叶和欧文是空想社会主义的杰出代表。请大家阅读下面这段材料并结合教材《新和谐公社》蓝图的说明，说说这三位思想家思想的进步性。

材料五 圣西门、傅立叶揭露了新制度下的一系列社会矛盾。他们指出：文明运行于"罪恶的循环"之中，"贫困是由富裕产生的"。傅立叶描述资本主义文明就是"复活的奴隶制"，雇佣劳动是奴隶劳动，工厂就是"温和的监狱"。欧文说明资产阶级在"个人自由""个人竞争"的口号下，自由地为追求利润而剥夺千百万人的健康和生活中的一切享受，无产阶级却只获得挨饿的自由。

——摘编自唐枢等主编：《外国历史大事集(近代部分)》第一分册，重庆：重庆出版社，1985年，第430页。

材料六　圣西门要用“实业制度”代替资本主义。圣西门解释，实业制度是使生产者（即“实业家”）变成统治阶级，掌握政治、经济、文化各方面权力的社会制度。在实业制度下，社会按最有利于生产的方式组织起来，消灭一切游手好闲、寄生和不劳而获现象，最大限度地实现平等和自由，高速发展经济以促进个人和公共福利，尽善尽美地运用科学、艺术和工业所取得的知识来满足人们的需要，等等。

傅立叶设计了“和谐制度”以取代资本主义。他认为……如果设计一种社会制度，使每个社会成员都能表现出对劳动的爱好，唤起劳动对人的吸引力和乐趣，社会上的寄生现象就能消灭……加上合理的分配方法，广大人民的贫困和苦难就能克服，从而使社会实现团结、合作和普遍幸福。

——摘编自唐枢等主编：《外国历史大事集（近代部分）》第一分册，重庆：重庆出版社，1985 年，第 430 页。

教师讲述：三位空想社会主义者都敏锐地看到了资本主义制度下的矛盾，批判其不公平和对劳动者的剥削，对资本主义制度进行了尖锐的批判。同时，他们也都构建了自己的“乌托邦”，肯定了劳动、合理的社会分工及分配制度、社会成员人人平等，等等。

【设计意图】　目标指向史料实证，学生能够从材料中提取关键信息，进而认识空想社会主义的进步之处。

教师讲述：圣西门、傅立叶和欧文三大空想社会主义者的学说是在西欧纷纷确立资本主义制度的时期产生的，可以说这三位空想社会主义者的洞察力非常敏锐。然而，他们从资产阶级人性论出发，天真地认为：人类之所以走上邪路，只是因为人性被引到邪路上去了；人类一旦获得天才人物的理性指导，就会复归本性，跟随天才人物一道实现变革社会的理想。因此，他们幻想通过典型示范进行宣传，赢得统治者的帮助，实现理想社会。比如，圣西门到处呼吁统治阶级的当权人物采纳他的方案，曾多次上书拿破仑乞求支持。傅立叶期待资本家出钱入股兴办他设计的法朗吉，曾为此广告声明每日中午 12 点在家恭候投资者光临。欧文去美洲苦心经营“新和谐”共产主义移居区的“实验”达 4 年之久，还多次向维多利亚女王、沙皇等君主和美国总统发出呼吁，幻想得到他们的协助。当然，他们的幻想无一不以失败结尾。

空想社会主义者希望剥削者自愿消灭剥削制度，通过理想、仁慈、施舍来改变社会不平等，改变劳动者被剥削、被压迫的状态。工人阶级作为被悲悯和可怜的对象，是当时资本主义生产方式还不够发展，基本矛盾尚未充分暴露，无产阶级还没有成为独立的政治力量所致。正如恩格斯所说，“不成熟的理论，是同不成熟的资本主义生产状况，不成熟的阶级状况相适应的”。

2. 工人阶级的壮大与抗争

教师讲述：到 19 世纪 30 年代，随着西欧各国工业化长足进步，工人阶级斗争也日益加剧，工人阶级的力量日益凸显。

材料七　工业革命把少数人扶上青云，而把多数人洗劫一空。由于时代的局限和自身的局限，工人阶级把贫困和失业的根源归咎于机器和工厂，于是便出现了以捣毁机器、破坏厂房为表现形式的原始工人运动。原始工人运动是纯经济性的，其斗争完全是对机器大生产的下意识反抗。原始工人运动一般情况下是分散的个人行为，工厂主很轻易地便能镇压工人的反抗。

随着工人阶级队伍的扩大，工人的阶级意识和阶级觉悟也逐渐提高。英国宪章运动提出男性普选、年度议会、平均选区、取消议员财产资格和无记名投票等所具有的鲜明政治色彩已不言自明；法国里昂工人起义时高举的红旗上“不共和、毋宁死”的醒目字眼也表明法国工人阶级政治斗争觉悟的空前提高。与原始工人运动的分散斗争形式相比，早期工人运动有了较强的组织性。斗争的自发性仍是早期工人运动的特点。工人阶级的斗争还没有什么系统理论思想的指导，斗争中缺乏正确的策略，也没有明确的目标和理想。

——摘编自郭春生：《试述近代欧洲工人运动特点的变化》，载《廊坊师专学报》，1995年第5期。

教师设问：阅读材料概括，近代欧洲工人运动特点发生了什么变化?

参考答案：欧洲近代工人阶级的斗争从最初的捣毁机器发展为罢工起义；从分散的个体斗争发展为有组织的集体斗争；从争取经济权益到争取政治权利。

【设计意图】 目标指向史料实证，学生能够从材料中提取关键信息，能够对这些信息进行归纳整理。

教师讲述：19世纪30年代，西欧各国无产阶级作为独立的政治力量与资产阶级进行斗争。1831年法国里昂工人起义掌握市政达10日之久，1832年英国工人参加的宪章运动直接推动英国议会改革，1844年德意志西里西亚工人阶级则公开反对资本主义的剥削。壮大的无产阶级要求改变自己被奴役的地位，而他们对于如何把自己从资本主义的锁链中解放出来还缺乏明确的概念。空想社会主义拟出的医治社会的药方不可能在现实世界实现，工人阶级需要系统理论思想的指导。

（二）科学社会主义的创立

教师讲述：马克思和恩格斯作为科学社会主义的创立者，比起同时代的寻找社会出路的人，具有双重的优越性：比起工人活动家，他们更具有高度的理论素养，比起纯粹的理论家，他们具有强烈的实践愿望和精神。正是他们经过长期的社会实践和理论研究，批判地继承了西欧文化思想领域空想社会主义学说、德国古典哲学和英国政治经济学中有关历史观、唯物论、资本主义经济分析和阶级分析等诸多要素，创立了科学社会主义。

1848年马克思、恩格斯为“共产主义者同盟”发表的《共产党宣言》是科学社会主义诞生的标志。其深刻性在于通过对生产力与生产关系、经济基础与上层建筑进行分析，肯定资本主义所取得巨大的成就，分析出资本主义必然灭亡的原因和历史命运。那么，他如何阐释了资本主义必然灭亡呢?

1.《共产党宣言》问世

材料八 资产阶级赖以形成的生产资料和交换手段，是在封建社会里造成的。在这些生产资料和交换手段发展的一定阶段上，封建社会的生产和交换在其中进行的关系，封建的农业和工场手工业组织，一句话，封建的所有制关系，就不再适应已经发展的生产力了。这种关系已经在阻碍生产而不是促进生产了。它变成了束缚生产的桎梏。它必须被炸毁，它已经被炸毁了。

……

随着大工业的发展，资产阶级赖以生产和占有产品的基础本身也就从它的脚下被挖掉了。它首先生产的是它自身的掘墓人。

——《共产党宣言》，载《马克思恩格斯选集》第一卷，北京：人民出版社，2012 年版，第 405 页—413 页。

材料九　马克思认为，资本主义社会的最基本的矛盾就是社会化大生产与生产资料资本主义私人所有制之间的矛盾。本来，社会化大生产要求整个社会的生产能够有计划、有组织、协调一致地进行，这样才能将机器大工业所代表的先进生产力的巨大效果充分地体现出来，但是，在生产资料资本主义私有制的前提下，单个工厂或企业的生产往往能够表现出一定程度上的计划性和组织性，而整个社会却基本上陷入了“生产的无政府状态”。资本家们在预期的高额利润的驱使下各行其是，拼命地扩大生产，不断加强对工人的剥削，其结果就是工人有支付能力的需求落后于整个社会生产能力的增长，这就导致了资本主义生产能力的快速增长同工人群众有支付能力的需求相对缩小之间的矛盾。……这种生产与需求之间的矛盾是生产资料的资本主义私有制所必然会造成的结果。……(从根本上改变已经不适应社会生产力发展要求的资本主义生产关系)这一使命历史性地落在了代表先进生产力发展要求的无产阶级的身上。

——艾四林、曲伟杰著：《〈共产党宣言〉导读》，北京：中国民主法制出版社，2018 年，第 51 页。

教师讲述：首先，《共产党宣言》从生产力与生产关系的角度阐释资产阶级诞生于封建社会，当封建社会生产关系以及农业和工场手工业等组织不适应已经发展的生产力，封建的生产关系被资本主义取代的历史过程。其次，《共产党宣言》肯定了资产阶级在历史上的进步作用。最后，《共产党宣言》从资本主义社会根本矛盾分析的角度论证，一旦资本主义生产关系无法容纳更为先进的生产力的发展水平，资本主义的灭亡和社会主义的胜利是历史的必然。

教师讲述：对于《共产党宣言》所闪烁出的思想光辉，恩格斯在《〈共产党宣言〉1883 年德文版序言》中写道：

材料十　贯穿《宣言》的基本思想：每一历史时代的经济生产以及必然由此产生的社会结构，是该时代政治的和精神的历史基础；因此(从原始土地公有制解体以来)全部历史都是阶级斗争的历史，即社会发展各个阶段上被剥削阶级和剥削阶级之间、被统治阶级和统治阶级之间斗争的历史；而这个斗争现在已经达到这样一个阶段，即被剥削被压迫的阶级(无产阶级)，如果不同时使整个社会永远摆脱剥削、压迫和阶级斗争，就不再能使自己从剥削它压迫它的那个阶级(资产阶级)下解放出来。——这个基本思想完全是属于马克思一个人的。

——《共产党宣言》，载《马克思恩格斯选集》第一卷，北京：人民出版社，2012 年，第 380 页。

教师讲述：我们将这段文字进行提炼，可以看到恩格斯高度肯定了《共产党宣言》中的历史唯物主义。具体而言，表现在社会存在决定社会意识，经济基础决定上层建筑；阶级斗争是阶级社会发展的动力；在资本主义社会，阶级斗争发展到了须由无产阶级来消灭阶级压迫，实现共产主义社会的阶段。

《共产党宣言》从资本主义生产方式的矛盾运动以及阶级斗争的现实出发，最终阐明了无产阶级解放的物质条件和历史使命。他在最后满怀信心地宣布共产党人的目的：

只有用暴力推翻全部现存的社会制度才能达到。让统治阶级在共产主义革命面前发抖吧。无产者在这个革命中失去的只是锁链。他们获得的将是整个世界。全世界无产者，联合起来！

教师讲述：这为无产阶级指明了斗争的途径和手段。

【设计意图】 该部分内容对于学生而言比较陌生，因此主要靠教师讲授完成。其重点在于突出对于《共产党宣言》中历史唯物主义的理解，为学生理解马克思主义的理论意义做出铺垫。

2.《资本论》与剩余价值理论

教师讲述：当时英国古典政治经济学认为，商品的价值是由工人和资本家共同创造的。1847 年，马克思在《雇佣劳动与资本》中指出，资本家之所以能够获得利润，是因为工人所生产的产品价值超过了工人工资形式所获得的生活资料的价值。关于无产阶级是如何养活这些资本家的，马克思则在《资本论》中给予鞭辟入里的揭露。

请阅读教材"历史纵横"，看看马克思是如何揭穿了掩盖在"自由、平等、博爱"旗帜下资本主义剥削的秘密的。

教师讲述：《资本论》对资本主义经济的解剖以剩余价值为核心展开，第一卷分析资本的生产过程，主要阐明剩余价值是怎样产生的；第二卷分析资本主义流通过程，主要阐明剩余价值是怎样实现的；第三卷分析资本生产的总过程，主要阐明剩余价值是怎样在各个剥削集团之间瓜分的。

最终，马克思发现，无产阶级的剩余劳动养活了全社会的剥削阶级，产业资本家、商业资本家、金融资本家、地主都是依附在工人阶级身上的寄生虫。他在政治经济学领域对传统的亚当·斯密、大卫·李嘉图等政治经济学理论进行了批判，发现了资本主义社会经济运转的秘密。因此，工人与资本家的矛盾是工人阶级与整个资产阶级的矛盾。工人阶级只有联合起来，摧毁了整个资本主义制度，才能得到解放。

材料十一 正像达尔文发现有机界的发展规律一样，马克思发现了人类历史的发展规律，即历来为繁芜丛杂的意识形态所掩盖着的一个简单事实：人们首先必须吃、喝、住、穿，然后才能从事政治、科学、艺术、宗教等等；所以，直接的物质的生活资料的生产，从而一个民族或一个时代的一定的经济发展阶段，便构成基础，人们的国家设施、法的观点、艺术以至宗教观念，就是从这个基础上发展起来的，因而，也必须由这个基础来解释，而不是像过去那样做得相反。

不仅如此，马克思还发现了现代资本主义生产方式和它所产生的资产阶级社会的特殊的运动规律。由于剩余价值的发现，这里就豁然开朗了，而先前无论资产阶级经济学家或者社会主义批评家所做的一切研究都只是在黑暗中摸索。

——《在马克思墓前的讲话》，载《马克思恩格斯选集》第三卷，北京：人民出版社，2012 年，第 1002—1003 页。

教师设问：阅读材料，概括马克思的两大发现及分析这两大发现的意义所在。

参考答案：唯物史观和剩余价值学说，前者为正确认识社会现象以及社会历史发展规律提供了科学的世界观和方法论，实现了哲学的变革；后者剖析了资本主义社会的特殊规律，实现了经济学的变革。

【设计意图】 能够运用相关历史术语，在充分理解材料信息的基础上，从哲学和经济学角度分析出马克思主义的重大意义。

教师讲述：马克思和恩格斯在批判继承人类思想文化优秀成果的基础上，创立唯物史观和剩余价值学说，实现了哲学和经济学的革命性变革，唯物史观和剩余价值学说也成为科学社会主义的两大理论基石。当然，哲学家们只是用不同的方式解释世界，而问题在于改变世界。马克思和恩格斯没有止步于理论上的成就，而是一边进行探索，一边将理论与工人运动相结合，推动工人的自我解放。

（三）国际工人运动的发展

1. 第一国际

教师讲述：教材指出"第一国际推动国际工人运动进入新阶段"，是指和以往的工人运动相比，第一国际实现了国际无产阶级的联合。

材料十二　1857 年爆发了第一次世界性经济危机。……工人运动也重新高涨起来。随着大工业的发展，工人阶级队伍迅速壮大。60 年代欧洲产业工人达 874 万，手工业工人有 1 100 万。……尤其在经济危机的年代里，资产阶级经常用从外国招雇廉价劳动力的办法破坏工人罢工斗争。英国资产阶级就不止一次地从爱尔兰、比利时、德国、法国等地招工，解雇本国罢工的工人。这更使工人认识到各国无产阶级利益的一致性。

——刘宗绪主编：《世界近代史》，北京：北京师范大学出版社，2004 年，第 234 页。

教师设问：为什么在 19 世纪 50、60 年代国际工人运动走向联合？

参考答案：第一次工业革命的完成，资本主义世界体系建立，工人阶级斗争具有国际性特点；经济危机的爆发激化矛盾；共产党宣言中已经有"全世界无产者联合起来"的指导；马克思、恩格斯对第一国际建立的推动等。

【设计意图】　目标指向史料实证，学生能够从材料中提取关键信息，认识国际工人运动走向联合的必然性和必要性，进而认识马克思主义的实践意义。

教师讲述：第一国际在国际工人运动史上建立不朽功勋，其用无产阶级国际团结的思想教育各国工人，在斗争中相互支援，树立了国际主义理想；第一国际促进了马克思主义在工人中的传播，并培养了一批工人运动骨干，为各国建立无产阶级政党奠定了基础。马克思在第一国际中领导着协会总委员会的全部工作，是第一国际的真正领袖和灵魂。

2. 巴黎公社

教师讲述："巴黎公社无疑是(第一)国际的精神产儿"，第一国际中的成员在公社活动中发挥过重要作用。1870 年 9 月，法军在普法战争的色当战役中大败，资产阶级组建的国防政府非但不抵御外敌，反而一心想解除巴黎国民自卫军的武装。1871 年 3 月 18 日，巴黎国民自卫军击退本国资产阶级反动军队，占领市政厅，并在 3 月 26 日成立了世界上第一个无产阶级政权——巴黎公社。巴黎公社在其存在的 72 天里，如何对旧社会进行改造？大家可以从政权建设、劳工政策和文化教育政策等角度归纳巴黎公社采取的措施，并由此判断巴黎公社的政权性质。

教师设问：阅读教材"国际工人运动"子目巴黎公社采取的一系列措施，判断巴黎公社政权的性质。

参考答案：巴黎公社打碎旧的资产阶级国家机器，建立工人阶级的政府；改善劳工生产条件;废除宗教课程,实行世俗教育。从这些内容看,巴黎公社是无产阶级政权。

【设计意图】 目标指向历史解释,能够对史事进行论述的过程中,运用史料作为证据论证自己的观点。

教师讲述: 巴黎公社虽然只存在了72天,但它用实践解答了马克思早在理论上提出的一个问题,即无产阶级革命拿什么来代替资产阶级的国家机器?在从资本主义过渡到社会主义乃至共产主义的实践中,新型的政权形式应该是怎样的?巴黎公社对这一问题提供了实际的回答,即建立无产阶级专政。因此巴黎公社丰富了马克思主义的国家学说,列宁认为,巴黎公社是无产阶级专政形态发展过程中具有世界历史意义的第一步,而苏维埃是第二步。

3. 马克思主义影响的扩大

教师讲述: 巴黎公社虽然失败了,但是马克思主义在工人运动中的影响并没有减小,正如《国际歌》中所展现的那样:"起来,饥寒交迫的奴隶!起来,全世界受苦的人!满腔的热血已经沸腾,要为真理而斗争!旧世界打个落花流水,奴隶们起来,起来!不要说我们一无所有,我们要做天下的主人!"从欧洲到亚洲、北美洲和拉丁美洲,马克思主义成为工人运动和民族民主运动的思想武器。

【课时小结】

马克思主义的诞生是人类思想史上的伟大创新。马克思和恩格斯在积极投身社会实践的过程中,在吸取人类全部优秀文化遗产的基础上,创立了唯物史观,他们又用唯物史观剖析资本主义社会的产生、发展过程;马克思发现了剩余价值学说,揭露了资本主义剥削的秘密和雇佣劳动制的本质。在马克思主义产生前,工人运动在黑暗中摸索,马克思主义产生后,工人运动从自发斗争走向自觉,揭开了无产阶级追求自身解放的新篇章。

单元总结

教师讲述:世界近代史起源于16世纪初,迄于19世纪末20世纪初。这一时期资本主义政治制度建立并巩固,人类的历史也从地域性的历史转变为真正意义上的"世界历史"。下面我们从"世界市场"这个视角对本单元的学习进行小结。

材料一 1801—1850年英国外贸额增加了6倍,1850年英国占世界贸易总额的21%,英国出口商品中工业消费品和工业生产资料占85%以上,伦敦成为国际贸易中心。英国占据了世界经济的中心地位,世界其他国家和地区在很大程度上成为向英国这个"世界工场""殖民帝国"提供原材料和粮食的附庸地。

——摘编自余建华:《世界市场和科技革命:经济腾飞的两个巨轮——世界经济强国盛衰的历史启迪》,载《世界经济研究》,2004年第7期。

教师设问:阅读材料,概括19世纪上半期英国对外贸易的特点。

参考答案:英国对外贸易增长迅速;在商品结构中,工业制成品占绝对优势;英国在国际贸易中居于主导地位。

【设计意图】　目标指向历史解释,能够结合工业革命时期出现的若干现象提出自己的解释。

材料二　早期强盗式的殖民掠夺,逐渐转变为经济剥削,殖民地成为资本主义经济体系的重要组成部分。……(资本主义列强)采取较为平和的贸易方法,以廉价商品为武器,以自由贸易为旗帜,在破坏这些国家原有的前资本主义经济结构以后,逐渐把这些国家改造成依赖于国际分工的单一经济。

一些殖民地或半殖民地转变为一种或者两种农产品的专业生产地。它们把产品出口到世界市场,也把自身完全寄托在世界市场难以预料的变化上。非洲撒哈拉以南的地区,几乎所有的出口和进口都依赖于宗主国。殖民地经济可以很繁荣,但是它们的繁荣只是宗主国工业经济的补充,而且由于宗主国在工业生产方面具有明显的比较优势,一旦宗主国与殖民地开展深入贸易,殖民地的工业化进程将被迫延迟。

——摘编自高德步、王珏著:《世界经济史》,北京:中国人民大学出版社,2001 年,第 252 页。

教师设问:阅读材料,你对工业革命后的世界市场有哪些认识?

参考答案:殖民地经济被卷入资本主义市场并被改造为依赖国际分工的单一经济。这打断了被殖民地区经济发展的自主进程,使这些地区的经济对宗主国形成依赖性。工业革命后的世界市场并非是简单的国际分工和商品流动,也体现了资本主义主导下的世界市场,体现了西方霸权的特点。

【设计意图】　目标指向史料实证,学生能够从材料中提取关键信息,能够对这些信息进行归纳整理。

教师讲述:直到今天,新兴民族独立国家还在追求公平的新的国际经济秩序,旧经济秩序尚未完全被打破。这是历史的问题,也是现实问题,需要当今社会的人们继续努力解决。在世界联系日益紧密的历史潮流下,如何追求更加合理的秩序和法则,使不同国家和地区共同受益,共同发展,这是需要思考和解决的问题。我们来阅读一下马克思当年的论述,思考其对世界历史发展的作用。

材料三　在《1857—1858 年经济学手稿》中,马克思根据作为社会主体的人的发展状况,把人类社会划分为人的依赖性社会、物的依赖性社会、个人全面发展的社会三种依次更替的社会形态。

新航路的开辟使人们突破了地域阻隔,全球日益联成一体,“原本狭隘、固定、静态和单一的人与人的关系进而走向广阔、流变、动态和多样的人与物之中介的关系”……历史前进过程中,以资本为本位的共同体内部矛盾将不断激化,最终被自由人联合体代替。

马克思认为:“在真正的共同体的条件下,各个人在自己的联合中并通过这种联合获得自己的自由。”这里的“联合”实际指一种社会关系,在高度发达的生产力条件下,个人依靠新的社会关系自由联合为共同体,从而有计划地调节分配。相比前两大社会阶段的共同体而言,自由人联合体将彻底打破束缚生产力发展的生产关系的桎梏,使人彻底摆脱各种“依赖性”的束缚,每个人都能获得真正的自由,人、自然、社会之间的矛盾将得以真正解决,实现人类彻底解放。

——摘编自张新平、刘栋:《论人类共同体的发展逻辑——对马克思"三大社会形态"理论的新探讨》,载《科学社会主义》,2019年第1期。

教师讲述:请同学们结合材料谈谈马克思主义对人类彻底解放的认识。

参考答案:马克思对人类共同体的论述,分为三种形态。工业革命后形成以资本为本位的共同体,自由人的联合体将使人实现彻底的解放,是人实现自身解放的方向。

【设计意图】 通过阅读材料,提取材料的关键信息。

教师讲述:随着马克思主义思想的传播,马克思主义对无产阶级解放运动和民族民主独立运动提供了思想武器。这部分内容,同学们还可以联系中国近现代历史的相关史实,加深认识。通过本单元的学习,希望同学们能够加深对这段历史的理解,提升自己的历史认识水平。

第三部分

学习资源拓展

第10课　影响世界的工业革命

材料一　英国政治制度对工业革命的积极作用

（“光荣革命”后）国家执行有利于工商金融资产阶级的政策。政府为了进行对外战争，向富商和银行家们举借国债，并支付高额利息。国债制度有利于资本家们通过大肆投机赚取高额利润，因此是资产阶级积累资本的途径之一。政府取消或大大降低英国手工工场急需的原料的进口税，同时禁止可能对英国货构成竞争的外来商品的输入；政府奖励外国商品和殖民地商品的再输出，使得英国的大商人和船主在世界贸易中得利丰厚。

由大资产阶级革命后的英国政府，一方面积极维护国内的统一和安定，为资本主义经济发展提供良好的内部环境；另一方面继续执行传统的重商主义政策，不仅加大了海外殖民扩张的力度，而且积极介入欧洲大陆争霸的活动。殖民地的开拓和对欧洲大陆的控制，为英国本土经济的持续发展和扩张创造了比较便利的外部环境——国际市场，可以这样说，英国资产阶级在有些时候和有些地方单靠“资本”和金钱的力量所得不到的利益，当借助于国家政权和政治力量时，往往能够轻松地得到。

——王斯德主编，李宏图等著：《世界通史：工业文明的兴盛》，上海：华东师范大学出版社，2009年，第65—66页。

材料二　第一次工业革命的历程

（1）棉纺织业：工业革命急先锋。工业革命前夕，英国的棉纺织业已存在纺纱和织布两个生产环节的不平衡。1733年，凯伊发明飞梭，大大提高了织布效率，而且加宽了布幅。纺车被织布机远远甩在后面，棉纱供应不足，纺纱机械的发明提上了日程。

珍妮机可以使16—18个纱锭同时纺纱。珍妮机纺出的纱线细而均匀，但是不够结实。珍妮机的发明在一定程度上满足了对纱线的需求。1769年，理发师阿克莱特制成了水力纺纱机，并获得了该项发明的专利权，水力纺纱机可同时纺许多根线，但是它纺出的纱线结实有余，粗细不均匀。1779年，纺纱技术领域又有新突破。克隆普顿发明了骡机，可以使300—400个纱锭同时工作，纺纱效率极高，而且纺出的纱线结实、均匀，质量上乘。骡机的发明是工业革命中的一件大事，它有力地刺激了织布领域新发明的出现。

（2）蒸汽机和冶金技术：工业革命的中流砥柱。英国棉纺织行业的巨大进步，是机械科学原理普遍运用的结果。在机械化装置使用越来越多的情况下，工业革命的推进实际上遇到两大挑战：动力问题和原材料问题。原有的动力机器显得捉襟见肘，水力驱动受到许多自然条件的限制，使人们深感不便。许多机械装置零部件主要使用木、石和稀有金属（铅、铜等）为材料，不仅庞大笨重，而且造价昂贵，损耗极大。

瓦特新蒸汽机的发明，解决了时代的难题。瓦特的新式联动蒸汽机，适用于各种工厂生产，具有效率高和运行安全可靠的特点，因此又称“万能蒸汽机”。

蒸汽机地位迅速上升，全靠性能优良的金属——铁。冶金技术的进步使铁成为制造蒸汽机的主要材料，蒸汽机因此变得相对灵巧和廉价。

(3) 交通运输业：工业革命集大成者。英国交通运输事业发展的鼎盛期正值工业革命的鼎盛期，崭新的交通运输设施，集合了工业革命中涌现出来的一切精华：机械、钢铁、煤炭、蒸汽。它既是工业革命成就的大汇报、大展览，也将工业革命推向新高峰。

工业革命中交通运输突飞猛进，其发达程度跟以往又不可同日而语……闭塞、孤立、结构简单的经济单位，被交通大动脉以及无数个“毛细血管”连成高等的经济生命体。这就是工业社会国民经济不同于传统社会之处。

——王斯德主编，李宏图等著：《世界通史：工业文明的兴盛》，上海：华东师范大学出版社，2009 年，第 70—75 页。

材料三　工业革命后垄断组织产生及科学管理方法的出现

第一次工业革命使工厂制度代替了过去的工厂手工业，但大多数企业的生产规模不大，基本上还是中小型企业。第二次工业革命后，一些新兴的工业部门及煤铁行业投资巨大，企业规模日益扩大，各种垄断组织也纷纷形成……生产的集中，企业的扩大，导致所有权和经营权的分离，经理阶层产生，科学化的管理开始兴起。19 世纪末，美国泰罗发明了“泰罗制”科学管理方法，1913 年福特发明了流水线生产方式。这种大批量、标准化的生产组织模式极大地提高了生产效率。

——吴于廑、齐世荣主编：《世界史》近代卷，北京：高等教育出版社，2007 年，第 272—274 页。

材料四　工业革命后大众生活的变化

新技术为休闲提供了新奇的方式，如游乐园中的摩天轮，而 19 世纪 80 年代后机械化的城市交通体系的发展使得甚至工人阶级也有可能不再只能在自己家旁边的小酒馆中消磨时光，而是可以去到运动场、游乐园或是舞厅中度过自己的休闲时间。铁路在周末可以将人们带到海边。……上层和中层阶级最早开始旅游，但是随着工资的上涨，以及工人们开始享受带薪假期，旅游成为另一种大众休闲方式。

——[美]杰克逊 · J. 斯皮瓦格尔著，董仲瑜等译：《西方文明简史》，北京：北京大学出版社，2009 年，第 632—633 页。

材料五　世界市场的形成

以下是英国经济学家史丹莱 · 杰温斯的言论。他指出 19 世纪中叶英国已成为“世界工厂”，在世界市场上占特殊地位。

北美和俄罗斯的平原是我们的粮田；芝加哥和敖得萨是我们的粮仓；加拿大和波罗的海沿岸是我们的林木生产者；在澳大利亚和新西兰放牧着我们的羊群；在阿根廷和北美的西部大草原逐牧着我们的牛群；秘鲁运给我们白银，黄金则从南美和澳大利亚流到伦敦。印度人和中国人替我们种植茶叶，在东西印度扩大了我们的咖啡园、甘蔗和香料园；西班牙和法国是我们的葡萄国，地中海沿岸各国是我们的菜园主。我们的棉田，长期以来都是分布在美国南方，而现在差不多扩展到地球上各个热带地区去了。

——蒋相泽主编：《世界通史资料选辑(近代部分)》上册，商务印书馆，1983 年，第 294 页。

材料六　第二次工业革命后世界市场的发展

第二次工业革命为资产阶级“征服世界”提供了……经济实力和物质手段，成为将局部性的国际交流推进到全球性的沟通，将分散的、局部性的世界变成互动的、连成一气的整体性世界的根本动力。……在生产力大发展的基础上，生产的社会化程度获得极大提高，国际分工向广度和深度发展，国际间的联系更趋密切……此时，国际分工达到世界城市和世界农村的分离与对立的完成阶段，形成日渐明朗的分工格局：粮食和原材料的生产越来越集中于发展相对滞后的亚非拉第三世界国家，工业生产则集中于工业化程度高、科技先进的欧美和日本诸国。于是，由少数金融寡头垄断的统一的世界资本主义经济最终形成，并且形成“中心—边缘”的世界经济格局。

——王斯德主编，李宏图等著：《世界通史：工业文明的兴盛》，上海：华东师范大学出版社，2009 年，第 200 页。

材料七　关于垄断的认识

少数资本主义企业或若干企业的联合独占生产和市场。垄断的产生是资本主义经济发展的必然结果。自由竞争引起生产集中，而生产集中发展到一定阶段就会引起垄断。在自由竞争过程中，大资本不断地排挤和吞并中小资本，加之银行信用和股份公司的作用，使资本日益集中在少数大企业手中。资本集中引起了生产集中。当生产集中发展到较高程度，便导致垄断。垄断代替自由竞争，但没有也不可能消除竞争，而是凌驾于竞争之上，与之并存。因为垄断并没有改变生产资料的资本家私人占有制，反而使生产资料和产品更集中掌握在少数垄断组织手中，因而资本家之间争夺利润的竞争和冲突就不可避免。

——许征帆主编：《马克思主义辞典》，长春：吉林大学出版社，1987 年，第 727 页。

材料八　对资本主义世界经济市场的认识

随着资本主义殖民化的进程，欧洲国家的再生产过程延伸到世界其他国家和地区。剥削和奴役殖民地和半殖民地，已经成为资本主义经济的重要部分，殖民地和半殖民地作为资本主义宗主国的商品输出市场和原料供应地，已经成为资本主义再生产的不可缺少的环节。

……掠夺性的国际贸易、资本输出以及海陆交通的大发展，汇合在一起，摧毁了一切落后国家和民族的堡垒，瓦解了它们的传统自然经济，从而把所有国家、地区都纳入了资本主义世界经济轨道。至此，一个无所不包的资本主义世界经济体系，即资本主义生产方式统治下的全世界范围的生产与交换体系最终建立起来了。资本主义世界殖民体系和经济体系，构成了资本主义的世界体系，这是一个极少数资本主义强国“对世界上大多数居民施行殖民压迫和金融扼制的世界体系”。它的出现表明资本主义工业世界已经在政治上、经济上完全地确立了对广大农业世界的绝对统治。但另一方面，殖民地半殖民地地区通过学习西方先进技术，建立起自己的民族工业，并同宗主国经济竞争，从而引发了这些地区的经济民族主义。所以，帝国主义在构建起世界殖民统治体系的同时，也为其殖民统治的瓦解创造了条件。

——摘编自高德步著：《西方世界的衰落》，北京：中国人民大学出版社，2001 年，第 146—148 页。

材料九 《工厂法》(1833 年)

此法律用于规范英国制造厂和工厂中的儿童和青年用工行为。

法律规定,18 岁以下的未成年人不得在夜间从事劳动。也就是说,晚上 8 点半至次日早晨 5 点半不得用工。此规定适用于棉纺织、毛纺织、毛线纺织、麻类植物纺织、亚麻布纺织、粗纤维纺织、亚麻纺织及丝绸纺织制造厂或工厂,不论这些制造厂或工厂采用蒸汽、水力或其他机械动力作为驱动机器工作的动力来源……

法律进一步规定,制造厂和工厂所雇用的 18 岁以下未成年人的工作时数不得超过一天 12 小时或者一周 69 小时……此外,法律进一步规定,在每天的工作过程中,应为每名工人留出不少于 1 个半小时的用餐时间。

前文提及的任何工厂和制造厂雇用未满 9 岁的儿童均属于非法行为,丝织品制造厂除外。

法律进一步规定,在本法律生效 6 个月之后,任何人都不得雇用未满 11 岁的儿童在前文所述的工厂或制造厂中工作超过一周 48 小时,或者一天 9 小时。在本法律生效 18 个月之后,任何人不得雇用未满 12 岁的儿童从事上述强度的工作。在本法律生效 30 个月之后,任何人不得雇用未满 13 岁的儿童从事上述强度的工作。然而,在丝织品制造厂,13 周岁以下的儿童(持有健康许可证)可以被允许每天工作 10 小时。

法律进一步规定,受到本法律在工作时数方面保护的儿童和青年人同时享有以下假日的休假权,也即圣诞节(Christmas Day)和耶稣受难日(Good Friday)的各一整天;除此之外,每年还应享有不少于 8 天半的假期。

秉承女王陛下意旨,用工单位可以合法雇用至多 4 名工厂监督员……上述监督员因此被授权可以不分昼夜地进入运行中的工厂或制造厂以及它们的附属学校。进入相关单位之后,监督员有权检查其中的儿童、成人或受雇人员,并且询问有关工作环境、用工情况和教育的相关问题……

法律进一步规定,只要上文提及的儿童在指定年龄范围,都应受到入学及每周工作时间不多于 48 小时的限制……

——转引自[美]弗兰克·萨克雷、约翰·芬德林主编,史林译:《世界大历史:1689—1799》,北京:新世界出版社,2015 年,第 295—296 页。

材料十 曼彻斯特工厂的情况

棉织工厂都是大建筑,不过这样建筑是为了容纳最大量的人。为了尽量利用一切地方,工厂建成几层,各层尽可能不高。机器占了最大的面积……由于这种工业的特点,空气中经常弥漫着混杂机油的棉尘……发出一种特别讨厌的气味……我所熟悉的一家工厂有几百个人做工,工厂往往昼夜开工。为了开夜工,要用大量的蜡烛,但是几乎完全没有通风设备。因此,在新鲜空气不够的条件下,在工厂里经常闻到许多人身上发出的汗臭味……机油、棉尘及夜晚蜡烛等发出的恶浊气味……这些极有害的条件招致什么后果呢?……曼彻斯特近郊的传染病,对许多人而言,是致命的疾病……在问大多数病人他们从哪里得来的寒热病时,他们的回答是或者自己从工厂得来,或者由别人传染而来。问他们做什么职业,从什么人传染来的病,回答都是:棉织工厂的工人。

——蒋湘泽主编:《世界通史资料选辑(近代部分)》上册,北京:商务印书馆,1983 年,第 37 页。

第11课　马克思主义的诞生与传播

材料一　1825年的工业危机

1825年，英国爆发了第一次周期性经济危机。许多工厂倒闭了，劳动群众处境更加恶化。下列文件是当时报刊关于这次危机后果的报导。

(1) 纺织工业的衰落

1826年头三个月用棉的需要量，总计平均每周从1825年的12000包降为8000包。约克郡和兰开夏郡等工业中心，食品价格不断上涨，工人生活情况日益贫困化。许多工厂实行非全日工作，曼彻斯特的企业主决定再降低工资10%。

(2) 布拉克波恩的情况

布拉克波恩有7000多台机床停顿，将近14000人依靠居民救济金过活，而布拉克波恩的居民总数，不过刚有21000人……大批的穷人濒于饿死，各个阶级的居民都终日惶恐不安。两队士兵进驻该城。

(3) 工人为自己的权利而斗争

大批失业和挨饿的工人陷入绝望的地步，以致发生公开的暴动（布拉克波恩、阿克林顿）……数以千计的人群涌到赛克斯公司的工厂，冲进室内，捣毁了所有的织布机……一大批人走向布拉克波恩，来到城中使用织布机的主要工厂，艾克尔斯公司……捣毁了所有的织布机……同样在普雷斯顿、克利得罗、罗契台尔也发生了类似的捣毁织布机的风潮。在曼彻斯特同样出现了某些暴动的现象，由于军警及时赶到，进行干涉，才免遭严重的后果。

——蒋湘泽主编：《世界通史资料选辑（近代部分）》上册，北京：商务印书馆，1983年，第188页。

材料二　空想社会主义

圣西门的社会主义设想强调的是秩序和组织、效率和精英统治，社会就像一个大工厂，由社会工程师组成的统治阶级按照理性原则来计划和管理社会。应该指出，圣西门的社会主义既不民主，也不属于无产阶级，尽管他首先使用无产阶级这个术语来描述现代产业工人阶级。它强调的是计划和社会工程；新的经济制度应该用理性秩序取代混乱状态，从而通过增加生产和实行比较平等的分配来消灭贫困。

欧文以在美国印第安纳从拉普派手中购买的新和谐村最为有名，但是它们无一例外地失败了，可毕竟吸引数以千计的热情实验者。他们满怀为大公、舍小私的理想，建设欧文所说的“新道德世界”。

欧文的公社与傅立叶主义者的公社一样，似乎不仅没有证明社会主义的可行性，反而证明了自由主义—功利主义的说法：人在根本上是受自身利益所驱使。欧文派采纳的是一种简化的李嘉图社会主义，即试图发明一种以劳动力为基础的交换手段，从而避免资本主义对工人的剥削。他们试图废除家庭这个私人利益的堡垒，推崇某种公有生活方式……这些都属于乌托邦社会主义。

——摘编自[美]罗兰·斯特龙伯格著，刘北城、赵国新译：《西方现代思想史》，北京：金城出版社，2012年，第270—271页。

材料三 《共产党宣言》为何不叫做社会主义宣言

可是，当《宣言》出版的时候，我们不能把它叫做社会主义宣言。在1847年，所谓社会主义者是指两种人。一方面是指各种空想主义体系的信徒，特别是英国的欧文派和法国的傅立叶派，这两个流派当时都已经缩小成逐渐走向灭亡的纯粹的宗派。另一方面是指形形色色的社会庸医，他们想用各种万应灵丹和各种补缀办法来消除社会弊病而毫不伤及资本和利润。这两种人都是站在工人运动以外，宁愿向"有教养的"阶级寻求支持。相反，当时确信单纯政治变革还不够而要求根本改造社会的那一部分工人，则把自己叫做共产主义者。这是一种还没有很好加工的、只是出于本能的、往往有些粗陋的共产主义；但它已经强大到足以形成两种空想的共产主义体系……在1847年，社会主义意味着资产阶级的运动，共产主义则意味着工人的运动。当时，社会主义，至少在大陆上，是上流社会的，而共产主义却恰恰相反。既然我们当时已经十分坚决地认定"工人的解放应当是工人阶级自己的事情"，所以我们一刻也不怀疑究竟应该在这两个名称中间选定哪一个名称。而且后来我们也根本没有想到要把这个名称抛弃。

——《〈共产党宣言〉1890年德文版序言》，载《马克思恩格斯选集》第一卷，北京：人民出版社，2012年，第392—393页。

材料四 马克思主义对费尔巴哈哲学的继承和超越

费尔巴哈的《基督教的本质》……它直截了当地使唯物主义重新登上王座……自然界是不依赖任何哲学而存在的；它是我们人类赖以生长的基础；在自然界和人以外不存在任何东西，我们的宗教幻想所创造出来的那些最高存在物只是我们自己的本质的虚幻的反映。……马克思曾经怎样热烈地欢迎这种新观点，而这种新观点又是如何强烈地影响了他（尽管还有种种批判性的保留意见）。

——《路维希德·费尔巴哈和德国古典哲学的终结》，载《马克思恩格斯选集》第四卷，北京：人民出版社，2012年，第228页。

材料五 《共产党宣言》的逻辑结构

《共产党宣言》在正文开始之前写有一个简短的引子，宣布"一个幽灵，共产主义的幽灵，在欧洲游荡"，这句话实际上宣告了共产主义已经成为整个欧洲所公认的一股政治力量。因此，马克思和恩格斯认为有必要向全世界公开说明共产党人的观点和意图。

《共产党宣言》的正文内容一共分为四章，从篇幅上看，《共产党宣言》的第一章内容最多。文章论述了原始土地公有制解体以来的人类历史都是阶级斗争的历史，科学地分析了资产阶级的产生过程及其发挥过的巨大历史作用，并通过揭示资本主义社会的内在矛盾，指出资产阶级的灭亡和无产阶级的胜利同样是不可避免的。伴随着资本主义的发展而逐渐壮大的无产阶级则充当了资本主义制度掘墓人的角色。

《共产党宣言》的第二章主要阐述了以下四项内容：第一，共产党人与全体无产者之间的关系；第二，驳斥了资产阶级对共产主义的种种责难；第三，共产主义革命的主要特征，以及无产阶级将采取的一系列政策措施；第四，未来共产主义社会的本质。

马克思和恩格斯在《共产党宣言》的第三章中主要批判了三种社会主义思想：反动的社会主义、保守的或资产阶级的社会主义、批判的空想的社会主义和共产主义。

《共产党宣言》的最后一章篇幅最少，主要阐述了共产党人对当时欧洲存在的各种敌对政党的态度。

——摘编自艾四林、曲伟杰著:《〈共产党宣言〉导读》,北京:中国民主法制出版社,2018年,第20—21页。

材料六 空想社会主义的不彻底性和片面性

(1) 空想社会主义者看到了社会上存在的阶级和阶级对立,但是,生活于无产阶级和资产阶级对立的最初阶段的空想社会主义者不可能看到无产阶级解放的物质条件,因而也就看不到无产阶级的重要历史作用,看不到无产阶级所推动的政治运动。当空想社会主义者看不到无产阶级的逐渐发展的政治运动的时候,他们就只能虚构未来的理想社会。

(2) 空想社会主义者意识到了他们的社会计划主要代表受苦最深的工人阶级的利益的,但是,田于当时的阶级斗争并不发展,而这些空想社会主义者本身又大都是一些生活条件比较优越的人。因此,他们把自己的奋斗目标定在了要改善一切社会成员的生活状况上面,包括社会当中生活最优裕的成员。

(3) 空想社会主义者的许多著作都含有抨击现存社会的全部基础的成分,这些批判在启发工人阶级的觉悟上发挥过重要的作用,包括消灭城乡对立、消灭私人盈利、消灭雇佣劳动、提倡社会和谐等等。……然而,由于空想社会主义者提出了消灭雇佣劳动、消灭私人盈利等许多美好的设想,但却找不出实现这些设想的具体途径,不能够真正解决问题。

——摘编自艾四林、曲伟杰著:《〈共产党宣言〉导读》,北京:中国民主法制出版社,2018年,第77—78页。

材料七 资产阶级在历史上所起到的进步作用

第一,"社会生活的金钱式的量化"。指人们一向认为不能出让的东西都变成了买卖和交易的对象。乍一看,马克思和恩格斯似乎是在激烈地批评资本主义社会的冷漠、无情与唯利是图,不过,从辩证的角度出发,马克思和恩格斯同时也强调了问题的另一面,一切封建的、宗法的和田园诗般的关系都被破坏了,它斩断了人们身上形形色色的封建羁绊。……与各种各样的封建的、宗法的人身束缚相比,资产阶级所带来的纯粹的现金交易毕竟代表了一种进步。

第二,各民族之间的广泛联系的形成。这种联系包括物质的和精神的两个方面。在物质方面,世界市场逐步形成,一切国家的生产和消费都成为世界性的了。为了增加产品的销售渠道,资产阶级奔走于世界各地,到处建立联系,这就从客观上加强了各民族、各国家之间的交往和沟通,也改变了地方性的自给自足的闭关状态。在精神方面,随着经济的发展和交流的频繁进行,各民族的精神产品也成为公共的财产,比如原本属于地方的文学开始成为全世界的文学。

第三,人口和生产资料的密集化。人口、生产资料和财产的集中必然带来政治的集中,各自独立的并拥有各自政府、法律和利益的地区也结合为拥有统一的政府、统一的法律、统一的民族阶级利益和统一的关税的统一的民族,所有这些都为无产阶级革命斗争的开展创造了前提条件。

——摘编自艾四林、曲伟杰著:《〈共产党宣言〉导读》,北京:中国民主法制出版社,2018年,第51页。

材料八 第一国际

第一国际,即国际工人协会,是马克思主义和工人运动相结合的产物。1848年革命失败后,欧洲工人运动暂时处于低潮,欧美资本主义国家出现了相对稳定局面,经济得到迅速发展,工人队伍随之壮大。但下层民众的贫困并未减轻,特别是 1857 年的资本主义世界经济危机,更激化了工人阶级和资产阶级的矛盾,工人运动重新高涨。资本家采用从国外输入廉价劳动力的方法,破坏本国工人的罢工斗争。工人阶级认识到只有加强国际团结,才能阻止本国资本家对工人运动的破坏,于是增强了各国工人相互支持、联合行动的愿望。

1864 年 9 月 28 日,英、法、德、意和波兰等国的工人代表在伦敦举行了"国际工人协会"的成立大会。马克思以德国工人代表身份出席并为协会起草成立宣言和共同章程。在《国际工人协会成立宣言》里,马克思以英国为例,说明资产阶级掌握统治权时,生产力越发展,有产者与无产者之间的鸿沟也就越深。为了实现工人阶级的解放,各国工人必须要团结起来,完成夺取政权的伟大使命。

协会成立后,立即与各国工人组织联系,建立在各国的分支机构——国际支部,相继在法国、英国、意大利、比利时、西班牙等国建立了支部,并努力在国际范围内形成工人阶级团结斗争的新局面,支持各国工人的罢工斗争。第一国际用无产阶级团结的思想教育了各国工人阶级,推动了各国工人运动的发展,为在各国建立无产阶级政党奠定了基础。

——摘编自王斯德主编:《大学世界史》,北京:高等教育出版社,2011 年,第 252—253 页。

材料九 《国际工人协会共同规章》(部分)

鉴于:

工人阶级的解放应该由工人阶级自己去争取;工人阶级的解放斗争不是要争得阶级特权和垄断权,而是要争得平等的权利和义务,并废止任何阶级统治;

劳动者在经济上受劳动资料即生活源泉垄断者支配,是一切奴役制度所赖以支持的基础,是任何社会贫苦、精神低贱和政治屈从状态赖以支持的基础;

所以,工人阶级的经济解放乃是一切政治运动都应该作为手段服从于它的伟大目标;

先前为达到这个伟大目标所做的一切努力,由于每个国家里各个不同劳动部门的工人彼此间团结不够,由于各国工人彼此间缺乏亲密联合,总是没有收到效果;

劳动解放既不是一个地方问题,也不是一个民族问题,而是包括一切存在有现代社会的国家的社会问题,其解决是有赖于最先进各国在实际上和理论上实行合作的;

目前欧洲各先进工业国工人阶级运动的新的高涨,在鼓起新的希望,同时也郑重警告不要重犯过去的错误,要求立刻把各个仍然分散的运动联合起来;

鉴于上述理由,便创立了国际工人协会。

——蒋湘泽主编:《世界通史资料选辑(近代部分)》上册,北京:商务印书馆,1983 年,第 463—464 页。

材料十 巴黎公社关于无产阶级专政的经验

在《法兰西内战》一文中,马克思运用历史唯物主义的基本观点对巴黎公社的经验教训作了极其深刻的总结,丰富和发展了马克思主义的国家学说。

无产阶级取得政权后,必须打碎旧的国家机器,建立无产阶级专政。马克思指出资产阶级国家政权在性质上越来越变成了资本借以压迫劳动而组织起来的社会力量,变成了阶级专制的机器,而且"每经过一场标志着阶级斗争前进一步的革命以后,国家政权的纯粹压迫性质就暴露得更加突出"。因此,无产阶级要争取自身的政治解放,就"不能简单地掌握现成的国家机器，并运用它来达到自己的目的”，而应该像巴黎公社那样“用他们自己的政府机器去代替统治阶级的国家机器、政府机器”，因为奴役他们的政治工具不能当成解放他们的政治工具来使用。无产阶级只有建立人民行使国家主权的政治统治，才能消灭劳动剥削和阶级压迫，实现无产阶级的彻底解放。……确保社会公仆忠实于人民的利益。马克思指出，资本主义国家机器实际上是官僚们捞取金钱和权势的工具。“这人把政治变成一种生意，拿联邦国会和各州会的席位来投机牟利，或是以替本党鼓动为生，本党胜利后取得职位作为报酬。”因此，它必然会导致“一切腐败成分的大泛滥”。所以无产阶级夺得胜利后，防止社会公仆变成凌驾于社会之上的主人。一方面，必须实普选制、罢免制。“公社必须由各区全民投票选出的市政委员组成，这些市政委员对选民负责，随时可以罢免。”另一方面，必须做到政务公开透明。“公社公布了自己的言论和行动，它把自己的一切缺点都告诉民众”，让人民发挥监督作用，使权力在阳光下运行。

——张殿军：《马克思主义国家学说的创造性——重读〈法兰西内战〉》，载《求知》，2019年第7期。

第六单元

世界殖民体系与亚非拉民族独立运动

第一部分

单元教学设计

单元学习主题和目标

1. 课标要求与分析

课标要求：通过了解西方列强对亚非拉的殖民扩张、世界殖民体系的建立以及亚非拉人民的抗争，理解世界殖民体系的建立及殖民地半殖民地民族独立运动对世界历史发展的影响。

课标分析：依据课程标准，本单元的教学要引导学生理解殖民扩张与世界市场、殖民扩张与民族独立运动之间的关系，在掌握史实的基础上了解不同阶段殖民扩张的特点和民族独立运动的阶段性成果。

伴随着资本主义世界市场的形成和发展，资本主义世界经济体系和资本主义世界殖民体系形成，构成了所谓的资本主义世界体系。资本主义世界市场从地区性发展成世界性，是资本主义生产力发展的必然结果，是由资本主义经济的开放性、扩张性等本质特点决定的。殖民扩张与殖民掠夺是资本主义列强拓展世界市场的主要途径。

资本主义世界殖民体系的形成经历了从 15 世纪末到 20 世纪初的 4 个多世纪。新航路开辟后，欧洲商人和殖民者建立了欧洲与亚洲、非洲、美洲之间的商业联系。经过激烈的斗争，英国到 18 世纪中期成为世界上最强大的殖民国家。第一次工业革命使资本主义世界市场基本形成。欧美殖民者利用廉价的商品和便捷的交通工具，加快了对亚非拉地区的经济侵略，扩大了商品市场和原料产地。

第二次工业革命使资本主义世界市场进一步发展。19 世纪 70 年代以后，欧美垄断资产阶级对外扩张，瓜分世界，向亚非拉地区输出商品、掠夺亚非拉地区的原料和进行资本输出。19 世纪末 20 世纪初，世界被瓜分完毕，资本主义世界殖民体系最终形成，广大亚非拉地区由原先的独立状态逐渐沦为资本主义国家控制下的殖民地或半殖民地。

工业革命是殖民扩张的一个分水岭。工业革命前殖民的范围有限，手段野蛮血腥，反抗力量有限且不成规模。工业革命后殖民的触角遍布全球，手段以资本和商品输出为主，反抗遍及亚非拉地区且轰轰烈烈。

西方资本主义国家对东方的征服，加剧了资本主义国家与殖民地、半殖民地之间的矛盾。资本主义国家从各自的利益出发，最大限度地扩张，导致了资本主义各国之间争夺霸权或殖民地的矛盾日益尖锐。东西方之间矛盾的激化，引起了亚非拉地区的民族独立运动；列强之间矛盾的激化，最终引发了第一次世界大战。

殖民体系的建立和殖民侵略给广大亚非拉地区带来了深重的灾难，当地人口被大量屠杀，财富被殖民者洗劫一空，还沦为宗主国的经济附庸。然而客观上也把世界上几乎所有的国家或地区卷入资本主义世界市场，密切了世界各地之间的联系。

西方的殖民统治和掠夺在客观上传播了先进的生产方式、生活方式和思想观念，这为亚非拉人民的抗争准备了条件，这可以理解为殖民侵略建设性的一面。尽管19世纪末20世纪初的亚非民族独立运动多以失败告终，但它们沉重打击了帝国主义和封建主义，为殖民地半殖民地民族资本主义经济的进一步发展创造了条件，为这些地区最终独立奠定了基础。

课程标准要求掌握殖民体系给世界历史发展造成的影响，既要纵向掌握殖民扩张的发展进程，也要横向掌握殖民扩张在各个殖民地半殖民地带来的社会变化。

探讨民族独立运动给世界历史带来的影响，要在特定历史条件下分析背景、梳理各国的情况，还可以从整个民族独立运动发展进程的高度，评价19世纪末20世纪初民族独立运动的价值。

2. 单元学习主题

基于本单元课标要求及具体内容的分析，本单元的教学设计需围绕“西方列强殖民扩张对殖民地半殖民地的双重影响”这一单元主题展开。

在教师解析知识、学生建构知识体系时，要理解学习内容的结构及其相互关联。资本主义世界殖民体系的建立过程是一个漫长的历史过程，每个阶段的特点都不尽相同，但不同阶段的殖民扩张都给殖民地半殖民地带来了深重的灾难。学生比较容易理解这一点，但不容易理解殖民扩张客观上给殖民地半殖民地带来的建设性的影响，而这种建设性的影响恰恰为殖民地半殖民地人民开展民族独立运动准备了条件。

从时间上看，世界殖民体系建立的过程可以分为工业革命前和工业革命后两个历史阶段，可将教材中提及的被殖民国家状况按照这两个历史时期进行归类，并总结其阶段特点。从空间上看，各大洲被殖民的程度和爆发民族独立运动的状况各不相同，这就需要教师充分使用教材提供的地图，引导学生用规范的语言来描述殖民范围的变化和民族独立运动的空间位置。不论是对历史进行分期还是观察历史地图都有利于促进学生时空观念素养的发展。

教材中呈现了不同类型、不同角度的历史材料，如官方文件、学者的历史著作、亲历者的演讲词，学生可以研究这些历史材料，对历史材料进行阐释，在教学设计中遵循历史时空观念基本特点的基础上，通过对典型的历史资料的研读分析，促进学生历史解释和史料实证能力的发展。

殖民扩张一方面给当地人民带来了深重的苦难，严重破坏了这些地区的自然经济和社会稳定。但另一方面也增强了世界各地之间的联系，使先进的生产技术、生产方式、资产阶级启蒙思想和资本主义制度在全球范围内得到广泛传播，冲击了殖民地半殖民地相对落后的社会经济体制，一定程度上推动了这些地区民族资本主义经济的发展和社会制度的转型。这就为民族独立运动的发生提供了经济基础。

3. 单元学习目标

(1) 通过对殖民者侵略亚非拉的进程进行阶段划分,描述工业革命前后殖民范围的变化,概括殖民侵略的阶段特点。说明资本主义世界市场和资本主义世界殖民体系的主要内涵,并分析两者间的联系。

(2) 通过阅读、教材,分析史学论述、原始文献等资料,运用唯物史观的基本原理,认识亚非拉反抗殖民侵略的主要表现,概括工业革命后亚非拉反抗殖民侵略、争取民族解放的阶段特征,理解殖民掠夺对亚非拉地区的影响。

(3) 在辩证认识殖民扩张双重影响的基础上,理解世界殖民体系与亚非拉民族独立运动之间的关系。

单元学习重点与难点

1. 学习重点分析

本单元学习重点是:资本主义世界殖民体系建立的过程和亚非拉殖民地半殖民地人民争取民族独立的斗争。

资本主义世界殖民体系是资本主义世界体系的重要组成部分,其建立过程与资本主义世界市场的发展基本同步,殖民扩张与殖民掠夺是资本主义列强建立世界市场的主要途径。明晰资本主义世界殖民体系的建立过程对理解资本主义发展历程至关重要。

从知识的内在逻辑结构看,世界殖民体系的建立过程和亚非拉民族独立运动存在因果逻辑。正是由于西方列强在殖民地残酷的政治压迫和经济剥削,才激化了这些地区的民族矛盾和社会矛盾。殖民地半殖民地人民的反抗加速了世界殖民体系的崩溃,是资本主义世界殖民体系兴衰这一主题不可或缺的一环。

从历史发展的连续性角度去看,正是由于殖民扩张为西方列强提供了大量财富,促进了资本主义经济、军事、科技的不断发展,殖民活动的变化也迎合了资本主义发展的不同历史阶段,所以殖民扩张在资本主义发展过程中扮演了重要的角色。在这一过程中,西方殖民国家对殖民地半殖民地造成了深刻的冲击,亚非拉民族独立运动就是在这种内部传统社会不断转型、外在危机不断加深的背景下展开的。虽然 19 世纪末 20 世纪初的亚非民族独立运动多以失败告终,但它们沉重打击了帝国主义和封建主义,为殖民地半殖民地民族资本主义经济的进一步发展和资本主义制度的确立创造了条件,为这些地区获得最终独立奠定了基础。因此,这一阶段民族独立运动在整个民族解放运动中占据十分重要的地位。

2. 学习难点分析

本单元学习难点是:评价殖民扩张对世界历史发展造成的影响;理解民族独立运动对

世界历史发展的影响。

对学生来说，梳理世界殖民体系的建立过程和亚非拉民族独立运动的基本史实对学生来说不是难点，但全面看待殖民扩张给东西方带来的不同影响，辩证分析殖民扩张给殖民地半殖民地带来的双重影响，进而把握19世纪末至20世纪初历史发展的趋势，这些问题的解决要求学生能够全面辩证地看待历史问题，基于史实形成抽象的历史认识，对学生的能力和学科素养提出了更高的要求。这是教学设计的难点。

从课程内容结构上看，初中学生已经学过殖民扩张、部分国家民族独立运动的史实，但初中历史教学侧重于具体的史实经过，且仅仅涉及部分国家或地区，没有特别强调殖民扩张与民族独立运动、殖民扩张与世界市场的关系，也没有汇总提炼各国民族独立运动的共性影响。学生在学完整本教材之前，很难从殖民体系兴衰和民族解放运动全局的高度来认识这一问题。高中历史教学强调史料研习式教学，能力要求较高，学生需要通过研读不同类型、不同立场的史料来辩证分析殖民扩张带来的影响，这对学生阅读和提取信息、分析和阐释问题形成了挑战。

单元教与学设计

1. 单元知识结构

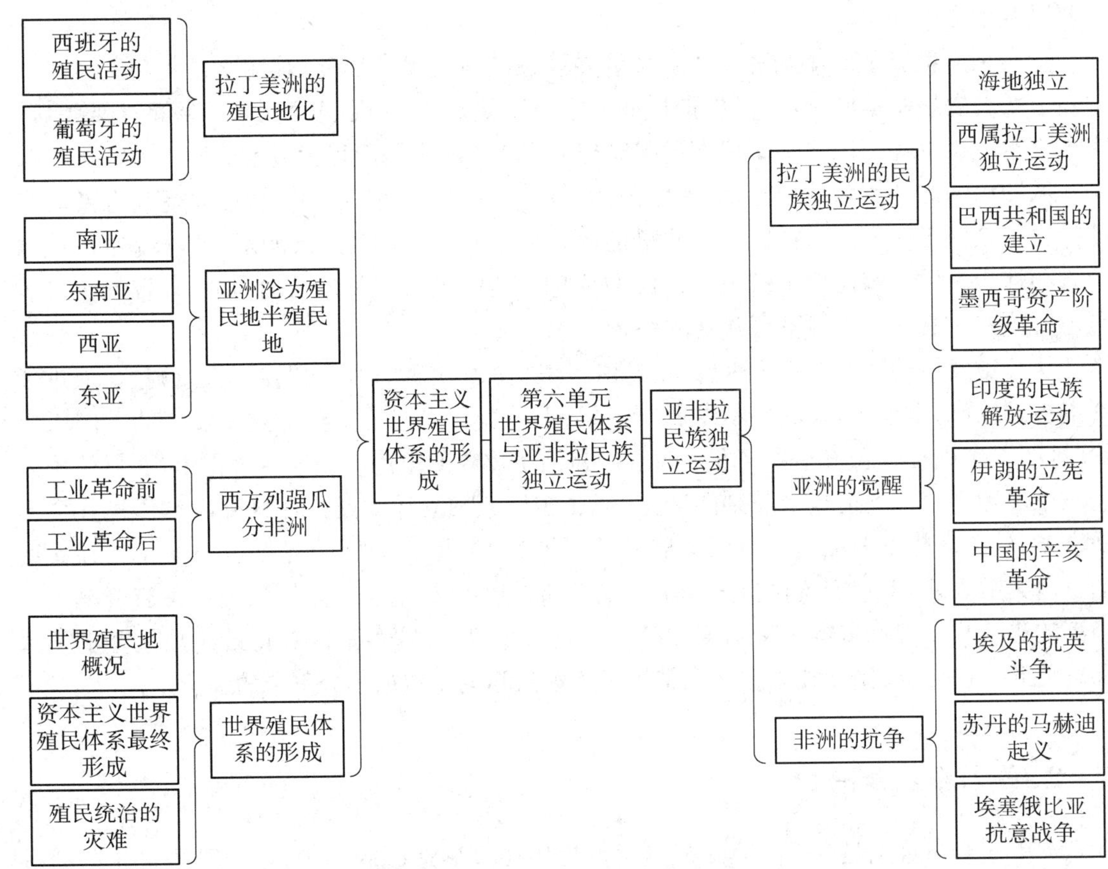

2. 主干知识与问题链

课时	主干知识	教材预设问题	问题链
1	资本主义世界殖民体系的形成 （1）拉丁美洲的殖民地化 （2）亚洲沦为殖民地半殖民地 （3）西方列强瓜分非洲 （4）世界殖民体系的形成	〔学思之窗〕殖民者的掠夺对美洲和欧洲分别产生了什么样的影响？ 〔思考点〕教材第 73 页地图中各国的分界线有什么特点？它反映了什么问题？ 〔问题探究〕在世界殖民体系建立的过程中，西方列强是如何改变世界的？又产生了哪些重要影响？ 〔学习拓展〕谈谈你对双重使命的看法。	（1）描述工业革命前，西方国家殖民范围是哪里？ （2）简述工业革命前，西方国家的主要殖民方式有哪些？这反映出早期殖民活动怎样的特点？ （3）分析早期殖民扩张给欧洲、亚非拉和世界分别带来哪些影响？ （4）描述两次工业革命完成后西方国家殖民范围是哪里？ （5）简述工业革命完成后西方国家殖民活动呈现出怎样的特点？有哪些因素加速了世界殖民体系的建立？ （6）分析工业革命后的殖民扩张给世界带来哪些影响？
1	亚非拉民族独立运动 （1）拉丁美洲的民族独立运动 （2）亚洲的觉醒 （3）非洲的抗争	〔学思之窗〕你如何理解列宁这句话？ 〔思考点〕非洲人民反抗帝国主义侵略的斗争有哪些重要特点？ 〔问题探究〕思考 19 世纪末 20 世纪初印度民族解放运动兴起的原因。 〔学习拓展〕议一议：为什么“东方正从酣睡中觉醒”？	（1）思考各国民族独立运动有何共性原因？ （2）分析殖民统治的破坏性和建设性分别体现在哪里。 （3）分析拉丁美洲民族独立的意义。 （4）分析拉丁美洲各国取得政治独立后又面临哪些新的困境。 （5）19 世纪末 20 世纪初的亚洲民族独立运动与以往的反侵略运动相比有何特点？ （6）亚洲的民族解放运动有何深远意义？ （7）思考非洲民族独立运动高涨的原因。 （8）各国的民族独立运动为何会表现出一定的差异性？

3. 教与学活动设计

活动流程	主要内容	教与学的活动设计
单元导入	单元内容简介与单元关联	通过阅读分析单元导读的内容，初步把握殖民活动的时空观念与历史阶段特征，明确单元学习的主干知识结构。引导学生关注新航路开辟、早期殖民扩张、工业革命、第二次工业革命等重大历史概念，思考这些重大历史事件与本课主题的内在逻辑关联，进而与前两个单元的内容相呼应。明确世界殖民体系与民族独立运动之间的关系。
第 1 课时“资本主义世界殖民体系的形成”	（1）殖民体系建立的过程	阅读教材及文本材料，梳理殖民体系建立过程，对比工业革命前与工业革命后殖民范围、殖民方式的变化，概括殖民活动的特点，认识殖民扩张的不断深入。

续表

活动流程	主要内容	教与学的活动设计
	（2）殖民体系建立的意义	阅读文本材料和数据表格，说明殖民国家经济发展并不均衡，却因为对殖民地的争夺而引发激烈的争夺，进而加剧世界局势的紧张。阅读文本材料，概括世界殖民体系给殖民地半殖民地和世界历史带来的影响。教师指导学生阅读材料、概括信息、与课文知识建立关联、运用知识和信息说明问题的方法与技能。
第2课时“亚非拉民族独立运动”	（1）民族独立运动兴起背景	阅读材料，说明殖民掠夺给殖民地半殖民地带来的深重灾难。阅读材料，提炼各大洲民族独立运动的共性原因，认识殖民活动给殖民地带来的双重影响。概括早期民族独立运动的特点，认识19世纪末20世纪初民族独立运动的独特性。
	（2）民族独立运动的意义	通过梳理各国民族独立斗争的过程并研读具体国家民族独立运动的典型史料，归纳民族独立运动爆发原因和斗争方式的异同，理解亚非拉各国相同的历史遭遇和文化的多元性。教师指导学生研读民族独立运动相关典型史料，梳理民族解放运动线索，理解民族独立运动在世界历史中发挥的作用。
单元总结	知识体系建构与单元认识深化	梳理世界殖民体系建立的过程，明确殖民活动的阶段特征，归纳拉丁美洲、亚洲、非洲民族独立运动的主要成果，理解世界殖民体系与民族独立运动之间的关系，认识19世纪末20世纪初的亚非拉民族独立运动在整个民族解放运动中的地位与作用。

单元导入

教师设问：请同学们阅读第六单元导读，思考并回答：

① 依据单元导读的内容，指出殖民扩张的起止年代。

② 依据单元导读的内容，指出殖民扩张具体涉及了哪些地区。

③ 思考本单元世界殖民体系与民族独立运动两课之间是什么关系。

参考答案：①大体可以明确殖民扩张从时间上是指公元15—20世纪这一历史阶段，这是世界殖民体系逐渐建立的过程。②在这漫长的历史阶段中，广大亚洲、非洲、拉丁美洲都沦为了西方列强的殖民地半殖民地。③西方列强通过殖民扩张建立起了奴役和控制世界上大部分地区和人口的殖民体系，给殖民地半殖民地造成了深重的灾难，直接激化了与殖民地半殖民地之间的矛盾，导致殖民地半殖民地人民争取民族独立的斗争不断高涨。同时，民族独立运动的高涨也打击了帝国主义的侵略势力，推动了民族独立的发展和世界殖民体系的崩溃。

【设计意图】 在明确本单元的时空观念和重大历史事件之后，探讨世界殖民体系与亚非拉民族独立运动的关系有利于学生整体把握两课教材内容的逻辑关系，初步了解殖民扩张带来的影响，明确本单元内容结构。通过梳理世界殖民体系的建立过程和辨析世界殖民体系与民族独立运动的逻辑关系，引导学生关注新航路开辟、早期殖民扩张、工业革命、第二次工业革命等重大历史概念，思考这些重大历史事件与本课主题的内在逻辑关联，进而与前两个单元的内容相呼应。

了解了本单元内容的逻辑关系，我们一起来进入本单元的学习。

第二部分

课时教学设计

第12课　资本主义世界殖民体系的形成

一、学习目标

1. 通过阅读教材和历史地图，用海陆位置描述工业革命前后西方国家殖民范围的变化。

2. 通过阅读教材和文字等资料，辨析工业革命前后西方国家殖民方式的变化及其原因，理解世界市场与殖民扩张之间的内在关系。

3. 在辨析关于殖民扩张的不同观点的史料的基础上，理解殖民扩张对于不同地区的影响。

二、学习重点

认识工业革命前后殖民方式的变化，分析殖民扩张给殖民地半殖民地带来的影响。

三、学习难点

评价世界殖民体系给世界历史发展造成的影响。

四、教与学活动

【导入新课】

教师设问：请同学们阅读本课导言，思考并回答：

① 概括西班牙殖民者如何在秘鲁进行殖民统治。

② 分析西班牙殖民者在秘鲁进行的殖民统治带来的影响。

参考答案：① 强制劳动，掠夺金银。

② 大量金银流入西班牙，树立起西班牙的殖民霸权；但财富并未在西班牙转化为资本，却最终推动了英、法等国的资本原始积累；造成大量印第安人死亡，破坏了当地经济；大量印

第安人的死亡导致殖民者将大量非洲奴隶转运到美洲，开启了罪恶的三角贸易。

【设计意图】 教材的材料十分丰富，教师通过对教材文本的分析，可以快速将学生拉进到真实的历史情境中，并引导学生充分使用教材。同时通过对影响的追问，引导学生认识评价会因为主体不同而不同。全面认识殖民扩张的影响，设计目标指向是历史解释素养。

教师总结： 秘鲁仅仅是西方殖民者侵占掠夺的一个例子，是早期殖民扩张的一个缩影。后来这种殖民侵略蔓延到哪里了呢？又有哪些殖民国家步西班牙后尘？让我们进行下面的学习。

【学习新课】

（一）工业革命前

1. 殖民范围(教材整合)

材料一 （美洲）1496 年，西班牙在海地建立了第一个永久性殖民地圣多明各。到 16 世纪中叶，西班牙已经把除巴西之外的大部分南美洲、整个中美洲和部分北美洲变成了自己的殖民地。紧随西班牙之后葡萄牙侵入拉丁美洲，在巴西建立了殖民地。到 18 世纪晚期，拉丁美洲已完全处于欧洲列强的殖民统治之下，其中绝大部分土地为西班牙和葡萄牙的殖民地，小部分土地被荷兰、英国和法国占据。

（亚洲）到 16 世纪中叶，葡萄牙已经在亚洲建立了包括中国澳门在内的几十个商站。几乎与此同时，西班牙入侵菲律宾，将其变成殖民地。在南亚，17 世纪初，英国人来到印度。在东南亚，17 世纪初，荷兰殖民者侵入印度尼西亚，建立了巴达维亚殖民地，后来，占领了整个印度尼西亚。在西亚，18 世纪末 19 世纪初，英、法、俄等国纷纷在奥斯曼帝国扩大势力范围，分割领土。奥斯曼帝国半殖民地化程度不断加深。伊朗也遭到了类似的命运，俄国和英国不但控制了伊朗的经济和内政，还分别在伊朗北部和南部划分势力范围。

（非洲）从 15 世纪开始，西方列强就侵入非洲。到 19 世纪中叶以前，欧洲殖民者在非洲的殖民活动大多局限在沿海地区。19 世纪 70 年代以前，欧洲殖民国家只侵占了 10%左右的非洲土地。

——摘编自《中外历史纲要》下，北京：人民教育出版社，2019 年，第 69—73 页。

教师设问：阅读“拉丁美洲的殖民地化”“亚洲的殖民地半殖民地”“西方列强瓜分非洲”三个子目并观察地图，描述工业革命前(早期殖民扩张阶段)西方国家殖民范围是哪里。

参考答案：工业革命完成前，西方国家的殖民范围主要集中在南美洲、中美洲、部分北美洲、非洲沿海地区、太平洋部分岛屿、南亚沿海。伴随着新航路的开辟和早期殖民扩张，这一时期西方国家对外殖民扩张的能力还比较有限，主要集中在那些没有建立强大的中央政府的国家和地区。

【设计意图】 教材中按照空间顺序逐一交代了各大洲被殖民的情况，十分细致。但是学生无法从头到尾地了解每个国家被殖民的情况，也无法明确不同历史阶段殖民的阶段特征，所以需对教材内容按照时间进行整合。学生通过阅读整合后的教材内容，能够准确描述工业革命前的殖民范围，建立起对早期殖民扩张、殖民范围的形象感知，提升从材料中提取信息的能力。目标设计指向是时空观念素养。

过渡：通过观察地图，阅读教材，我们发现工业革命前西方殖民国家的殖民范围已经遍及世界，建立了庞大的殖民帝国。那么，这些西方国家在广大殖民地又是通过什么方式来进行殖民活动的呢？

2. 殖民方式

材料二 在葡萄牙人看来，用土著作劳动力还有一个缺点：同美洲其他地区一样，在巴西，传染病也迅速传播，杀死了大部分的土著人口。16世纪60年代，天花和麻疹蹂躏了整个巴西海岸，致使葡萄牙定居者很难找到可供利用的劳动力，更别说强迫他们劳动了。

面对这样的困难，殖民者们转向了其他劳动力资源：非洲奴隶。葡萄牙种植园的管理者早在16世纪30年代就开始从非洲进口奴隶，16世纪80年代，就已经到了不得不依赖非洲劳动力的地步。甘蔗种植和蔗糖加工等高强度的劳动，让奴隶们付出了沉重的代价。危险的工作环境、人身虐待、酷热、营养贫乏以及拥挤的住处，所有这些结合起来导致了高发病率和高死亡率：蔗糖产业基本上每年都要损失5%—10%的奴隶。在巴西，绝大多数的种植园社会都是如此，奴隶的死亡人数常常超过了出生人数，所以对奴隶劳动力的需求是持久的。

——[美]杰里·本特利、赫伯特·齐格勒著，魏凤莲等译：《新全球史》，北京：北京大学出版社，2014年，第721页。

材料三 虽然《阿西昂特条约》只提到了皇家阿西昂特公司，但所有英格兰商人都开始积极参与海外贸易。西班牙人签订了协议，表示30年内每年至少要带走4 800名黑人。皇家阿西昂特公司将在25年内，在除了3个西班牙的美洲港口外的其他港口，竭尽全力卖出更多黑人。作为回报，皇家阿西昂特公司将20万克朗现场交易现金、每个奴隶的33.5克朗关税，以及公司每次利润的四分之一，支付给西班牙国王和英格兰国王。

——[美]约翰·伦道夫·斯皮尔斯著，邓宏春译：《美洲奴隶贸易》，北京：华文出版社，2019年，第25页。

材料四 西班牙人最初在殖民地劫掠了大量的白银，后来开始大规模采掘银矿。1545年，西班牙勘探者在波托西（今玻利维亚南部）一带发现巨大的银矿矿脉。16世纪80年代，殖民者开始大规模开发银矿。银矿的发现与开发，吸引了大量的西方移民，西班牙社会各个阶层的人蜂拥而至。到1600年，波托西成为一个人口众多的新兴城市。

西班牙人在矿山管理上实行“米塔制”。这是一种强加在土著人身上的徭役制度。它规定，每个村落每年交出七分之一的男性成员，参加矿山劳动，每年劳动约4个月，7年一个轮回。劳动者的工作异常艰苦，环境十分恶劣，但报酬非常低。他们经常接触水银，死亡率很高。为逃避“米塔制”，很多土著男性逃到山林或远地。

——武寅主编：《简明世界历史读本》，北京：中国社会科学出版社，2014年，第350页。

教师设问：依据材料并阅读教材“亚洲沦为殖民地半殖民地”子目的相关材料，说明工业革命前西方国家的主要殖民方式有哪些，这反映出早期殖民活动怎样的特点。

参考答案：掠夺金银、屠杀当地土著、黑奴贸易、限制殖民地经济、侵占土地、强征土地税、武力占领；暴力、野蛮、欺诈和血腥。

【设计意图】 这个问题通过充分阅读教材的史料能够找到答案，但是教材未对早期殖民扩张的特点进行概括。学生很难形成关于早期殖民活动的理性认识，因此需要补充历史材料帮助学生认识早期殖民扩张暴力、野蛮和血腥的特点，理解殖民活动给亚非拉地区人民带来了深重的灾难。通过阅读材料，训练学生提取和概括信息的能力。目标设计指向是史料实证素养。

过渡：从以上的学习中我们可知，西方殖民国家在殖民地开展的殖民活动是十分野蛮和血腥的。而殖民活动给西方殖民国家和殖民地分别带来了不同的影响。

3. 殖民活动的影响

材料五　奴隶贸易作为一种历史因素，刺激了资本主义及其经济制度和社会结构的发展。换言之，持续了400多年的奴隶贸易给当时正处于初始阶段的世界现代化进程带来了无法估量的机会、改革和变化。

从世界资本主义体系的角度看，通过大西洋奴隶贸易抵达美洲的大量非洲奴隶的商品生产，第一次在世界历史上为大西洋经济圈的各个地区提供了史无前例的劳动力分工的发展机会。这种劳动力分工使得原料的生产（甘蔗、烟草等）、粮食作物的生产、加工业（制糖业、烟草业）、运输业、销售业、金融业、船舶制造业等行业迅速发展。大量的人口迁移以及随之而来的市场以及消费机会带来了巨大的利润空间，从而将欧洲和北美大量的自给自足的食物生产者转化为市场需求和市场流动而生产的商品生产者。大西洋沿岸的各个国家的农民和农业生产被卷入到这一场跨洋范围内的生产贸易体系之中，小型的农产品和手工业产品逐渐被大规模生产所取代，各个人群被纳入庞大的“大西洋体系”之中。应大量出口以及国内消费而生的制造品扩张为国内提供了不断增长的非农业行业的就业，从而刺激了国内的消费市场。西印度群岛的殖民政府对这一贸易和生产结构的支配权力、殖民国家对利润流向的指导政策、欧洲国家之间为这一体系而产生的冲突与调和大大改变了国际贸易与国际政治的关系。

——钱乘旦主编：《世界现代化历程》非洲卷，南京：江苏人民出版社，2015年，第10页。

材料六　大西洋奴隶贸易对非洲现代化的具体影响是什么？从经济上看，非洲青壮年劳动力的损失是最重要的负面影响。此外，还有商品内容和交易形式的改变。以前的长途贸易主要是生活必需品的引入（如盐）和奢侈品（如黄金）的输出，现在则是人口贩卖。以前的贸易是非洲与外部世界之间的和平交易，商站也成为双方交往的联络点和休息站。奴隶贸易将抢掠和暴力引入了交易过程。由于这一过程牵涉到对人口的贩卖以及伴随着的偷袭与反抗，相当多的人口死于这一交易过程之前，从而使非洲人的正常生活受到极大的影响。例如，人们被迫迁移以躲避战乱而造成的生产的中断、技术的流失、恐惧的产生、对他人的不信任以及对生命的蔑视。

——钱乘旦主编：《世界现代化历程》非洲卷，南京：江苏人民出版社，2015年，第16页。

教师设问：早期殖民扩张给世界带来了哪些影响？

参考答案：对欧洲：大量财富流入欧洲，为西欧提供了资本原始积累，促进西欧资本主义迅速发展。对亚非拉：印第安人大量死亡，财富被掠夺，经济发展迟缓；非洲丧失大量人口，阻碍非洲经济发展，造成非洲贫穷和落后。对世界：客观上有利于各大洲之间经济文化交流，世界市场进一步拓展。

【设计意图】　世界历史有一条重要的线索就是人类从分散走向整体。早期殖民活动客观上密切了各大洲的联系，一定程度上推动了世界市场的发展。近代早期在人类历史上至关重要，早期殖民对于西方崛起和工业革命的发生起到了很大影响。教材是在第 43 页的“问题探究中”提及了早期殖民扩张为工业革命提供了市场和资本要素，但是没有具体展开，有必要在此进行勾连。同时，教材在第 70 页的“学思之窗”提示了殖民者掠夺金银对于美洲和欧洲有不同影响的思考，也未进一步展开，因此需要补充历史材料。对此问题的探讨有利于学生全面地、辩证地理解殖民活动，形成正确的历史解释。目标设计指向的是历史解释。

过渡：在早期的殖民过程中，西方列强大肆劫掠、屠杀被殖民地区的居民，在非洲进行了长达 400 多年的奴隶贸易，酿成了惨重的人道主义灾难，它们还通过设置殖民机构等方式对殖民地进行统治，控制这些地区的经济命脉。然而，这仅仅是个开始，工业革命完成后，殖民地半殖民地的命运又会如何呢？

（二）工业革命后

1. 殖民范围(教材整合)

材料七　(美洲)到 1826 年，西属拉丁美洲殖民地基本实现独立。1822 年，巴西摆脱葡萄牙的统治获得了独立。英美等国在“援助”的幌子下，加紧了对拉丁美洲的经济侵略和政治渗透，美国在对拉丁美洲进行经济侵略的同时，还进行武力干涉，独立的拉丁美洲国家实际也成为依附于欧美国家的半殖民地。拉美人民面临着继续民族民主革命的艰巨任务。

(亚洲)到 19 世纪中后期，英国几乎控制了印度全境。到 19 世纪末，英国已将缅甸和马来半岛的大部分变成殖民地，法国侵占了越南、柬埔寨和老挝，美国从西班牙手里夺得菲律宾。在东亚，鸦片战争后，列强迫使中国清政府签订了一系列不平等条约，使中国逐步沦为半殖民地半封建社会。1910 年，日本吞并了朝鲜半岛。19 世纪末 20 世纪初，亚洲的绝大多数地区已经沦为殖民地或半殖民地。

(非洲)在北非、奥斯曼帝国的属地埃及成为英、法等国争夺的重点。1882 年，英国发动侵埃战争，占领了整个埃及，实际把埃及变成了殖民地。英国还以埃及为基地对苏丹实行武力扩张。法国从 19 世纪 30 年代就入侵阿尔及利亚，并向突尼斯和摩洛哥扩张。19 世纪末 20 世纪初，列强侵占了几乎整个非洲。非洲的绝大部分地区沦为殖民地。

资本主义世界殖民体系最终形成。

——摘编自《中外历史纲要》下，北京：人民教育出版社，2019 年，第 71—77 页。

教师设问：阅读教材“亚洲沦为殖民地半殖民地”“西方列强瓜分非洲”子目和第 13 课教材“拉丁美洲的民族独立运动”子目和地图，描述两次工业革命完成后西方国家的殖民范围。

参考答案：两次工业革命完成后，西方国家的殖民范围已经涵盖亚洲的绝大多数地区、非洲的绝大部分，独立的拉丁美洲国家实际也成为依附于欧美国家的半殖民地，资本主义世界殖民体系最终形成。到 19 世纪末 20 世纪初整个世界被瓜分完毕。

【设计意图】　与工业革命前殖民扩张的情况类似，学生很难将不同国家的情况完整地拼出知识的全貌，不容易抓住不同历史阶段殖民的阶段特征，故对教材内容进行了整合，且方便跟工业革命前殖民范围进行对比。目标设计指向是时空观念。

过渡：通过观察地图，我们不难发现，工业革命后西方殖民国家的殖民范围囊括全球，资本主义世界殖民体系最终形成。这一时期随着工业革命的完成，西方殖民国家的殖民能力大大增强，主要表现在军事和经济能力的强化，因而殖民活动的范围也大大拓展。那么，这一时期西方国家的殖民活动又有何特点呢？

材料八　工业革命推动了废奴运动的发展，18世纪50年代以前，在英国，大多数受过教育的英国人对于奴隶制是接受的。许多欧洲人接受废除奴隶贸易运动开始也是出于道德上的原因。而在美国独立战争之前，也没有人会预测到英国议会能在19世纪初期颁布废除奴隶贸易法案。资产阶级有识之士看到，技术革新有助于获取更多的财富，而西印度在向母国提供热带产品（主要是蔗糖）方面享有的贸易优先权和垄断权，阻碍着其他国家和地区用它们的糖换取英国的工业品，从而限制了新兴工业资产阶级拓展工业品市场。不仅如此，西印度蔗糖在国内市场的垄断，还使更多廉价、优质的蔗糖被排斥于英国市场之外，这既有损消费者的利益，又使工业资产阶级日益不满，因此奴隶劳动已经成为资本主义自由竞争的障碍。

——钱乘旦主编：《英帝国史：英帝国的转型》第四卷，南京：江苏人民出版社，2019年，第347页。

材料九　工业革命开始了资本主义殖民制度的新时期，它使殖民政策从内容到形式都发生了重大变化。工业革命首先为亚欧大陆西方资本主义国家锻造了廉价商品的重炮。……英国机织布以其低廉价格首先把欧洲大陆的传统棉布挤到一边，接着以其进一步增长的优势打入棉纺织品的故乡——南亚次大陆。……以生产高质量印花棉布和平纹细布而闻名世界的印度，在竞争中被击败。现在，以英国为代表的西欧工业资本家需要东方为其提供机制商品的市场和原料产地。他们需要对殖民地机制进行重大的调整，把殖民地从增殖商业财富的源泉转变成主要为工业资本榨取剩余价值的场所。

——高岱、郑家馨著：《殖民主义史》总论卷，北京：北京大学出版社，2003年，第27页。

材料十　帝国主义一个最重要的新特点是金融资本发挥了前所未有的作用。此时，金融资本不仅在工业化国家的经济体系中确立了统治地位，而且成为殖民扩张的重要动力。与以往的殖民活动不同，工业化积累的资本往往要在新的经济活动中谋取丰厚的利润。19世纪中叶，英国已经开始资本输出，到19世纪晚期，西欧其他国家和美国也有了“剩余资本”，用于国外投资。资本输出不仅面向安全的欧洲和北美，也有相当大部分输出到亚洲、非洲和拉美，成为宗主国掠夺殖民地的最主要的方式。列强对亚非拉等原料产地的投资大部分是直接投资，投资于当地的铁路、采矿和农产品加工业，也有间接投资，通过发行债券、发放贷款等方式投资当地的金融银行业。开拓国外投资地区，保护海外投资，成为列强政府的任务。20世纪初，各主要帝国主义国家对亚非拉地区的资本输出占其海外投资总额的比例，英国为50%、美国为43%、法国为30%、德国为20%。

——武寅主编：《简明世界历史读本》，北京：中国社会科学出版社，2014年，第479页。

教师设问：① 工业革命完成后西方国家的殖民活动呈现出怎样的特点呢？有哪些因素加速了世界殖民体系的建立？

② 奴隶贸易为何被西方国家废止？

参考答案：① 特点：掠夺原料、商品输出、资本输出。因素：工业革命增强了西方国家的经济实力和军事实力；资产阶级也要求更大的商品市场、原料产地和投资场所；列强之间竞争加剧；交通运输技术的发展进步。

② 黑人的反抗；美国南北战争中南方奴隶主的失败；资本主义不断发展，对掠夺原材料

输出商品、资本投资有了更大的需求。

【设计意图】 这个问题通过充分阅读教材能够找到答案，但是教材对这一阶段殖民活动的特点强调不够，不利于学生理解殖民活动给殖民地半殖民地带来的深刻变化、世界市场与殖民扩张之间的关系，因此需要补充历史材料，尤其是将早期殖民扩张阶段的黑奴贸易与这一阶段废止奴隶贸易相对比，更能加深学生对殖民活动的认识，理解殖民方式的变迁与资本主义不同发展阶段的需求相适应。通过阅读材料，训练学生提取和概括信息的能力。设计的指向是史料实证素养。

过渡： 随着资本主义经济的不断发展，西方国家的殖民活动在工业革命后发生了很大的变化，殖民的范围空前扩大，西方列强已经将世界瓜分完毕。这又给世界造成了怎样深远的影响呢？

材料十一

表1　主要资本主义国家工业年平均增长率(%)

	英国	美国	法国	德国
1861—1873年	(1851—1873) 3.3	5.0	—	3.8
1874—1890年	1.7	5.2	(1870—1890) 2.1	3.5
1891—1900年	1.6	3.5	2.6	4.8

——吴于廑、齐世荣主编：《世界史·近代史编》下卷，北京：高等教育出版社，2001年，第238页。

材料十二 新兴的工业化国家对海外市场和原材料供应不断增长的需求成为推动列强走向帝国主义的强大动因。……在新的工业化时代，没有一个国家能够长期做到自给自足，每个工业化国家不仅要通过设置关税壁垒来防止外来竞争，还必须建立自己的殖民帝国，以保证自己拥有足够大的原料产地和产品市场，不仅要侵占当下需要的原料产地和市场，而且要抢占未知的、将来可能需要的原料产地和市场以及具有战略意义的地区。同时，殖民地廉价的劳动力也使得采矿、经济作物种植的利润特别丰厚。这种追求垄断利益的竞争成为帝国主义的根本动力。

列强之间的民族主义竞争也促进了帝国主义的兴起。欧洲列强认为殖民地对于国家形象和国家安全至关重要，爱国主义和对荣耀的追求刺激了对经济漠不关心的帝国主义分子，强国地位越来越被等同于海外殖民地的数量，开疆拓土成为事关国家荣誉的大事。当时的军事领导人认为，海上力量是建立和维护帝国的关键，而海军需要遍布全球的基地来提供煤和补给，控制大量的海岛和港口，在战时就可以为本国的海军提供安全的补给基地。

——摘编自武寅主编：《简明世界历史读本》，北京：中国社会科学出版社，2014年，第479页。

教师设问： 阅读教材“世界殖民体系的形成”子目中1914年欧洲部分列强占有的殖民地

统计表,分析殖民扩张给西方列强带来的影响。

参考答案:美国和德国等新兴国家在第二次工业革命中发展迅速,可是占有的殖民地数量比英、法等老牌殖民国家少。这种实力与利益格局的不对等造成德国等国不满足于现有的政治格局,为世界和平埋下了隐患。

【设计意图】 教材中提及了第一次世界大战前西方国家占有殖民地的统计表,但学生并不能就此深刻理解工业革命给当时的国际政治格局带来的变化,因此需要补充历史材料帮助学生加深对这一问题的理解。随着工业革命的开展,西方列强的发展增速并不相同。除了经济因素之外,各国的国内思潮与地缘政治博弈也裹挟其中,这些都加剧了世界的紧张局势。引导学生认识到一个历史事件的发生往往有很多原因,要尽可能地搜集多种材料以完善对历史问题的认识。通过对表格数据的分析,增强学生从材料中获取信息的能力。目标设计指向是历史解释素养。

材料十三 第一次现代化浪潮拉开了西方与非西方社会的差距,一端是新兴工业国家和现代工业文明,另一端仍然停留在农业文明。两者之间越来越大的差距造成新的国际分工:西方现代文明"中心"向全世界输出工业品和炮舰;非西方世界在被迫与西方接触中自然的历史进程被打断,本地经济与社会结构被破坏,成为以西方中心的现代世界经济体的"边缘",大多数地方沦为殖民地、半殖民地,有的开始在不平等的国际秩序或宗主国直接控制影响下的"低度发展"。

——董正华著:《世界现代化进程十五讲》,北京:北京大学出版社,2009 年,第 91 页。

教师设问:阅读教材的"问题探究",分析殖民扩张对于世界市场造成的影响。

参考答案:随着资本主义世界殖民体系的形成,几乎所有国家和地区都被卷入资本主义世界市场当中,西方国家成为世界工厂,处于国际分工中的"中心"地位,广大亚非拉国家沦为西方资本主义国家的原料产地、商品市场和投资场所,处于国际分工中的"边缘"地位。这种新的国际分工客观上增强了世界各地之间的联系,但也拉大了东西方之间的差距。

【设计意图】 教材中提及"(20 世纪初)形成了少数资本主义国家奴役和控制世界上绝大部分土地和人口的极不合理的状态",可是并未对这种状态出现的原因和表现形式做非常深入的剖析,因此有必要补充历史资料,帮助学生理解殖民体系的建立深刻影响了此后的国际政治经济格局。目标设计的指向是史料实证素养。

过渡:通过以上所学,我们了解了世界殖民体系的建立进一步激化了西方列强之间争夺殖民地的矛盾,为世界和平埋下了隐患,也造成了西方先进、东方落后的局面。在西方的殖民侵略和掠夺之下,广大殖民地半殖民地国家的社会又发生了怎样的变化呢?这对以后的历史造成怎样的影响呢?

材料十四 经过工业革命,到 19 世纪初,英国已成为世界上最先进的资本主义工业大国。英国资本主义在印度破坏了印度自然经济社会,并且建设了西方式社会基础。英国凭借政治统治权力、工业技术优势和低关税等条件,破坏了印度手工纺织工业。他们首先把印度的棉织品排挤出欧洲市场,接着把印度的棉花运到英国各纺织工业城市进行加工,然后再把制成品输入印度。1814—1835 年,即印度对英国实行"自由贸易"的 21 年间,印度输入英国的棉布从 125 万匹跌到 30 多万匹;而同一时期中,英国输入印度的棉织品由不足 100 万码增加到 5 100 万码以上。印度手工纺织业的被破坏,意味着千百万手工业者的破产。往日工业发达和人口稠密的城市，如达卡遭到了毁灭性破坏，人口从1827年的15万人锐减到3万人。失业的手工业者找不到工作而挣扎于死亡线上。印度总督本丁克承认："悲惨的情况在商业史上是无与伦比的。棉织工人的白骨使印度平原都白成一片了。"

英国资产阶级和以前征服过印度的征服者不同，他们破坏了印度的公社，破坏了印度自给自足的自然经济。它被极卑鄙的利益所驱使，而且不择手段，在殖民地毫不掩饰地表现了野蛮的本性。但是在历史上，资产阶级负有为新世界创造物质基础的使命。"柴明达尔制度和莱特瓦尔制度本身虽然十分可恶，但这两种不同形式的私人土地占有制却是亚洲社会迫切需要的。"破坏了印度公社，也就破坏印度社会的经济基础，"就在亚洲造成了一场前所未闻的最大的、老实说也是唯一的一次社会革命"。因此，"英国不管干了多少罪行，它造成这个革命毕竟是充当了历史的不自觉的工具"。

——吴于廑、齐世荣主编：《世界史·近代史编》下卷，北京：高等教育出版社，2001年，第203页。

教师设问：阅读教材的"学习拓展"，分析殖民统治的破坏性和建设性分别体现在哪里。谈谈英国的殖民侵略对印度历史发展的双重影响。

参考答案：破坏性：破坏了当地的原有经济结构，带来自然经济的解体和大量的失业；破坏了当地原有的文化；导致经济结构单一，无法向现代化转型。建设性：客观上促进了民族工业的发展；促进了启蒙思想的传播，导致当地民族主义思潮的崛起。

英国的殖民扩张既给印度人民带来了深重的灾难，通过设置殖民机构、扶植傀儡政权等方式对印度进行殖民统治，严重破坏了当地的自然经济和社会稳定，中断了印度独立发展的进程，但客观上也给印度带来了新的生产方式、生产技术和资产阶级启蒙思想，冲击了当地落后的社会经济制度，一定程度上推动了印度民族资本主义经济的发展。

【设计意图】 理解殖民扩张给殖民地半殖民地带来的双重影响是本课的难点所在，教材的学习拓展已经涉及了这一问题，但是却没有提供足够的材料给学生搭设理解该问题的台阶，因此需要补充相应的材料。殖民活动给很多国家和地区都造成了深远的影响，我们以印度为例探讨其深远影响。这既有利于突破本课的难点，帮助学生形成辩证看待历史问题的意识，而且有利于为下一节民族独立运动的展开作铺垫。目标设计的指向是历史解释素养。

【课时小结】

我们通过本课的学习梳理了资本主义世界殖民体系的建立过程，探讨了殖民扩张给西方殖民国家、殖民地半殖民地、世界市场带来的影响。殖民扩张到达顶峰时，亚洲和非洲的殖民地半殖民也掀起了轰轰烈烈的民族独立运动，这将是我们下一课的内容。

请在思考的基础上完成以下作业：

① 完成资本主义世界殖民体系建立过程知识结构图。

② 谈谈资本主义发展与殖民扩张的关系。

【设计意图】 本课知识内容庞杂，时空跨度大。建构资本主义世界殖民体系知识结构图，有利于学生认识资本主义发展与殖民扩张的内在关系。

第13课　亚非拉民族独立运动

一、学习目标

1. 指出亚非拉反抗殖民侵略的主要史实，概括工业革命后亚非拉反抗殖民侵略、争取民族解放的阶段特征。

2. 通过阅读教材和历史材料，认识西方列强的殖民压迫、民族工业发展、启蒙思想传播等是民族独立运动高涨的共性原因。

3. 通过阅读教材和历史材料中的具体国家案例，理解20世纪初的民族独立运动对帝国主义、封建主义的沉重打击，为民族资本主义经济发展创造了条件，为最终实现独立奠定了基础。

二、学习重点

19世纪末20世纪初民族独立运动高涨的原因及民族独立运动特点。

三、学习难点

亚非拉民族独立运动对世界历史发展的影响。

四、教与学活动

【导入新课】

上一节课学习了19世纪末20世纪初资本主义世界殖民体系最终形成，资本主义各国要求更大的商品市场、原料产地和投资场所，世界上几乎所有国家和地区都被卷入资本主义世界市场当中。可是仅仅100年之后，当年极盛一时的殖民体系就已经消失在历史的尘埃中了，当年的殖民地半殖民地纷纷独立，时至今日全球有230多个国家和地区。这个过程显然离不开广大亚非拉国家争取民族独立的不懈努力，那么这一独立过程又是如何开始的？各个国家面对着怎样的困难和挑战？这就是本节课要学习的内容。

【设计意图】 从学生已经学习的世界殖民体系最终形成入手，温故知新。既可以对上节课的重点内容进行巩固强化，同时有利于将学生的思绪拉回到19世纪末20世纪初的历史时空当中，使学生了解到民族独立运动面对的艰辛和挑战，感受民族解放运动的巨大成就。同时，将今天的国际政治现实与当时作对比，引导学生将这一阶段的民族独立运动放在整个20世纪民族解放事业的大脉络下。教学导入设计指向是学生能够将这一阶段的历史放在特定的时空历史场景下去认识，初步感受民族独立运动对世界历史的深刻影响。

【学习新课】

（一）共性原因分析

材料一 西方列强带来了过去所没有的东西，如修建了公路、铁路、运河、港口、水利等基础设施，兴办现代工厂，引进种植了新的经济作物，推动了殖民地经济的发展。

然而，这种经济发展具有明显的片面性和脆弱性。帝国主义的经济扩张旨在使殖民地成为宗主国的原料产地和产品市场。为了获取非洲的黄金、铜、金刚石、棕榈油、可可、丁香、花生，中东的石油，东南亚的咖啡、水稻和橡胶，印度的黄麻、小麦、茶叶、棉花，殖民列强摧毁了殖民地原有的经济结构，片面发展一种或几种出口经济作物和矿产品。……在非洲许多殖民地，现代工业几乎为零。印度的制造业虽然在殖民统治时期有了初步的发展，但英国非但没有促进，反而在关键时刻积极阻挠，使印度无法为国内幼稚的工业建立起有效的关税保护，从而在英国源源不断输入的机器制造产品的冲击下止步不前，印度经济并未发生结构性改变。

在文化上，殖民当局普遍兴办学校，向殖民地输入西方教育和西方思想。在非洲，传教士的教会学校发挥了积极的影响，他们不仅传授欧洲语言，还教学生用非洲语言阅读和写作，传教士确立了非洲语言的书面形式，为非洲本土文学的发展奠定了基础。在印度和东南亚，英、法等国也都建立了教育制度，强制推行英语和法语，传播西方文化。西式教育在殖民地培养出熟悉外国语言和文化，同时接受自由主义理念的知识阶层。随着民族意识的逐渐觉醒，这一受过西方教育的阶层最终发起了本地的民族主义运动。

——摘编自武寅主编：《简明世界历史读本》，北京：中国社会科学出版社，2014 年，第487 页。

教师设问：① 分析殖民统治给殖民地带来哪些不利影响。

② 阅读教材“拉丁美洲的民族独立运动”和“亚洲的觉醒”子目，思考各国民族独立运动有何共性原因。

参考答案：① 破坏性：破坏了当地的原有经济结构，带来自然经济的解体和大量的失业；破坏了当地的原有文化；导致经济结构单一，不利于向现代化转型。

② 经济基础变化：民族资本主义的经济发展；阶级基础变化：社会经济结构和阶级关系发生变化；帝国主义对殖民地半殖民地国家的掠夺；启蒙思想的传播；民族主义思潮兴起。

【设计意图】 教材在介绍各大洲民族独立运动状况之前，都对民族独立运动发生的原因进行了个性化分析。在 19 世纪末 20 世纪初这一共同的时空背景下，各大洲民族独立运动显然会有很多共性的原因。如果简单地罗列各大洲民族独立运动的原因，显然不利于学生整体把握这一阶段民族独立运动的特点。因此，教师提供相关材料对此问题进行补充。既有利于学生抓住这一时期民族独立运动的共性，同时也可以借此机会强化学生对于上一课殖民统治给殖民地半殖民地带来双重影响的理解。目标设计指向历史解释素养。

过渡：亚非拉民族独立运动的发生，在原因上具有一定的相似性，这有利于我们更深刻地理解殖民扩张对殖民地半殖民地的双重影响。然而，各国的民族独立运动又具有一定的独特性，需要具体问题具体分析。拉丁美洲的民族独立运动开始于 18 世纪末 19 世纪初，在各大洲当中最早，具有引领示范意义。

（二）各大洲具体分析

1. 拉丁美洲

材料二　第一，拉美国家赢得了民族独立，由从前专制王权殖民统治下的一个个辖区，创建了一系列民族国家，成为现代化的发展实体。而民族独立正是任何一个殖民地边缘国家迈向现代化的第一步，打开了独立的大门，也就打开了通向现代化的大门，民族独立也是自主实现本国现代化的核心内容。……同时，新独立国家的建立，加速了白人、黑人和印第安人的种族融合，开始形成拉美各国的新的民族。正是在民族走向融合的基础上，完成了民族国家的创建，形成了当今拉丁美洲民族国家分布的版图。民族融合促使传统贵族阶级发生了某种演变和分化，出现了早期的民族觉醒，他们以区别于"欧洲人"的"美洲人"称谓而自豪，开始扮演寻求民族自主发展，引领国家走富强之路的社会新角色。

——摘编自林被甸：《独立革命：拉美国家现代化进程的起点》，载《拉丁美洲研究》，2010 年第 6 期。

教师设问：阅读《中外历史纲要》下册第 76 页的导言和正文第一、二段，分析拉丁美洲民族独立的意义。

参考答案：拉美国家民族独立有利于国家的现代化建设，有利于拉丁美洲民族融合和民族意识的觉醒。

【设计意图】　教材叙述了拉丁美洲民族独立的过程，然后直接强调独立后各国政局大多动荡，普遍实行军事独裁，经济发展停滞的状况。但容易让学生忽视拉丁美洲民族独立运动的正面积极意义，因此有必要补充相应的历史材料。既让学生了解到拉丁美洲的民族独立运动对其自身发展至关重要，具有很大的引领示范作用，而且可以进一步引导学生要辩证全面地看待历史问题。目标设计指向是历史解释素养。

过渡：拉美国家虽然普遍在 19 世纪初赢得了国家的独立，这固然是拉美人民民族独立运动的重大胜利。但独立后的拉美各国在欧美国家完成工业革命的当口，又面临怎样的挑战呢？

材料三　各国独立后，仍然盛行大地产制，殖民地时期绝大多数克列奥地主的大地产不仅原封未动，而且他们又利用独立后掌权的条件霸占了从殖民者那里没收来的大量土地。作为新的统治者，他们通常与天主教势力，甚至新殖民主义者串通一气，以极不光彩的手段兼并印第安人的土地，以至剥夺农民的耕地，使大地产制进一步发展。这些大地产即克列奥地主的大庄园，基本上仍保持着中世纪的剥削形式，农民除缴纳地租和负担各种义务外，每年还要用 1/3—1/2 的时间为地主服劳役。有的地方还盛行债务奴隶制。

1870 年英国对拉美的投资总额达 8 500 万英镑，居列强之首，到 1913 年又增至 10 亿英镑。拉美成了它的商品销售市场、原料产地和资本投资的重要场所，许多拉美国家在经济上已成为英国的附庸。美国利用其有利的地理条件以武力攫取了拉美国家尤其是墨西哥的大片领土，同时对拉美各国在政治上加强了控制，诸如提出泛美主义，建立泛美联盟等。从 19 世纪 80 年代起，德国也加紧了对拉丁美洲的经济渗透。

——刘宗绪主编：《世界近代史》，北京：北京师范大学出版社，2004 年，第 534 页。

教师设问:分析拉丁美洲各国取得政治独立后又面临哪些新的困境。

参考答案:各国民族资本主义经济不够发达,民族资产阶级不够壮大;英、法、德等国加紧对拉丁美洲的经济渗透,使其变成了实际上的半殖民地半封建国家;独立后的拉美国家带有浓厚的封建主义色彩;仍然面临着反帝反封建、继续进行民主革命的任务。

【设计意图】 虽然拉美国家普遍在19世纪初赢得了国家的政治独立,但是拉美人民还面临着艰巨的反对本国封建统治和外来经济侵略的任务。碍于篇幅限制,教材并没有详细交代这些问题的来源。教师通过补充这方面的材料,可以帮助学生更好地理解本国封建统治的确切含义和工业革命后列强侵略方式的新变化,引导学生有意识地比较拉丁美洲与亚洲、非洲民族独立运动,认识到拉丁美洲的主要任务是摆脱欧美列强的控制,反对本国专制统治,争取国家的完全独立和政治民主化。设计指向是历史解释素养。

材料四 经济的发展,推动了资本主义的成长,并引起了拉丁美洲各国社会的阶级结构发生变化。最显著的是民族资产阶级和无产阶级的形成。由于各国民族资本力量较为薄弱,民族资产阶级在政治上表现得十分软弱。但是它受到外国资本势力和本国封建势力的压制,所以在人民运动的推动下,也参加了反对帝国主义和封建主义的斗争。无产阶级主要来自破产农民、手工业者和移民,受到外国资本、本国封建势力和资产阶级的重重剥削,他们迫切要求改变自己的恶劣处境。

19世纪70年代,拉丁美洲出现了第一批工人组织,并开始传播马克思主义。1872年,阿根廷成立了第一国际支部,并派代表出席了海牙代表大会。90年代,相继成立阿根廷社会党、智利社会党以及乌拉圭和巴西的社会主义小组。这些组织都曾创办刊物、翻译和出版《共产党宣言》《资本论》等著作,宣传马克思主义,并曾领导工人和人民群众进行革命斗争。

——吴于廑、齐世荣主编:《世界史·近代史编》下卷,北京:高等教育出版社,2001年,第383页。

教师设问:分析推动拉丁美洲的民族独立运动继续发展的因素。

参考答案:随着资本主义经济的发展,拉丁美洲各国的社会经济结构开始发生变化,出现了新兴的民族资产阶级和无产阶级。伴随外国资本、本国封建势力和资产阶级的压迫,拉丁美洲工人运动高涨,并开始以马克思主义作为斗争的有力武器。

【设计意图】 教材介绍了巴西、墨西哥等国在20世纪初期民族独立运动的状况,却并未分析出现资产阶级民主革命的原因。学生通过阅读材料可以了解到西方的殖民侵略给拉丁美洲带来的社会变化。随着资本主义经济的发展,拉丁美洲各国的社会经济结构发生变化,出现了新兴的民族资产阶级和无产阶级,推动当地人民生产方式和组织动员方式的革新。对于此内容的补充,有利于学生理解19世纪末20世纪初拉丁美洲民族独立运动继续发展的经济基础,也便于与亚洲、非洲民族独立运动的特点进行共性分析。设计指向是历史解释素养。

材料五 独立后,墨西哥的大地产制进一步扩张,大庄园的数量从1810年的4 900座增加到1856年的6 092座。天主教会是墨西哥最大的地主,占有全部农业用地的1/3。不仅如此,教会还借助所掌握的政治特权和经济实力为所欲为,成为独裁者的同盟者。从19世纪50年代中期起,阿尔瓦雷斯和胡亚雷斯领导的自由派发起了一场主要针对天主教会的改革运动。

胡亚雷斯采取了几项重要措施,追认并全面实施改革法,驱逐罗马教皇使节和4个主教，勒令干涉墨西哥内政的西班牙大使回国。由于内战导致的经济荒芜和财政破产，墨西哥政府宣布暂停偿付外债两年。英国、法国和西班牙做出激烈反应，联合出兵占领了墨西哥的韦拉克鲁斯。经谈判，英国和西班牙撤回了军队。但是，法国皇帝拿破仑三世为了讨好罗马教会和法国的保守势力，出动大军占领墨西哥城，把奥地利大公马克西米连送到墨西哥充当傀儡皇帝。退守北方的胡亚雷斯政府浴血抗战，并获得美国的支持。1866 年，美国迫使法国撤军，战局急转直下。1867 年，胡亚雷斯政府光复了墨西哥全境，俘获和处决了马克西米连，长达 5 年的卫国战争胜利结束。

胡亚雷斯于 1872 年病逝后，继任者莱多引起了国内情绪的普遍不满。胡亚雷斯的部将迪亚斯趁机在 1876 年发动军事政变，夺取了临时总统的职位，随后又打着 1857 年宪法的旗号，得以在次年当选为正式总统。

——武寅主编：《简明世界历史读本》，北京：中国社会科学出版社，2014 年，第 471 页。

材料六　迪亚斯把掠夺来的大片土地廉价出售或无偿赐予拥护他的地主、将军、政客和外国公司，使土地兼并现象更加严重。……天主教会的各种特权也恢复了。迪亚斯执行投靠帝国主义的对外政策，给列强以各种特权，外国资本便潮水般地涌进墨西哥。……外资控制了墨西哥的经济命脉。

迪亚斯的倒行逆施引起了全国人民的强烈不满，反抗运动发展起来。20 世纪初，工人掀起了罢工浪潮，农民纷纷举行暴动，资产阶级和资产阶级化的地主也活跃起来，在 1910 年总统选举中推出了自己的候选人马迪罗。这是墨西哥资产阶级革命开始的标志。迪亚斯竟下令逮捕马迪罗，宣布自己再次“当选”总统。不久，逃亡美国的马迪罗发表声明，号召人民举行起义，推翻迪亚斯反动政权，并宣布要重新分配土地等。墨西哥人民积极响应了号召，到处掀起了起义的浪潮。1911 年 5 月迪亚斯政权终于被起义推翻，本人逃亡国外。

1911 年 11 月，马迪罗就任总统。但是，他上台后背弃了自己的诺言，而且下令解散起义军，因而遭到群众坚决抵制。1913 年 2 月反动军人胡尔塔在美国支持下发动政变，夺取了政权。在面临迪亚斯式的政权再次出现的形势下，全国迅速掀起了革命斗争的新高潮，以卡兰沙为首的资产阶级自由派是斗争的主要领导者。1914 年 4 月美国悍然出兵进行干涉，更加激怒了墨西哥人民。广大军民奋起战斗，革命不断取得胜利。胡尔塔于 1914 年 7 月逃亡国外。11 月美国也被迫撤军。卡兰沙于 1915 年排斥了农民起义军，夺取了全国政权。1917 年修改宪法的会议通过了由民主派代表姆希卡起草的宪法……这部宪法是墨西哥资产阶级民主革命的重要成果。

1910—1917 年墨西哥资产阶级革命沉重打击了帝国主义和国内封建势力，从此墨西哥真正进入了资本主义时代。

——摘编自刘宗绪主编：《世界近代史》，北京：北京师范大学出版社，2004 年，第 539 页。

教师设问：① 分析胡亚雷斯领导的改革运动重点打击的对象是什么，造成了哪些影响。

② 阅读教材“拉丁美洲的民族独立运动”子目的相关材料，结合墨西哥民族独立运动的曲折历程，分析拉丁美洲在反对外来侵略和国内专制统治方面的困境。

参考答案：① 天主教会，大地主、大官僚，英法等西方列强利益。打击了本国的封建专制势力；改变了当地人民的思想观念；客观上打击了列强的利益；尽管未能彻底扫除本国封建独裁和外国势力，但为后来的民族独立运动奠定了基础。

② 墨西哥独立以后，依然面临着反帝反封建的民族民主革命任务。其中，西方列强经常卷入墨西哥的内政当中，国内封建势力盘根错节，存在大量历史遗留问题。资产阶级和无产阶级在墨西哥民族独立运动深入开展过程中都发挥了重要作用，沉重打击了墨西哥国内的封建势力和帝国主义势力，为墨西哥人民进一步争取民主和进步奠定了基础。墨西哥的例子也是拉丁美洲民族民主革命的缩影。

【设计意图】 拉丁美洲国家民族独立运动过程曲折，头绪繁多，教材展示了巴西、墨西哥两国民族独立运动的简单经过，但却未对墨西哥民族民主革命的反复性和艰巨性做详细的解释，不利于学生理解墨西哥资产阶级革命的性质。既然教材对墨西哥的独立状况稍有侧重，教师不妨选择墨西哥作为案例，通过补充相应的历史材料，还原墨西哥民族独立运动的完整经过，展现其独立过程的复杂性和曲折性，进而提炼出拉丁美洲民族独立运动的共性，帮助学生形成正确的历史解释。设计指向是历史解释素养。

过渡：亚洲国家的民族独立运动虽然没有拉丁美洲国家起步早，但成就很高，效果最好。列宁盛赞“亚洲的觉醒”标志着20世纪开创了世界历史的新阶段。列宁为什么高度评价亚洲的觉醒？亚洲的民族独立运动又是如何展开的呢？19世纪上半期，亚洲就掀起了反殖民主义和反封建主义的民族独立运动，这包括5次大的起义：爪哇人民反对荷兰殖民者的起义、阿富汗人民反对英国侵略军的起义、伊朗巴布教徒起义、中国太平天国起义和印度民族起义。后三次起义把这次亚洲革命风暴推到了顶点。

2. 亚洲

材料七 19世纪中期的民族运动不论是由哪个阶级和阶层领导的，诸如封建的王公贵族伊斯兰教的阿訇，土兵的军官和人民群众中涌现出的领袖人物等等，也不论提出什么样的纲领、口号，如恢复昔日强盛的封建王朝，建立“消除压迫，人人平等”的“正义王国”，实现“天下一家，共享太平”的理想社会等等，但结局都失败了。失败的原因很多，而且各不相同。不过有一点是共同的，也是极为重要的，那就是这些运动都属于旧式的运动，属于中世纪范畴的运动。斗争始终没有超脱旧式运动的范围，所建政权也还是旧政权的翻版。这是因为在当时还没有出现新的民族资本主义经济，没有形成新的革命阶级——民族资产阶级，因而也就不可能产生近代资本主义性质的民族运动。既然没有先进的思想作为指导，于是宗教就成为团结人民进行斗争的强大思想武器。当时，几乎所有的起义都打着宗教的旗号，诸如太平天国的拜上帝会、伊朗的巴布教以及印度尼西亚和印度的反对异教徒的圣战等。

——刘宗绪主编：《世界近代史》，北京：北京师范大学出版社，2004年，第367页。

材料八 19世纪末20世纪初亚洲的觉醒，是一次新型的民族解放运动的高潮。它具有比过去的运动更为先进的特点。首先，它的主要内容是资产阶级民族民主运动，尤其是资产阶级革命。19世纪中期的斗争高潮属于旧式运动，19世纪末的高潮，主流已是资产阶级改良运动。亚洲的觉醒则是以资产阶级革命为主要标志的。当然其中也还存在着资产阶级改良运动。其次，在斗争中新兴的民族资产阶级纷纷建立了本阶级的革命团体和政党，提出了自己的斗争纲领。这是新型的组织，它使以后的运动处在资产阶级政党的领导及其纲领的指引之下进行。当时，有民族资产阶级充当领导者，才可能联合社会各阶层，进行更自觉、更明确和更有组织的斗争，为民族运动开辟了新局面。最后，亚洲觉醒时期出现了各被压迫民族在争取民族独立斗争中互相声援和支持的新现象。1907年夏，流亡日本的亚洲各国革命者在东京成立了一个革命团体“亚洲和亲会”。参加者有中国、印度、朝鲜、越南、菲律宾和缅甸等国的革命者。

——刘宗绪主编：《世界近代史》，北京：北京师范大学出版社，2004年，第522页。

教师设问：① 19世纪中期，各国的民族独立运动有何特点？

② 19世纪末20世纪初的民族独立运动与以往的反侵略运动相比有何特点？

参考答案：① 结果都以失败告终；反抗主要依靠传统社会的固有阶级；反抗的目标都是回到旧有的传统统治模式；没有先进的理论指导；往往以宗教为动员方式。

② 主要依靠新生的民族资产阶级；革命的目标以实现民族独立和建立资产阶级统治为目的；采用政党等新的政治动员方式；注重彼此的配合。

【设计意图】 通过将19世纪中期亚洲国家出现的民族独立运动与19世纪末20世纪初的民族独立运动进行对比，既可以帮助学生深刻意识到19世纪末20世纪初民族独立运动的特点，也能够将民族独立运动还原到一个完整的过程中来看待，了解殖民地人民的持续斗争历程，进而理解民族独立运动的发展性与进步性。教师提示比较方法，找准比较项，引导学生准确概括历史阶段特征。设计指向唯物史观素养。

过渡：亚洲的民族独立运动开展得如火如荼，既表现出惊人的能量，也取得了不少成就，对世界历史产生了深远的影响。

材料九 19世纪末20世纪初亚洲的革命风暴在亚洲各国民族运动史上具有重要的意义。首先，在总体上运动虽然失败了，但仍然争得了不少成果。中国辛亥革命推翻了清王朝的统治，第一次建立了共和政体；土耳其革命赢得了君主立宪制度；伊朗革命保住了其重要成果——宪法；印度人民则迫使英国当局取消了孟加拉分治法案。

更重要的是亚洲觉醒开辟了资产阶级民族民主革命的新时期。……它终使以后的运动处于民族资产阶级的领导下，是取得最后胜利的前提。此外，亚洲的觉醒标志着亚洲各族人民已作为一支反对帝国主义的强大政治力量登上了国际斗争的舞台，把亚洲变成了打击帝国主义势力的重要阵地。亚洲民族运动在客观上成了西方工人运动的同盟军。

最后，亚洲觉醒提供了新的历史经验和教训，传播了民主思潮。这对于后来领导亚洲各国民族运动的资产阶级及其政党和领袖有重要的意义。而且后来亚洲一些国家的无产阶级及其政党也从其中得到了某些借鉴。

——摘编自刘宗绪主编：《世界近代史》，北京：北京师范大学出版社，2004年，第522页。

教师设问：亚洲的民族解放运动有何深远意义？

参考答案：在本国取得了阶段性的成果；开启了亚洲资产阶级革命时代；沉重打击帝国主义势力；为后来无产阶级登上历史舞台提供了经验。

【设计意图】 教材在第79页的最后有对亚非拉民族独立运动影响的整体评价，非常提纲挈领，涵盖了三大洲的情况，但是对本课难点的突破需要还原到具体的历史情境中。亚洲的民族解放运动在同一时期最有代表性，水平也最高，在反对封建统治和打击帝国主义势力方面取得了更加丰硕的成果，因此应选择以亚洲为例重点阐述民族解放运动对本国后续民族解放运动和对世界历史的深远影响。教师引导学生全面准确概括信息，在特定历史条件下分析历史事物的意义的方法。设计指向的是历史解释素养。

过渡： 非洲虽然从早期殖民扩张阶段开始就备受西方侵略，工业革命完成后更是被西方列强瓜分殆尽，但是非洲人民一直没有停止反抗，并上演了可歌可泣的壮丽篇章，以巨大的牺牲和顽强的反抗精神捍卫了自己的尊严。

3. 非洲

材料十 从社会层面看，西式教育、文化和基督教对尼日利亚人的生活方式、言谈举止和宗教信仰均产生一定影响。尼日利亚同许多非洲殖民地国家一样，出现了中产阶级。他们开始信仰非洲基督教，反对当时还颇为流行的家内奴隶制，倾向一夫一妻而不是一夫多妻制的婚姻，喜欢在教堂举行西式婚礼，热衷购买更多进口商品(包括奢侈品，如欧式服装、礼帽、书籍、收音机，甚至汽车)，建造欧式住宅。这些都是其区别于普通尼日利亚人的身份标志。当今尼日利亚社会、宗教、婚姻、家庭、衣食住行中的一些现代元素就是从殖民地时期开始的。

尼日利亚中产阶级，特别是具有非洲民族主义思想的知识分子，虽意识到他们的这一切源自英国殖民统治的客观结果，但这并没有妨碍他们对殖民当局的抨击，甚至走上争取民族独立运动的正义之路。这主要是因为，英国殖民统治是建立在非洲人比欧洲人低人一等的荒谬理论之上的。欧洲雇主虽雇用受过教育的尼日利亚人，但仍会以种族理由歧视他们。在殖民机构和欧洲公司，尼日利亚人通常干最底层的工作，而且获得提升和发展的机会少之又少。

——钱乘旦主编：《世界现代化历程》非洲卷，南京：江苏人民出版社，2015年，第528页。

材料十一 城市反帝运动的兴起，是19世纪末非洲民族解放斗争的另一个特点。城市反帝运动的产生，是由于在西方资本入侵的刺激下，非洲民族经济多少得到了一些发展，正在诞生中的新的阶级和阶层又不堪忍受殖民压迫的结果。非洲城市的斗争，以工人、市民的斗争和知识分子的反帝运动为主要内容。工人和市民的斗争在北非、西非、南部非洲最为重要。1899年，埃及开罗几家卷烟厂工人联合举行罢工斗争，参加人数约900人，斗争坚持了两个月，迫使英国资本家改善工人的生活条件和工作条件。这是埃及工人的第一次罢工。

非洲民族知识分子的出现，使非洲人的反殖民统治斗争开始走向资产阶级民族主义运动的道路。西非黄金海岸的知识分子联合酋长和商人反对英国当局剥夺非洲人土地的《土地法案》，成立了“保护土著协会”。协会有章程和纲领，后来在尼日利亚和塞拉利昂成立分会。西非的民族知识分子为揭露殖民压迫，呼吁进行反帝斗争创办了第一批报纸，如《拉各斯日报》《阿克拉先驱报》《塞拉利昂时报》等。埃及的爱国知识分子在英国的高压政策下坚持斗争，早在19世纪80年代就成立了“团结会”，创办《团结报》，强烈谴责殖民压迫，号召进行不懈的斗争。北非突尼斯、阿尔及利亚的民族知识分子也开展了类似的斗争。

——吴于廑、齐世荣主编：《世界史·近代史编》下卷，北京：高等教育出版社，2001年，第377页。

教师设问： 思考19世纪末期非洲民族独立运动高涨的原因。

参考答案： 殖民侵略带来了严重的社会问题，引发了激烈的社会矛盾；外来帝国主义的入侵，加速民族意识的觉醒；当地土著王公的领导；宗教上的动员和组织；随着资本主义经济的发展，非洲各国的社会经济结构开始发生变化，出现了新兴的民族资产阶级、无产阶级和具有民族意识的知识分子。

【设计意图】 教材主要讲述了非洲进行民族独立运动的方式是采取武装斗争的方式，可是却并没有解释为何很多斗争都是由封建王公或宗教领袖来领导的，要破解这个问题，就需要从非洲社会经济结构的变动中寻找解释。学生通过阅读材料了解到随着资本主义经济的发展，非洲各国的社会经济结构开始发生变化，出现了新兴的民族资产阶级和无产阶级。对于此内容的补充，有利于学生理解19世纪末20世纪初非洲民族独立运动继续发展的经济基础，也便于与亚洲、拉丁美洲民族独立运动的特点进行共性分析。只不过由于非洲资本主义经济发展得不充分，自然经济解体有限，往往由封建王公或爱国军官来领导，经常借助宗教来完成组织动员，这恰恰是非洲民族独立运动的独特性。目标设计指向的是历史解释素养。

过渡：19世纪末期的亚非拉民族独立运动在西方国家的殖民侵略之下都进行了艰苦卓绝、可歌可泣的抗争，大多肩负着反对外来帝国主义和本国封建主义的双重革命任务，反映了在资本主义世界殖民体系之下，殖民地半殖民地人民渴望独立和自由的强烈愿望。但各国的民族独立运动又呈现出一定的差异性。

（三）差异性分析

材料十二　亚洲、非洲和拉丁美洲地区辽阔，人口众多，社会经济结构、阶级结构、民族、宗教的复杂性，决定了民族民主运动的多样性和多类型性。

在中国、印度、埃及和拉美一些国家中，资本主义关系有了较大发展，产生了无产阶级和资产阶级，形成了它们的政治组织。而在另一些国家中，资本主义关系比较薄弱，资产阶级有较多的政治经验，无产阶级尚未形成为独立的政治力量。还有一些国家，经济发展更为落后，封建宗法关系，甚至原始部落经济占统治地位，资产阶级和无产阶级都没有产生。

在历史文化传统方面，亚非拉三洲也表现出各自的特点。亚非各地区存在着儒学、伊斯兰教、印度教以及部族文化，并表现为区域文化特点。拉美数百万人的传统信仰同天主教信仰调和在一起的“民众天主教”，与坚持正统规范与习俗的“上层官方宗教”同时并存。

尽管亚非拉三洲千差万别，但有一个共同点，即这一时期的绝大多数国家都是帝国主义压迫下的殖民地或半殖民地社会，即使是取得独立的国家，也没有实现经济、社会和文化方面的结构性变革。表现各异的地域文化，恰如一道道由光谱上各种颜色组成的统一花束，都面临着西方强势文化的严冬般的挑战，并且都在艰难地寻觅着世俗化、现代化的文明复兴的春天。人民群众同帝国主义和封建主义的矛盾，仍是许多国家存在的基本矛盾，这就决定了反帝反封建的民族民主运动的日渐发展，只不过是因国情不同而表现为不同的形态。

——吴于廑、齐世荣主编：《世界史·近代史编》下卷，北京：高等教育出版社，2001年，第187页。

教师设问：各国的民族独立运动为何会表现出一定的差异性？

参考答案：资本主义经济发展的程度不同；历史文化传统不同；自然经济解体程度不同；宗教信仰不同。

【设计意图】 本课下辖三个子目“拉丁美洲的民族民主革命”“亚洲的觉醒”“非洲的抗争”，彼此是并列关系，教材讲述了海地、巴西、墨西哥，印度、伊朗、中国，埃及、苏丹、埃塞俄比亚共 9 个国家的民族独立运动，规模宏大，进程各异。如果仅仅停留在单独介绍各大洲民族独立运动的层面上，学生显然无法理解民族独立运动的共性与差异性。教师通过补充历史材料，帮助学生理解各国所具有的不同历史传统、宗教意识、实力配比会影响本国的民族独立道路。在对亚非拉民族独立运动的斗争方式和实施路径的共性分析中，能够鲜明看到西方启蒙思想和本国资产阶级、无产阶级在其中扮演了重要角色。设计指向是历史解释素养。

【课时小结】

本课是《中外历史纲要》下册第六单元的第 2 课时，可以理解为是对第 12 课“资本主义世界殖民体系的形成”所做出的反应。西方列强在殖民地半殖民地实行残酷的政治压迫和经济剥削，激化了这些地区的民族矛盾和社会矛盾。尽管 19 世纪末 20 世纪初的亚非民族独立运动多以失败告终，但它们沉重打击了帝国主义和封建主义，为殖民地半殖民地民族资本主义经济的发展和资本主义制度的确立创造了条件，为这些地区获得最终独立奠定了基础。第七单元第 16 课“亚非拉民族民主运动的高涨”和第八单元第 21 课“世界殖民体系的瓦解与新兴国家的发展”中都有相应的内容，彼此构成一个紧密的整体。

请在思考的基础上，完成亚非拉民族独立运动知识结构表：

	原因	反抗的主要史实	结果	意义
拉丁美洲	西方启蒙思想的传播； 殖民统治的深重剥削； 本国经济结构的变动和资本主义经济的发展。	海地独立； 墨西哥资产阶级革命； 巴西废除君主制。	未摆脱民族危机，未完成民族独立。	打击了帝国主义的侵略势力，削弱了本国的封建势力，推动了民族独立和世界历史的发展。
亚洲		印度工人罢工； 伊朗立宪革命； 辛亥革命。		
非洲		埃及抗英斗争； 苏丹马赫迪起义； 埃塞俄比亚抗意战争。		

【设计意图】 建构亚非拉民族独立运动知识结构图，巩固学生对亚非拉民族独立运动兴起原因、对世界历史造成影响的认识。

单元总结

教师讲述： 统编版《中外历史纲要》下册第六单元的两节课都是按照拉丁美洲、亚洲、非洲的地理顺序依次呈现的，空间范围广，时间跨度大，涉及了海地、墨西哥、巴西、印度、中国、伊朗、埃及、苏丹、埃塞俄比亚9个国家，内容十分丰富。按照教材的知识结构，各个大洲并没有特别的侧重。这样的安排有助于我们系统地、完整地认识殖民扩张给世界带来的深远影响，理解广大亚非拉国家所经受的历史遭遇。亚洲、非洲、拉丁美洲的民族独立运动共同构成了世界民族解放运动的壮丽篇章。只有系统地、全面地了解不同国家被殖民的遭遇和争取民族独立的努力，才能更好地认识殖民扩张对世界历史发展造成的影响。

资本主义世界殖民体系的建立是一个漫长的过程，可用工业革命为界将之分为两个时期。早期殖民扩张阶段殖民活动具有暴力、血腥、欺诈的特点，工业革命后以掠夺原料、寻求商品市场和投资场所为特点。不管哪个阶段都为西方资本主义的发展提供了物质基础，也都与资本主义发展的阶段特征相适应。它们都给殖民地半殖民地地区的人民带来了深重的苦难，破坏了这些国家的传统经济和社会稳定，中断了这些国家独立发展的道路。殖民地半殖民地地区的人们从来没有停止反抗外来侵略的斗争，不管是封建王公、农民地主这些传统社会的力量，还是伴随着殖民扩张出现的新生的资产阶级、无产阶级，都在民族独立运动中扮演了重要角色，并不断赋予民族解放斗争以新的时代内涵。各国在反抗外来侵略的斗争中因本国资本主义经济发展的程度、历史传统不同，又呈现出一定的差异性，它们都大多肩负着反对外来帝国主义和本国封建主义的双重使命，反映了殖民地半殖民地人民渴望独立和自由的强烈愿望。

教师设问：请同学们阅读《鲁宾逊漂流记》，并从中提取一个情节，指出它所反映的近代早期重大历史现象，并概述和评价该历史现象。（要求：简要写出所提取的小说情节及历史现象，对历史现象的概述和评价准确全面。）

参考答案：情节：鲁滨逊遇险漂流到海岛上，在那里建立了自己的领地。

历史现象：这一情节反映出近代早期的西欧殖民扩张。

概述和评价：近代西方殖民扩张始于新航路开辟，在亚非拉地区依靠武力等方式强占殖民地，掠夺财富，进行移民，开展贸易。殖民扩张掠夺的大量财富流入西欧，为资本主义提供了资本原始积累，给遭受侵略的地区和人民造成极大灾难，客观上带动了世界市场的发展。

文学作品也是时代的产物，直接或隐含着特定时代的历史面貌，因此往往具有一定的史料价值。

【设计意图】　文学作品作为文献史料的一种，也可以体现出一定的史料价值。语文学科的长文阅读可以作为历史学科的教学资源，不过教师需要站在历史学科的角度引领学生从材料中全面准确地提取信息，并将之与所学知识建立关联，运用知识和信息来进行历史解释。18世纪出版的《鲁滨逊漂流记》里有大量有关殖民扩张的史料，如航海探险、贩卖黑奴、"视察"领地等。学生可以结合早期殖民扩张阶段的相关知识对之进行解释，做到知识的活学活用。目标设计指向的是历史解释素养。

第三部分

学习资源拓展

第12课　资本主义世界殖民体系的形成

材料一　早期殖民与奴隶贸易

糖对世界产生的影响不仅是在饮食上，它直接导致了跨越洲际的人口大迁徙，不过这是在贩卖黑奴贸易的强制下发生的。相比烟草而言，甘蔗的栽培费时且费力，它需要大量的劳动力。所以，当欧洲国家在加勒比海地区的殖民地大肆兴建甘蔗种植园时，他们首先想到从非洲运进大量奴隶来进行劳作。结果，加勒比海地区乃至南美地区的人口构成，随着甘蔗种植园的不断增加而发生了惊人的变化。

据统计，16世纪以后的300年间，从非洲贩卖到美洲从事包括种植甘蔗在内的大种植园劳动的奴隶高达1 170万人，最终仅有980万人活着到达目的地。所以说，糖的甜蜜是与奴隶的血与泪掺在一起的。

——刘作奎：《改变世界的四种植物》，载《农村·农业·农民(A版)》，2006年第8期。

材料二　奴隶贸易对非洲的影响

持续400年的奴隶贸易在非洲社会的影响绝不仅只是权力的转移和王国的兴衰。这种影响是多方面的，包括人口地理与地缘政治的变化，掠奴战争的兴起导致无政府状态的出现，随之而来的是躲避战争和逃难，部落、民族文化的冲突，集体心态的改变，社会结构的演变等。由于奴隶贸易集中在一小部分非洲人手中，财富相对集中，靠贩奴富裕起来的少数非洲上层人士成为对欧洲势力的依附力量，他们在武器、奴隶输出和运输链等方面对欧洲商人的百般依赖形成了后来欧洲人控制非洲人的重要社会基础。非洲已经建立的工业基础(炼铁业和铁器制造、黄金冶炼、食盐业、纺织业)遭到破坏，社会制度因奴隶贸易而近乎摧毁，贩奴活动大大破坏了非洲社会的价值观，降低了人们对生命的尊重。在奴隶贸易以前开始的民族融合过程停止了，取而代之的是各民族之间的争斗、分裂和隔绝，这成为非洲发展过程中最严重障碍之一。

——钱乘旦主编：《世界现代化历程》非洲卷，南京：江苏人民出版社，2015年，第17页。

材料三　西班牙对美洲的政治压迫

美洲的克里奥尔人虽然积极地参加了在西班牙的中央洪达和议会的会议。但是，克里奥尔人的热情不久就遭遇了冷水。因为在西班牙的政府不愿意给予海外领地平等的代表权。“1 200万人口的宗主国在中央洪达中拥有36个席位，而1 400万—1 500万人口的西属美洲却仅仅得到9个席位，稍后，它又补充得到3个席位。”随后，在制宪议会中，美洲代表问题和美洲自由贸易问题成为政治辩论的焦点，制宪者认为代表名额应按人口比例分配，照此标准，美洲能占2/3多数席位，但议会没有这样做，它不允许美洲拥有平等代表权（未给非洲人后裔选举权）。美洲代表要求的“与一切国家开展贸易的自由”也被否决。

——韩琦：《论西属美洲独立运动的意识形态根源》，载《世界历史》，2011年第5期。

材料四　工业革命完成后美英殖民拉丁美洲

1850年以后，英国在拉丁美洲进行更大规模的投资，例如建筑港口、铁路、开辟轮船航线、低价收购土地和利用廉价劳动力开发矿产等。英国资本先后控制了巴西的棉花，阿根廷的谷物和肉类贸易，墨西哥的银矿生产以及大多数国家的交通、铁路和港口等企业。1870年英国在拉丁美洲各国的投资金额达到8 500万英镑，成为拉丁美洲的主要投资国和债权国。

美国一直觊觎拉丁美洲。1823年发表的门罗宣言，目的固然是为了抵制神圣同盟对拉丁美洲的干涉，要维护拉丁美洲独立国家免受欧洲列强的侵略，但是美国政府同时也企图把拉丁美洲看作自己的势力范围。

——吴于廑、齐世荣主编：《世界史·近代史编》下卷，北京：高等教育出版社，2001年，第227页。

材料五　英国从殖民印度中获得的好处

19世纪中叶，英国殖民政府确信印度文化中几乎没有什么是值得保留的。其目标是全盘西化，只有一个国家能够完成这一历史赋予的使命：大不列颠。……

母国从扩张其殖民统治中所获得的好处首先是经济上的：印度提供鸦片（这被销往中国换取茶叶）、盐、靛蓝和原棉。印度充当了英国工业产品，特别是机织布的销售市场，这种布逐步取代了来自孟加拉的手织布。1850年左右，英国的国民总收入中来自印度的占大约5%，这部分收入足够支付联合王国每年的国债利息。然而印度带来的还不仅仅是经济利益，它提供的无法估价的好处是：大不列颠作为海上强国的地位，甚至是工业化时代的独一无二的世界强国地位——1851年英国在第一届世博会伦敦水晶宫中自豪地展示了这些成就。

——[德]海因里希·奥古斯特·温克勒著，丁娜译：《西方通史》中，北京：社会科学文献出版社，2019年，第708页。

材料六　如何看待英国殖民印度的双重影响

从殖民主义是历史的必然及其所担负双重使命的角度，英国在印度的殖民统治这一似乎无法厘清的问题，就显得清晰多了。英国人和印度人，征服者和被征服者，各自讲述的都是真实的故事，但却不是历史的全部，都缺乏对历史的全景式分析。

因此，我们既要对英国的殖民统治进行无情谴责，也要看到英国人所摧毁的并不是理想化的印度社会，我们不应该忘记，这些田园风味的农村公社不管初看起来怎样无害于人，却始终是东方专制制度的牢固基础……我们不应该忘记，这种失掉尊严的、停滞的、苟安的生活，这种消极的生活方式，在另一方面反而产生了野性的、盲目的、放纵的破坏力量，甚至使残杀在印度成了宗教仪式。

此外，还应当看到的是，在英国人推进印度社会近代化的动因中，既有将印度变为商品市场和原料产地的强大利益驱动，也有真心实意用英国的制度、文化、语言、宗教改造印度社会的主观愿望。前者是由资本主义的扩张本质所决定的，而后者，来自于英国人关于文明使命的自我信念。

——钱乘旦主编：《英帝国史》第五卷，南京：江苏人民出版社，2019 年，第 581 页。

材料七　殖民活动给非洲带来的影响

法国殖民时期，许多殖民地是没有办法从英国购买商品的，更别提从亚洲国家购买，它们也没有权力决定自己的农业品应该卖给谁，只能被强制性地卖给宗主国。

正是靠这种强制性，宗主国能够从殖民地体系中吸纳大量的资本，以供养宗主国的人民。这是一场零和游戏，宗主国所得，就是殖民地所失。

也许有一天，当人们回顾欧洲对非洲的影响时，会发现奴隶贸易虽然被不断批判，却并非影响非洲最深远的事件。真正影响非洲社会结构的反而是不那么起眼的边界的划分，以及普通商品的贸易剪刀差。欧洲人到来之后，非洲人发现自己被卷入了现代的大旋涡之中，失去了回到从前的那条道路。

——郭建龙著：《穿越非洲两百年》，北京：天地出版社，2020 年，第 207 页。

材料八　西方殖民方式与政策变化的原因

与早期殖民主义相比，新帝国主义体现出不同的特征。其中一个重要的差异在于，帝国主义有着与之前时代殖民扩张不太一样的动力。

在早期殖民主义时期，西欧工商业资本主义的技术和经济力量有限，加之交通运输落后，国际贸易规模不大，海外殖民扩张的主要目的在于获取殖民地的贸易垄断权和殖民特权，各国普遍推行以殖民地贸易垄断制度为特色的重商主义政策。进入 19 世纪后，作为工业革命的先驱，英国在世界经济竞争中独占鳌头，不再对贸易垄断权感兴趣，放弃了具有保护主义特征的重商主义，转而推行自由贸易政策，试图通过国际自由贸易的方式独霸全球市场。因此，直接攫取殖民地不再具有前一个时期那么大的吸引力。

——武寅主编：《简明世界历史读本》，北京：中国社会科学出版社，2014 年，第 479 页。

材料九　推动帝国主义扩张的因素

支持帝国主义的也有精神因素。像早期的耶稣会士一样，传教士成群涌入亚洲和非洲，期望获得皈依的信徒。传教士经常反对帝国主义者的扩张，捍卫教区民众权益，反对欧洲企业家和殖民官员。然而，他们的传教行为为帝国主义提供了宗教上的理由。而且，传教士促进了殖民者和殖民地人民的交流，有时也向欧洲官员提供了征服殖民地所需的情报。传教士居住地也成为欧洲人方便的聚会场所和欧洲商品的往来中心。

当欧洲传教士将基督教传入殖民地各国时，另外一些欧洲人为带给殖民地政治秩序和社会稳定的“文明”而努力着。法国帝国主义者时而援引“文明使命”说作为其在亚非扩张的理由，英国作家和诗人拉迪亚德·吉卜林(1864—1936)用“白人的负担”一词指出，将秩序和启蒙思想带给殖民地国家是欧洲人和欧裔美洲人的责任。

——[美]杰里·本特利、赫伯特·齐格勒著，魏凤莲等译：《新全球史》，北京：北京大学出版社，2014 年，第 963 页。

材料十　资本主义在世界的扩张

在世界形成一个整体的历程中，世界经济的增长与生产力的上升达到史无前例的水平。1860—1913 年世界工业生产的增长速度超过了 6 倍，1851—1913 年世界贸易总额增长了 12 倍。

因为资本主义具有开放和扩张的本性，它要求以全球作为它的活动舞台，必然以各种方式向外扩张，如向海外殖民、向世界各地倾销商品、掠夺各地的廉价原料等，这一切必然导致世界各地区联系的加强。资本主义向垄断过渡后，它的胃口更大了，不但要求进一步扩大商品市场和原料供应地，而且要求把过剩的资本输向海外，因而推动了西方列强瓜分世界的狂潮。资本主义在一步一步加强世界各地区间的联系并且最后把世界连成一个整体时，也借助于近代化的交通工具和通讯技术——铁路、轮船、电报等。19 世纪末，世界被瓜分完毕，亚非拉绝大部分国家和地区都变成了欧美帝国主义列强的殖民地或半殖民地。

——吴于廑、齐世荣主编：《世界史·近代史编》上卷，北京：高等教育出版社，2001 年，第 247 页。

第 13 课　亚非拉民族独立运动

材料一　拉美争取民族独立的原因

18 世纪，克里奥尔人在殖民地广泛建立了大种植园和牧场，参与西班牙和葡萄牙迅速扩张的贸易事业，从中获得了极大利益。但同北美洲的英国殖民地居民一样，克里奥尔人也对伊比利亚半岛的行政统治和经济压迫极为不满。他们从启蒙思想中获得灵感，偶尔也会参加反抗税收的暴动以及民众起义。克里奥尔人既不想进行罗伯斯庇尔式的社会改革，也不愿建立像海地共和国那样的平等国家。基本上，他们试图推翻西班牙和葡萄牙的统治，但保留自身的特权；北美的合众国式的政治独立对他们更具吸引力，以共和政体来替代殖民统治，对他们来说是一个不错的选择。……

1807 年，拿破仑侵略西班牙和葡萄牙，两国的王权因此受到打击，美洲殖民地趁机展开了争取独立的斗争。

——摘编自[美]杰里·本特利，赫伯特·齐格勒著，魏凤莲等译：《新全球史》，北京：北京大学出版社，2007 年，第 844 页。

材料二　拉丁美洲民族独立后面临的问题

拉美各国独立后，除巴西实行帝制政体外，其余国家都建立了共和制。这是种与欧美的民主共和制不同的“考迪罗主义”的共和政体。考迪罗为西班牙语：意为领袖或首领，考迪罗主义本质上是军人专政的军事独裁制度，是大地主专政的表现形式。它反映了拉丁美洲各国资产阶级力量薄弱，大地产制占优势的实际状况。考迪罗独裁者既不是世袭的，也不是通过选举产生的，而基本上是通过内战或武装政变而掌权的。因此，各个地主集团为夺得政权经常发动军事政变。也正因为如此，他们的政权很不稳定。这又给了帝国主义插手的机会。考迪罗独裁者一旦夺得政权便实施独裁政治，动辄修改甚至停止实施宪法，而且利用权力肆意搜刮民财，抢劫国库，以中饱私囊。这种统治制度给广大人民带来极大灾难，而且使政局动荡不宁。

上述情况表明，拉丁美洲各国在摆脱了旧的殖民枷锁后，不久就又变成了实际上的半殖民地半封建国家。因此，继续进行反帝反封建的资产阶级民主革命，是这些国家面临的首要任务。

——刘宗绪主编:《世界近代史》,北京:北京师范大学出版社,2004年,第534页。

材料三 拉丁美洲民族的殖民遗产

19世纪中叶,瑞典一位旅游者来到瓦尔帕莱索,他亲眼目睹了智利在自由贸易刺激下挥霍浪费和大讲排场的情景,撰文写道:"提高社会地位的唯一途径是:听从巴黎时装杂志的高见,穿黑色长礼服,使用有关的各种成套用品……夫人买一顶华丽的帽子,便会感到自己成了一名地道的巴黎女郎,而丈夫戴上一条笔挺的高级领带,便觉得自己攀上了欧洲文明的顶峰。"三四家英国公司控制了智利的铜市场,它们从斯旺西、利物浦和加的夫铜厂的利益出发操纵市场铜价。1838年英国总领事向其政府报告智利铜出口"奇迹般增长"的情况时讲道:"智利出口的铜虽然不是全部,但主要是用英国船来运输,或通过英国人转手销售。"英国商人垄断了圣地亚哥和瓦尔帕莱索的贸易,从重要性上看,智利是英国产品在拉丁美洲的第二大市场。

发展起来的拉丁美洲各大港口是把从地面和地下开发出来的财富运往遥远的权力中心的中继站,它们成为征服和统治所属国家的工具,又是挥霍国民收入的溢洪道。所有的港口和首都希望自己像巴黎或伦敦,而它们的背后却是沙漠。

——[乌拉圭]爱德华多·加莱亚诺著,王玫等译:《拉丁美洲被切开的血管》,南京:南京大学出版社,2018年,第210页。

材料四 亚洲民族独立运动的双重使命

西方殖民者早期的掠夺给亚洲国家带来极大的灾难,但并未能触动其社会的根基。而19世纪开始的商品倾销和原料掠夺,则对亚洲各国社会经济的发展产生了极为深刻的影响。一方面,它破坏了亚洲各国封建制度的基础——农业和手工业相结合的自给自足的封建自然经济;另一方面,它又为未来亚洲走上资本主义道路创造了必要的前提条件。然而,这两者并非同步进行的,而经常表现为旧的基础破坏了,新的资本主义关系并没有随之成长起来。另外。西方殖民者为维护其统治,同亚洲各国的封建势力相勾结,把后者变为殖民统治的支柱。因此,在亚洲殖民地、半殖民地国家里,广大人民不仅遭到殖民者的压迫和剥削,而且受到地主以及买办阶级和高利贷者的盘剥,处在非常悲惨的境地。

——刘宗绪主编:《世界近代史》,北京:北京师范大学出版社,2004年,第349页。

材料五 推动亚洲民族独立运动的内因

从19世纪中叶起在印度、中国、伊朗等国家开始出现了本民族兴办的工厂、企业,主要是轻工业,这是亚洲各国民族资本主义产生的标志。伴随而来的是阶级关系的变化。新的阶级民族资产阶级和无产阶级开始形成(早在西方资产阶级在亚洲开办工矿企业时,无产阶级就已开始形成)。这一切就是从70年代起亚洲各国出现资产阶级改良主义运动的前提。

资本主义进入垄断阶段后,帝国主义各国向亚洲进行了大量的资本输出,客观上加速了这里资本主义的发展。随着亚洲各国民族资本主义的发展,民族资产阶级逐渐成长起来。但是民族资本主义的发展既遭到帝国主义的扼杀和限制,又受到本国封建势力的阻碍。这就不可避免地使矛盾激化和促进人们新的觉醒。正如列宁所说:"资本主义使亚洲觉醒过来了,在那里到处都激起了民族运动。"

——刘宗绪主编:《世界近代史》,北京:北京师范大学出版社,2004年,第504页。

材料六 推动亚洲民族独立运动的外因

日本打败俄国后，在亚洲民族资产阶级中引起了强烈的反响。中国杰出的资产阶级革命家孙中山说过："要把俄国被日本打败，看作是西方被东方打败。"印度国大党著名领导人提拉克在他创办的《狮报》上发表了一系列文章，热烈庆贺日本人的胜利，认为日本的胜利粉碎了欧洲人不可战胜的神话。当时的亚洲民族主义者还认识不到日俄战争的性质，只是从民族主义立场出发，认为日本代表黄种人，代表亚洲和东方，因此，日本战胜俄国意味着黄种人打败了白种人，东方战胜了西方。长期遭受殖民压迫的亚洲各族人民从中吸取了力量，增强了打败殖民者和争得民族独立的信念。此外，亚洲各国革命运动之间也有相互的影响。当时，中国革命运动的影响最大。1905 年中国人民抵制英货的运动就对印度有很大影响。他们决心仿效中国，开展抵制英货运动以抗议英国当局颁布的分割孟加拉法令。后来，孙中山领导同盟会在日本开展的革命活动，对在日本的亚洲不少国家的革命者都产生了重大的影响。

——刘宗绪主编：《世界近代史》，北京：北京师范大学出版社，2004 年，第 504 页。

材料七 伊朗的民族独立运动

在欧洲受教育回国的青年们，是新思潮的传播者。半殖民地和封建伊朗的文化和改革运动是同资产阶级的形成相联系的。伊朗年轻一代作家们的写作主题更接近人民生活。米扎尔·法塔利·亚洪多夫的抨击封建秩序、讽刺诸汗专制和伊斯兰上层伪善的作品，在伊朗享有声望。1875 年在伊斯坦布尔出版的《星辰》周刊，是伊朗国外的主要启蒙刊物。1890 年，马尔考姆汗和贾马尔·丁·阿富汗尼在伦敦创办《法言》杂志，激烈抨击伊朗政府，首次提出普选、立宪和人权。马尔考姆汗作为改革、立宪的思想家和组织家，在伊朗享有盛誉。国王任命他为驻伦敦公使，本意削弱他的影响，不料他到伦敦后，积极组织欧洲的伊朗侨民。国王召他回国，他拒绝从命，因此被革职。他用波斯文创办的《法言》杂志变成伊朗立宪派的喉舌。这个杂志和其他伊朗侨民的报刊被秘密运进伊朗，在官吏、学生、商人和有自由主义思想的地主中产生了巨大影响，成为未来伊朗革命的前奏。

——吴于廑、齐世荣主编：《世界史·近代史编》下卷，北京：高等教育出版社，2001 年，第 210 页。

材料八 非洲经济发展的片面性和脆弱性

非洲经济的发展是以该殖民地的自然资源和满足西方列强的需要为基础的。各个殖民地都片面发展一种或几种供出口的农业经济作物或矿产品……完全忽视了国内生产者非洲人的需要，传统的农业和手工业遭到扼杀，在许多殖民地，现代工业几乎等于零。被迫生产他们所不消费的产品，而消费他们不生产的产品。在非洲殖民地，出现了非常奇特的现象，输出花生却进口花生食品、输出咖啡豆却进口咖啡饮料、输出棉花却进口纺织品、输出铁矿砂却进口铁器生产工具、输出铝矾土却进口铝制器皿……非洲经济作物和矿产品的产量在世界总产量中占有突出的地位，资本主义世界市场的需求刺激着非洲殖民地生产的发展。非洲经济发展的片面性和脆弱性已经存在很长时间。

——摘编自陆庭恩：《非洲国家的殖民主义历史遗留》，载《国际政治研究》，2002 年第 1 期。

材料九 非洲民族意识的觉醒

欧洲殖民统治所导致的一个重要后果是非洲精英阶层的出现，这是殖民统治者所始料未及的。精英阶层的规模、社会构成和政治影响力在各殖民地不尽相同，这主要取决于经济发展程度以及传教士教育活动的密集程度。这些非洲精英阶层通常效仿欧洲人的行为方式。教师、职员、布道者、新闻记者、律师、医生、护士和商界人士，他们要求享有与殖民者同等的政治、社会和经济权利。然而，这一诉求在各殖民地都招致强烈反对，尤其是像南罗得西亚这样的欧洲人群体规模较大的白人移民殖民地。白人移民担心来自非洲人的竞争，并且信奉白人种族优越观念，他们拒绝非洲精英要求平等地位的诉求，即"所有文明人一律平等"。

——李鹏涛著：《殖民主义与非洲社会变迁：以英属非洲殖民地为中心(1890—1960)》，北京：社会科学文献出版社，2019年，第212页。

材料十　非洲民族独立运动的特点

19世纪70年代后，不少地区的武装斗争和武装起义还是前一时期斗争的继续和发展，不过在斗争的规模和水平上比过去有所扩大和提高。例如，南非祖鲁人的反英斗争在70年代以前的基础上迅猛发展。……

撒哈拉以南非洲广大农村发展起来的自发宗教运动，既是19世纪下半叶非洲民族解放斗争的重要组成部分，也是它的一个特点。……非洲人统治阶级最早是想利用伊斯兰教来巩固其统治，但在客观上伊斯兰教却起了团结非洲人，推动他们进行反帝斗争的作用。

殖民主义者本来是想利用基督教来麻痹非洲人，使他们驯服地忍受奴役，但是遭受压迫和剥削的许多非洲人，在接受基督教后，自然会从基督教教义中寻求他们要求摆脱殖民奴役的根据。他们憧憬着"平等"的未来，迫切要求解放，首先在教会中摆脱白人神职人员的控制，建立独立的黑人教会……土著教会得到广大人民的支持，它具有明显的反殖民主义色彩，逐渐领导人民进行反殖民主义斗争。这不是单纯的宗教运动，而是一种特殊形式的争取民族解放的斗争。

——摘编自吴于廑、齐世荣主编：《世界史·近代史编》下卷，北京：高等教育出版社，2001年，第379页。

后　记

本书是教育部基础教育课程教材发展中心、教育部课程教材研究所何成刚研究员主持编写的“高中历史教学设计丛书”中的一册。

何成刚、刘汝明和赵文龙共同策划、确定了本书的写作思路，并参与了本书的统稿、研讨和定稿工作。秦冬梅（中国人民大学附属中学翠微学校，撰写第一单元）、赵文龙（北京市海淀区教师进修学校，撰写第二单元）、梁月婵（中国人民大学附属中学，撰写第三单元）、张威（北京市海淀区教师进修学校，撰写第四单元）、李静（北京市海淀区教师进修学校，撰写第五单元）、刘汝明（北京市海淀区教师进修学校，撰写第五单元）、孔祥吉（北京市育英学校，撰写第六单元）承担了本书各单元教学设计的写作任务，并全程参与了研讨与修改。

本书突出单元教学设计与课时教学设计的整体性和系统性，注重增强课堂“教—学—评”的一致性，注重历史学习中问题链梳理，引导学生在“情境—问题—任务—活动”中进行参与式和反思式学习，促进学生的学科核心素养的进阶发展。本书写作时，借鉴了教育部基础教育课程教材发展中心“深度学习”教学改进项目在海淀实践研究的经验，吸收了北京市教育科学“十三五”规划重点课题“普通高中学校课程建设的评价指标与实践改进研究”（立项编号：CADA18076，主持人：刘汝明）的理念和思路，参考了北京市海淀区《中小学课程教学指导意见》（海教发〔2018〕6 号）中提出的要求，目的是要落实《普通高中历史课程标准（2017 年版 2020 年修订）》提出的开展“史料研习”式教学等建议，实现高中历史课程育人的功能与价值，促进学生全面而有个性的发展。

感谢复旦大学出版社朱建宝编辑、关春巧编辑为本书出版付出的辛勤劳动。

图书在版编目(CIP)数据

高中历史教学设计. 世界古代近代史/何成刚总主编;赵文龙,刘汝明主编. —上海: 复旦大学出版社, 2021.4(2022.7 重印)
ISBN 978-7-309-15532-7

Ⅰ. ①高… Ⅱ. ①何… ②赵… ③刘… Ⅲ. ①世界史课-教学研究-高中 Ⅳ. ①G633.512

中国版本图书馆 CIP 数据核字(2021)第 050814 号

高中历史教学设计. 世界古代近代史
何成刚 总主编
赵文龙 刘汝明 主编
责任编辑/朱建宝

复旦大学出版社有限公司出版发行
上海市国权路 579 号 邮编: 200433
网址: fupnet@fudanpress.com http://www.fudanpress.com
门市零售: 86-21-65102580 团体订购: 86-21-65104505
出版部电话: 86-21-65642845
江苏句容市排印厂

开本 787×1092 1/16 印张 15.5 字数 368 千
2022 年 7 月第 1 版第 2 次印刷

ISBN 978-7-309-15532-7/G · 2223
定价: 55.00 元